不可不学的管理学32定律

彦涛◎著

立信会计出版社
LIXIN ACCOUNTING PUBLISHING HOUSE

图书在版编目（CIP）数据

不可不学的管理学32定律 / 彦涛著. —— 上海：立信会计出版社, 2015.9

（去梯言）

ISBN 978-7-5429-4729-1

Ⅰ.①不… Ⅱ.①彦… Ⅲ.①管理学－通俗读物

Ⅳ.①C93-49

中国版本图书馆CIP数据核字(2015)第146714号

策划编辑　蔡伟莉

责任编辑　余　榕

封面设计　久品轩

不可不学的管理学32定律

出版发行	立信会计出版社		
地　　址	上海市中山西路2230号	邮政编码	200235
电　　话	（021）64411389	传　　真	（021）64411325
网　　址	www.lixinaph.com	电子邮箱	lxaph@sh163.net
网上书店	www.shlx.net	电　　话	（021）64411071
经　　销	各地新华书店		

印　　刷	固安县保利达印务有限公司		
开　　本	720毫米×1000毫米	1/16	
印　　张	17	插　　页	1
字　　数	276千字		
版　　次	2015年9月第1版		
印　　次	2017年3月第4次		
书　　号	ISBN 978-7-5429-4729-1/C		
定　　价	36.00元		

如有印订差错，请与本社联系调换

在人类历史上，还很少有什么事比管理学的出现和发展更为迅猛，对人类具有更为重大和更为激烈的影响？大到国家、企业，小到个人工作、生活中遇到的各种问题，管理学都发挥着无可替代的作用。

时代飞速发展，社会不断进步，随着全球化市场的形成，市场的竞争不断地向广度和深度延伸，任何企业要想获得长久的生存和发展，就必须面对激烈的竞争现状。企业要么以强者的姿态出现，参与竞争，在竞争中胜出；要么以弱者的姿态出现，处处被动，最终被淘汰出局。这是每个企业和管理者都不能回避、必须面对的"优胜劣汰，适者生存"的游戏规则。

管理者是企业的灵魂，是员工的向导，承担着企业一系列重大事务的决策、执行、实施和完善的责任，管理者的自身素质和管理水准直接影响和决定着团队的效能和管理的成效，决定着企业的成败。卓有成效的管理是每位管理者所追求的目标和向往的境界。日新月异的形势和日趋激烈的竞争对每位管理者提出了更高的要求和挑战，使得管理工作变得难以掌控。许多管理者常常感到管理工作无从下手，付出了许多心血然而收效甚微。那么，管理工作究竟有没有规律可循？如何才能凝聚人心？如何才能带活团队？如何才能突破困境？如何才能做大做强？

　　管理工作虽然千头万绪、纷繁复杂，但仍有规律可循，蕴含着放之四海而皆准的管理学定律。遵循规律，运用定律指导管理，就可以明确管理方向，打开管理通道，使管理起到四两拨千斤的效果。管理学定律是世界管理学大师经过科学实验、精心研究并结合实践总结出来的管理准则，是经过千锤百炼、被实践反复验证的金科玉律，是管理学大师思想和智慧的精华，也是卓越管理实践经验的浓缩。它们深刻揭示了管理的本质和规律，帮助我们看清复杂管理现象背后的真相，指引我们在充满变化、困难重重的管理世界中顺利前进，避免不必要的挫折，避免走不必要的弯路，更快地抵达管理的彼岸。

　　本书精选了32个管理学殿堂中最为经典、最为著名的定律，每个定律均包括精确的定律释义、经典的案例分析和发人深省的技巧点评，从中你可以领略管理学的真谛，体会管理学大师的管理理念、管理原则、管理方法，洞察和学会种种的管理智慧、管理技能，开阔自己的管理视野，提升自己的管理能力，让自己的管理工作得心应手、富有成效。

　　在过去的几十年中，书中的管理学定律已经影响了无数世界一流企业家与管理者的头脑，提高了相关企业和组织的效率与业绩，帮助了很多个人和组织以更快的速度获得成功。现在，打开本书，读懂管理学定律，掌握管理的利器，在瞬息万变、竞争激烈的商海中活学活用，乘风破浪，浩荡前行，引领企业和团队从优秀到卓越，开创常胜不败、基业长青的辉煌局面！

目录

contents

1 简道尔法则：
知人善任是管理者的必修课

定律释义：

美国百事可乐公司前总裁唐纳德·简道尔提出："企业要尊重人、培养人、锻炼人，各尽所能，人适其位，把适当的人选配到最适合的位置上去。"这一结论被称为简道尔法则。

现代社会的竞争就是人才的竞争，而人才在团队中能否被放在最恰当的位置，发挥最大的作用，也决定着一个团队战斗力的强弱，所以，如何识人、用人是管理者最重要的一项功课。

管理者先要能知人

知人，先要对所需、所用之人有一个较全面的了解。在知人的基础上才有可能"选择"合适的人才，知人是管理者用人的第一要素和前提。当然，知人识才是为了善任人才，通过善任人才来获得企业持续的竞争力。

要用好人才，就必须"择人任势"。一个人不可能具备种种才能、胜任一切岗位，某一特定人才总有最适合他的位子。这就需要管理者在知人的基础上，在人才的使用上给予恰当安排，形成人员配置的最佳组合。

管理学家汤姆·彼得斯曾说过：公司或企业唯一真正的资源是人，管理就是充分开发人力资源以做好工作。如何有效地开发人力资源？这要做到两点：

第一，知人。管理者要广泛地了解他人的价值观、个性和期望及长处，并加以合理的运用，才算是艺术地知人。

第二，善任。经过知人，管理者已掌握了一定的人力资源，这只是为用人打下基础，还要善任，只有这样，人才才能真正发挥作用。

"集合众智，无往不利"，这是日本著名的松下集团创始人松下幸之助先生的至理名言："一个人的才干再高，也是有限的，且往往是长于某一方面的偏才。而将众才为我所用，将许多偏才融合为一体，就能组成无所不能的全才，发挥出无限巨大的力量。"事实也正如此，历史上看似一无所长的汉高祖刘邦是将知人善任发挥到极致的古代领导典范。刘邦出身市井，文不及张良、萧何，武不如韩信，却能知人善用，驱策自如，善于发挥手下的各自所长，用人到位，最终成为汉代开国帝王。

用人先识人，找对人做对事

在日常的企业管理中，想要做到让人们交口称赞自己"大公无私"，亦要做到"知人善任"，也就是说，一个企业的管理者只有找对了人、做对了事，才能让人信服他的管理水平。

有的时候，你也许已经给了你的员工很优厚的待遇，或是为了培养他们花费了巨大的心血和财力，而他们却弃之不顾，甚至将你的客户、内部资料乃至其他员工都席卷而去。这不仅会给你的企业造成重大损失，还对你本人的自尊造成莫大的伤害。为了尽可能减少这类事情的发生，你应该做些什么呢？那就是，要先找对人。

美国现代物理学之父爱因斯坦的故事可能鲜为人知。

20世纪30年代初，美国著名教育家佛莱克斯纳立志改革教育。他接受两位富翁捐赠的一笔巨款，在风景优美的普林斯顿办起了一座高等研究院。为此，他到处物色世界一流的学者。1932年年初，当爱因斯坦来到美国加州理工学院讲学时，佛莱克斯纳求贤若渴，立即前往拜访，并提出了聘请他讲课的要求，但爱因斯坦没有答应。后来，爱因斯坦去英国讲学，佛莱克斯纳又跟到英国再次请求，爱因斯坦还是没有答应。佛莱克斯纳并不灰心。这年夏天，爱因斯坦从英国回到柏林附近的寓所，佛莱克斯纳又一直跟到那里，再三恳求。精诚所至，金石为开。爱因斯坦有感于他诚心的邀请，终于答应前往普林斯顿担任终身教授。正是佛莱克斯纳的慧眼识英雄，才使得一个个的著名学者齐聚普林斯顿，而美国也从此成了世界物理的中心。

由此看来，在一开始找到优秀的人才，对企业来说是至关重要的，而且这显然比以后解雇差的人员要容易一点。一般地说，只有找对了人才能做对事。因为，合适的人才较少犯错误，他可以让你的企业获得更高的生产率，更重要的是这种人能独立解决工作中出现的问题。所以说你要试着只雇佣那些聪明的，并能够了解你的工作系统的人。这种人效率高，会以自己的方式去提供良好的服务，还不需要耗费太多的精力来指导他们，能节约培训成本。

如何解决这一问题呢？那就是在企业决定招聘人才的时候，就把人才的各个方面都考虑进去，从而让一个管理者真正能够做到"任人唯贤"和"知人善任"，而显示其"大公无私"的一面。

管理者在寻找人才时一定要善于看清人的长处、短处，扬长避短，把握主流。人的优缺点是可以转化的。如果善于识才，并做到其才为我所用，越突出的才能越会带来越大的绩效。同时，我们要知道识才的过程，也是一个识才者与被识者的反映过程。管理者要做到知人善任，就要树立客观公正的态度，才能真正了解人，正确评价人，不至于对人形成扭曲的印象，大公无私，心公则平，不偏不倚，方能公平衡量人才。

善用人才，用人之长

我国古人曾说："君子所审者三，一曰德不当其位，二曰功不当其禄，三曰能不当其官；此三本者，治乱之原也。"由此可见，能当其位是任人的原则，是判断管理者任人是否正确的首要标准。

管理者对人才的选用一定要量体裁衣，既不能让统御千军的将帅之才去做火头军，也不能让县衙之才去当宰相；既不能让温文尔雅、坐谈天下大事的文官去战场上驰骋，也不能让叱咤风云、金戈铁马的武将成天待在宫廷内议事，而应该辨清各自得特长，派其到相应的地方或授予其相应的职位。

不当其位，大材小用或者小材大用都是任人失败之处。不当其位，当然就无法发挥人才的长处，空得满腹经纶却无处施展；大材小用，会造成人才的极大浪费，必挫伤人才的积极性，使其远走高飞，另谋高就；小材大用，只会把原来的局面越弄越糟，成为发展路上的绊脚石。"用人必考其终，授任必求其当。"古人已经给现代管理者们作出了杰出的榜样。

狄仁杰就是一位善于任用人才的官吏。

有一次，武则天要狄仁杰为她推荐人才，狄仁杰说："荆州长史张柬之，虽然年老，但是一个当宰相的人才，用之必能有益于国家。"武则天当即下令张柬之为洛州司马。

过了几天，武则天又要狄仁杰推荐人才，狄仁杰说："我已经给你推荐了张柬之，但陛下不用。"武则天说："已经提拔过了。"狄仁杰说："臣荐的是做相国的，让他当司马，不能算用他。"武则天这才详细询问了张柬之的出身与才能，提升他为秋官侍郎，不久又拜为宰相。

后来，在稳定唐朝的统治中，张柬之果然起了重要的作用。狄仁杰所坚持的用人之道，正是他善用人才的表现。

善用人才，就是用人之长。作为管理者，应该把人才放到最适合他能力和特长的岗位上，最大限度地发挥其作用。换句话讲，管理者给予人才的职务应该是最能刺激他发挥自己优势的职务，既不能大材小用，也不能小材大用，只有善用人才，才能更好地发挥他们的作用。

用合适的人做合适的事

管理者的首要任务，就是选用合适的人，做合适的事。管理工作能否圆满完成，关键因素就在于人。只要善于汇聚众人的智慧，把各种各样的人用好，人尽其才，各尽其能，你的事业便可望兴旺发达，你将尽享成功的乐趣。这一道理对于那些作出卓越成就的管理者来说更是谙熟于心，并为之投入大量的时间，付出大量的精力。他们知道，作为管理者，最重要的工作不是制定目标，不是不停地修改规章制度，而是选人、用人。做不好这一工作，所有的目标和设想都将是海市蜃楼。

企业管理者的主要职责在于按照企业生产经营管理的要求和员工的素质特长，合理"用兵点将"。

日本"重建大王"坪内寿夫就是"点将"的高手，在活用人才方面很具特色。坪内寿夫指出：每个企业都有一些"窗边族"，也就是专门在窗边呆着，什么也不必做，就可以领取高薪的人。终日卖命勤奋的员工，看到这些悠闲的"窗边族"，心中当然有所不满。如果公司无法改变这种现象，恐怕是难以整顿的。我们讲究的是劳动价值，假如公司存在着游手好闲者，其他的人自然也会缺乏工作意愿。在我们公司里，就会把这些"窗边族"另派用场，在造船部门中绝对看不见任何"窗边族"。

这就是坪内寿夫所倡导的适才适所主义。适才适所主义就是要根据员工的不同情况，安排到最适合他们的工作岗位上去。实施的结果使得原先只从事造船业的人，都觉得自己还能够从事其他工作。很多人尝试新的工作后，对自己的能力很惊讶，发现自己竟也对新的工作得心应手。

一位商界著名人物、银行界的领袖曾说："我的成功得益于鉴别人才的眼力。这种眼力使得我能把每个职员都安排到恰当的位置上，并且从来没有出过差错。"不仅如此，他还努力使员工们知道他们所担任的位置对于整个事业的重大意义，这样一来，这些员工无需监督，就能把事情办得有条有理、十分妥当。

一个善于用人、善于安排工作的人在管理上会少出许多麻烦。他对于每个雇员的特长都了解得很清楚，也尽力做到把他们安排在最恰当的位置上。但那些不善于管理的人竟然往往忽视这个重要的方面，而总是考虑管理上一些鸡毛蒜皮的小事，这样的人当然要失败。

很多精明能干的总经理、大主管在办公室的时间很少，常常在外旅行或应酬客户。但他们公司的营业丝毫未受不利的影响，公司的业务仍然像时钟的发条机制一样有条不紊地进行着。那么，他们如何能做到这样省心呢？他们有什么管理秘诀呢？没有别的秘诀，只有一条：他们善于把恰当的工作分配给最恰当的人。

管理者要甘当下属的人梯

管理者具有伯乐精神和人梯精神，要以单位和集体为先，慧眼识才，放手用才，敢于提拔任用能力比自己强的人，积极为有才干的下属创造机会。

春秋时期，祁奚（即祁黄羊）是晋国大夫，后任中军尉。有一次，晋国国君晋平公问祁黄羊说："南阳县缺个县官，你看，应该派谁去当比较合适呢？"

祁黄羊毫不迟疑地回答说："叫解狐去最合适了，他一定能够胜任的！"

晋平公很惊奇地说："解狐不是你的仇人吗？你为什么还要推荐他呢！"

祁黄羊说："你只问我什么人能够胜任，谁最合适，你并没有问我解狐是不是我的仇人呀！"

于是，晋平公就派解狐到南阳县去上任了。解狐到任后，替那里的人办了不少好事，大家都称颂他。

过了一些日子，晋平公又问祁黄羊说："现在朝廷里缺少一个法官，你看，谁能胜任这个职位呢？"

祁黄羊说："祁午能够胜任的。"

晋平公又奇怪起来了，问道："祁午不是你的儿子吗？你怎么推荐你的儿子，不怕别人讲闲话吗？"

祁黄羊说："你只问我谁可以胜任，所以我推荐了他，你并没问我祁午是不是我的儿子呀！"

于是，晋平公就派了祁午去做法官。祁午当上了法官，替人们办了许多好事，很受人们的欢迎与爱戴。

孔子听到这两件事，十分称赞祁黄羊，说："祁黄羊说得太好了！他推荐人，完全是拿才能做标准，不因为他是自己的仇人，心存偏见，便不推荐他；也不因为他是自己的儿子，怕人议论，便不推荐。像祁黄羊这样的人，才够得上说'大公无私'！"

祁黄羊认为解狐是当县官的料，而自己的儿子可以胜任朝廷里法官一职，就任人唯贤地向晋平公举荐，最终连孔大圣人也称赞他推荐人完全是拿才能做标准，不因为此人是自己的仇人，心存偏见，便不推荐他；也不因为此人是自己的儿子，怕人议论，便不推荐他，真正做到了"大公无私"。祁黄羊能够做到这一点的确让人敬佩。从中我们还能够看出，祁黄羊举贤不但能够做到大公无私，而且察人准确。试想，如果祁黄羊能够做到不存私心地推荐人才，但是，解狐却不能很好地为民办事，不但祁黄羊失去了大公无私的美誉，而且解狐也会在心里恨他把自己往风口浪尖上推；而他在推荐儿子的时候，如果儿子根本不是一个法官的料，那么，晋平公会怎么想？所以，这个"大公无私"还要以"知人善任"做后盾。

 **简道尔法则活学活用：择才不能求全责备**

人无完人，即便是再有才能的人也会有这样或那样的过错。常言道："人非

圣贤，孰能无过，况且圣人也会有过错。"若管理者只见其短而不见其长，一味地求全责备，则不仅得不到人才，弄不好还会致使人才外流。

不求完人就是不计较其细微的错误，也不在意其自身的缺憾，更不关心其出身是否高贵，只有一点，他有才德就应得以任用。"水至清则无鱼，人至察则无徒。"过分强调次要的方面必然会物极必反，造成意想不到的后果。而且过分地求全责备，会使管理者很难分清是非，有时只见外表而看不到本质，看到一个人丑陋，即使他有"八斗之才"也不加任用；一个人犯了一点错误，即使他有很高的技能也弃之如敝履。这样的管理者最终只能是众叛亲离，变成孤家寡人。

著名作家梁晓声曾在一次演讲上讲了这样一则故事：一个女青年被分配到一家搞设计的单位，领导及身边的同事一见女孩那么丑，心里就不大舒服，没多久那位女青年就走了。这听起来似乎有点不可思议，这可是一个搞设计的单位啊！怎么那么在乎人家的长相呢？这正是不善于容人的表现。

每个人都有自己的不足之处，这是不争的事实。管理者不能"一叶障目而不见泰山"，如果过分地考虑人才的不足之处则会因小失大，既不能识得人才又不能很好地使用人才。大肚能容的管理者总想把员工的不足置于一边，关注最多的则只是他们的实际能力。对于有缺点的人，聪明的管理者的做法是"取其大节而略其小过"。

一些管理者事业上的成绩往往在于善用有过错之人。这些人往往有很高的能力，因为才能发挥不了也不为人所知，一旦管理者不计较其小过而加以重用，他们就会尽力地展现自己的才能，最终助管理者一臂之力。

台湾万有纸业股份有限公司总经理能够成功的一个重要方面就在于用人。他不用"老实"、"听话"的人；相反，对真正的人才，即那些既有真才实学又能开创新局面的人，尽管有点"毛病"，争议大，甚至还有人反对，也坚决要用，必要时还委以重任。

对事物一味的求全责备，最终会令你一无所获。看见一根头发丝在一席佳肴中，于是便愤然倒掉所有的美味，当事人失去的就不仅仅是美味，还失去了一个人的良好品德。对人才，看见他们身上有"灰尘"便避而远之，结果失去的不只是人才，而是事业的发展前途。在当今社会，谁占有了大量人才，谁就占有了主动。发展的机会转瞬即逝，往往一次不经意的决策就注定了以后的失败。管理者要在现代及未来的竞争中占有先机，就必须用高层次的人才，大胆地用有缺点的人才。

当年，北欧航联董事会为摆脱危机，聘任卢尔森为总经理。卢尔森上任后大刀阔斧地改革，在不到两年的时间里就扭亏为盈。但这位经营天才却有许多毛病，公司内部的好几位董事都不喜欢他。卢尔森自称一个"有表现癖"的好出风头者，声称"天下三百六十行，行行都在表演亮相"。一些同事也对他的作风表示不满。但公司董事会还是留任他当总经理，因为他能为公司带来效益，这实质就是只用其长而弃其所短。

总之，管理者在择人方面既要有一定的原则性，又要有一定的灵活性，这样才能选好人才，用好人才。

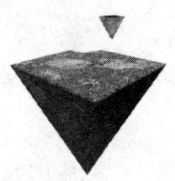

2 鲦鱼效应：
身教比言教更具说服力

定律释义：

德国动物学家霍斯特做了一个试验，发现了下面这个有趣的现象：将一条较为强健的鲦鱼脑后控制行为的部分割除后，此鱼便失去自制力，行动也发生紊乱，但是其他鲦鱼却仍像从前一样盲目追随，整个鲦鱼群行动都发生了紊乱，失去了抵抗外侵的能力。这就是我们在企业管理中经常提到的"鲦鱼效应"。

鲦鱼的首领行动紊乱导致整个鲦鱼群行动紊乱。同样，在一个企业或者组织中，只要管理者出现问题，那么整个企业或者组织也就不可避免地会出现问题。管理者就是一个企业的核心脊梁，必须为企业的发展承担责任。

身教是最好的示范

美国行政管理学家切克·威尔逊提出：如果部下得知有一位领导在场负责解决困难时，他们会因此信心倍增。因此说：身教重于言教。

1944年，日本战败后，松下电器公司面临极大的困境。为了渡过难关，松下幸之助要求全体员工振作精神，不迟到，不请假。

然而有一天，松下幸之助本人却迟到了10分钟，原因是他的司机疏忽大意，晚接了他10分钟。

他认为必须严厉处理此事。他先以不忠于职守为理由，给司机减薪处分。其直接主管、间接主管也因监督不力受到处分，为此共处分了8个人。

松下幸之助认为对此事负最后责任的，是作为最高领导的社长——他自己。于是他对自己实行了最重的处罚，扣发全月的薪金。

仅仅迟到10分钟，就处理了这么多人，甚至包括企业的最高管理者自己。此事深刻教育了松下电器公司的员工，在日本企业界也引起了很大振动。

毛泽东说："只有落后的领导，没有落后的群众。"这句话每位管理者都应时刻牢记于心。在规定、制度、公约面前，人们是一律平等的。

从这个故事中我们看出：在企业管理中，身教不仅起到了导向和示范作用，而且还有凝聚人心、化解矛盾、鼓舞士气和催人奋进的特殊功能。身教还是密切管理人员与员工的黏合剂。管理人员的职位越高，身教影响力的涉及面越宽、越广，管理人员只有自身过得硬，才能引起见贤思齐的广泛思想共鸣，带出过硬的团队。而且，从某个或某些领导身上往往可以看到一个企业的前途与希望。因此，企业的管理者要当好表率作用。

以身作则最具说服力

前日本经联会会长土光敏夫，是一位地位崇高、受人尊敬的企业家。土光敏夫在1965年曾出任东芝电器公司社长。当时的东芝电器公司人才济济，但由于组织太庞大，层次过多，管理不善，员工松散，导致公司绩效低落。

土光敏夫接掌之后，立刻提出了"一般员工要比以前多用三倍的脑，董事则要十倍，我本人则有过之而无不及"的口号，来重建东芝电器公司。他的口头禅是"以身作则最具说服力"。他每天提早半小时上班，并空出上午七点半至八点半的一小时，欢迎员工与他一起动脑，共同来讨论公司的问题。土光敏夫为了杜绝浪费，还借着一次参观的机会，给东芝电器公司的董事上了一课。

有一天，东芝电器公司的一位董事想参观一艘名叫"出光丸"的巨型油轮。由于土光敏夫已看过九次，所以事先说好由他带路。那一天是假日，他们约好在"樱木町"车站的门口会合。土光敏夫准时到达，董事乘公司的车随后赶到。董事说："社长先生，抱歉让您等了。我看我们就搭您的车前往参观吧！"董事以为土光敏夫也是乘公司的专车来的。土光敏夫面无表情地说："我并没乘公司的轿车，我们去搭电车吧！"董事当场愣住了，羞愧得无地自容。原来土光敏夫为了杜绝浪费，使公司制度合理化，便以身示范搭电车，给那位浑浑噩噩的董事上了一课。

这件事立刻传遍了全公司，上上下下立刻心生警惕，不敢再随意浪费公司的物品。由于土光敏夫以身作则点点滴滴的努力，东芝电器公司的情况乃逐渐好转。

身为一名管理者，要比员工付出加倍的努力和心血，以身示范，激励士气。言教不如身教，说一千道一万，不如以身示范，自己做到了才能去教育员工，以身立教，以行导行；用自己的习惯去引导员工要比单纯的说教更具有效力。管理者的工作习惯和自我约束力，对员工有着十分重要的影响。如果管理者满腔热情，对工作尽职尽责，那么在管理的过程中自然就会事半功倍。

魅力永远胜于权力

曾经在一个报告会上有一位著名企业家说："在现实世界里，众所皆知的一流管理者无一例外地都具有一种罕见的人格特质，他们处处展现出魅力领袖的风范。他们不但能激发下属们的工作意愿，又具有高超的沟通能力，能够动之以情，晓之以理，浑身散发出热情洋溢的力量，尤其重要的是，他带领团队屡创佳绩，拥有一连串骄人的辉煌成就。运用奖赏力与强制力来领导，也许有效，但是如果你要提高自己的领导魅力，赢得众人的尊重和喜爱，我建议你们要尽最大的努力以影响和争取下属的心。假如你们之一谁能做到这点，谁就能成为一位成功的管理者，而且也可能完成许多不可能完成的任务。"

一个人为什么为他的主管或组织卖力工作？很重要的原因，就是因为他的主管所拥有个人魅力像磁铁般征服了他的心，激励他勇往直前。你可能会听到一个下属说："你和他在一起待上一分钟，你就能感受到他浑身散发出来的光和热。我之所以卖命努力，乃是因为他强大的魅力深深吸引我所致。"

从领导效能的观点来看，我们不得不承认：魅力远胜过权力。优秀的领导才能，特别是个人的魅力或影响力，比他的职位高低和提供优越的薪资、福利重要得多，魅力才是真正促使他们发挥最大潜力、实现任何计划和目标的魔杖。

多少年来，有关统御、领导的书籍和研究报告数以千计，讨论的主题涉及组织领导、管理者行为、权力领导，可谓数量众多，内容广泛。这些重要的主题都包含了许多不错的构想。事实上，就一句话：与其做一位实权在手的主管，不如做一位浑身散发无穷"魅力"的管理者。就是说主管们需要更多的是令人佩服的魅力，而不是令人生畏的权力。

带人要带心。做一位管理者，除非我们具备了相当程度的魅力与影响力。否则，是很难实现领导统御的第一个课题：赢得下属的信赖和忠心。因此，是否拥有这种魅力，是一个领导或主管能否成功的关键。

加强自身修养，做下属的表率

管理者应当以身作则，用自己优秀的一面影响下属，当好下属的表率。

有一个宰相的妻子非常重视儿子的前途，每天不辞劳苦地劝告儿子要努力读书，要有礼貌，要讲信用，要忠于国家等。而宰相却是早上离开家去上朝，晚上回来就知道看书。

爱儿心切的夫人终于忍不住说："你虽只顾你的公事和看书本，但也该好好地管教你的儿子啊！"宰相眼不离书地说："我时时刻刻都在教育儿子啊！"

这个故事说明宰相认为的教育，就是以身示范，通过自己的行为去影响儿子。对于一些企业领导来说，下属成员的努力工作，也必将对他的业绩造成影响，影响他的前途。所以，要为自己的前途着想，应时时注意以身示范。

孔子说："自己率先端正了，天下还有谁不敢端正？"傅玄说："领导立德的根本没有比'正心'更重要了。心正而后才能身正，身正而后才能让左右的人正，左右正而后才朝廷正，朝廷正而后才国家正，国家正而后才天下正。

曹操当年在军中能享有较高的威望，大小将士都乐于为他卖命，对他唯命是从，很大程度上是因为他能从自己做起，以此使将士心服口服。

做管理者的就要从加强自身修养做起，大禹、成汤肯责备自己，所以国家兴旺，生机勃勃。这就是大端正，端正了自心，就端正了自身；端正了自身，就端正了别人。

一副对联是这样写的："博学为师，身正为范。"八字联透彻地讲述了教育的全部含义。

人们往往模仿领导的工作习惯和修养，不管其工作习惯和修养是好还是坏。在很多企业，领导要求下属负责、努力工作，自己却上班迟到，呵欠连连，时间没有到就下班，甚至经常把私事在办公时间里处理。那么，他的下属大概也会如法炮制。

 **鲇鱼效应活学活用：塑造非权力影响力**

世界上任何一个不断发展、不断进取的民族，都不会忽视榜样的力量。

半个多世纪前，前苏联军民在莫斯科阻止了纳粹军队的前进步伐，到今天这仍是俄罗斯人民的骄傲。在克里姆林宫的无名烈士墓前，总有新郎新娘向祖国保卫者献花。

尽管一个小男孩一泡尿浇灭炸药引线、救了全城人性命的故事还有待考证，但作为比利时人的骄傲，小于连一直矗立在布鲁塞尔街头，让来自世界各地的人们前来参观和敬仰。

我国有句古训：三人行必有我师。没有榜样是悲哀的；有榜样而不知尊敬和学习，则是更大的悲哀和不幸。

管理者在对员工进行管理的过程中要注意榜样的力量，要注意以身作则。这样往往能够使得管理工作正常有序地进行。

榜样影响力是一种值得重视的非权力影响力。它是指在管理工作中，管理者通过自己的行为给员工提供一种值得学习和效仿的模式，使之在被管理者身上产生影响的一种力量。被管理者可以通过耳闻目睹，了解、收集管理者发出的种种信息，通过内心感受和体验，内化为自己的主观意识和态度，进而引起思想感情的变化，最后转变为自己自觉自愿的行动。榜样影响力会产生巨大的心理感召力量，可以使管理工作深入人心。如果一个管理者要求其员工按时上班，他自己必须先按时上班，以此来作为榜样，使员工自觉地按时上班。

榜样影响力是自发实现的，对被管理者的影响程度和范围相对较小；而人格影响力则是自觉实现的，其影响的程度深、范围广。榜样影响力是人格影响力的前提和基础，而人格影响力则是榜样行为影响力的发展，是一种更为高级的非权力影响力。

3 南风法则：
人性化是管理的最高境界

定律释义：

南风法则也叫做温暖法则，它来源于法国作家拉·封丹写的一则寓言。北风和南风比威力，看谁能把行人身上的大衣脱掉。北风先来一个冷风凛冽寒冷刺骨，结果行人为了抵御北风的侵袭，便把大衣裹得紧紧的。南风则徐徐吹动，顿时风和日丽，行人因为觉得春暖上身，始而解开纽扣，继而脱掉大衣，南风获得了胜利。

南风法则告诉我们：温暖胜于严寒。运用到管理实践中，南风法则要求管理者要尊重和关心下属，时刻以下属为本，多点"人情味"，多注意解决下属日常生活中的实际困难，使下属真正感受到管理者给予的温暖。这样，下属出于感激就会更加努力积极地为企业工作，维护企业利益。

温暖胜于严寒，管理要有人情味

在使用南风法则上，日本企业的做法最引人关注。在日本，几乎所有的公司都很注重人情味和感情的投入，给予员工家庭般的情感抚慰。在《日本工业的秘密》一书中，作者总结日本企业高经济效益的原因时指出，日本企业仿佛就是一个大家庭，是一个娱乐场所。这也正是日本企业所追求的境界。日本著名企业家岛川三部曾自豪地说，"我经营管理的最大本领就是把工作家庭化和娱乐化。"索尼公司董事长盛田昭夫也说："一个日本公司最主要的使命，是培养它同雇员之间的关系，在公司创造一种家庭式情感，即经理人员和所有雇员同甘苦、共命运的情感。"日本企业内部管理制度非常严格，但日本企业家深谙刚柔相济的道理。他们在严格执行管理制度的同时，又最大限度地尊重员工、善待员工、关心体贴员工的生活，如记住员工的生日，关心他们的婚丧嫁娶，促进他们成长和人格完善。这种抚慰不仅针对员工本人，有时还惠及员工的家属，使家属也感受到企业这个大家庭的温暖。此外，日本大企业普遍实行内部福利制，让员工享受尽可能多的福利和服务，使其感受到企业对家庭所给予的温情和照顾。在日本员工看来，企业不仅是靠劳动领取工资的场所，还是满足自己各种需要的温暖大家庭。企业和员工结成的不仅仅是利益共同体，还是情感共同体。正是通过这种方式，日本企业的员工都保持了对企业的高度忠诚。

在诸多的日本企业中，松下电器公司的做法极富典型性。

与其他日本企业一样，松下电器尊重职工，处处考虑职工利益，还给予职工工作的欢乐和精神上的安定感，与职工同甘共苦。1930年年初，世界经济不景气，日本经济大混乱，绝大多数企业都裁员，降低工资，减产自保，百姓失业严重，生活毫无保障。松下电器公司也受到了极大伤害，销售额锐减，商品积压如山，资金周转不灵。这时，公司有的管理人员提出要裁员，缩小业务规模。这时，因病在家休养的松下幸之助并没有这样做，而是毅然决定采取与其他企业完全不同的做法：工人一个不减，生产实行半日制，工资按全天支付。与此同时，他要求全体员工利用闲暇时间去推销库存商品。松下电器公司的这一做法获得了全体员工的一致拥护，大家千方百计地推销商品，只用了不到3个月的时间就把积压商品推销一空，使松下电器公司顺利渡过了难关。在松下电器公司的经营史上，曾有几次危机，但松下电器公司幸之助在困难中依然坚守信念，不忘民众的经营思想，使公司的凝聚力和抵御困难的能力大大增强，每次危机都在全体员工的奋力拼搏、共同努力下安全度过，松下电器公司幸之助也赢得了员工们的一致称颂。

松下电器公司以员工为企业之本的做法在获得了员工们大力欢迎的同时，也为松下电器公司培养起了一个无坚不摧的团队。第二次世界大战结束以后的很长一段时间内，松下电器公司都十分困难。而在这种情况下，占领军出台了要惩罚为战争出过力的财阀的政令，松下电器公司幸之助也被列入了受打击的财阀名单。眼看松下电器公司就要被消灭了，这时，意想不到的局面出现了：松下电器公司的工会以及代理店联合组织起来，掀起了解除松下电器公司财阀指定的请愿活动，参加人数多达几万。在当时的日本，许多被指定为财阀的企业基本上都是被工会接管和占领了。工会起来维护企业的事还是头一遭。面对游行队伍，占领军当局不得不重新考虑对松下电器公司的处理。到第二年五月，占领当局解除了对松下电器公司财阀的指定，从而使松下电器公司摆脱了一场厄运。正是因为松下电器公司幸之助始终贯彻以人为本的企业经营理念，才保证了自己的绝处逢生。

在企业管理中多点人情味，少些铜臭味，有助于培养员工对企业的认同感和忠诚度。只有真正俘获了员工的心灵，员工才会为企业的发展死心塌地地工作。有了这些，企业在竞争中就能无往而不胜。

温情聚人心，得人心者得天下

得人心者得天下，管理者与下属的关系是鱼水的关系，管理者是离不开下属的，因此，一定要在企业内部搞好与下属关系，增强企业的凝聚力。

正泰集团始创于1984年7月，主要生产经营高低压电器、输变电设备、仪器仪表、建筑电器、通信设备、汽车电器等产品。集团综合实力已连续五年名列全国民营企业500强前十位。正泰集团董事长南存辉认为，"企业讲究以人为本，全员参保是企业凝聚人心的重要措施，是企业应尽的社会责任，关乎国运、惠及子孙，恩泽本人，有利于企业的发展。"于是，2001年年末，遵照国务院《社会保险费征缴暂行条例》、《浙江省职工基本养老保险条例》等上级文件，作为民营企业的正泰集团，率先搞起了员工社会养老保险。这项工作被誉为正泰集团的"人心工程"。因为，在南存辉眼里，为员工做好社会保险工作，是一项吸引人、凝聚人、激励人、留住人的重要手段。

到2002年年底，正泰集团总部所属各公司参保人数已达6 000多人，正泰集团为此支出了上千万元的资金。

南存辉的估计是正确的，社保的推行，不仅体现了企业的关爱，稳定了员工的人心，激发了大家的热情，更重要的是，还推动了企业的发展。2002年，正泰集团经济效益同比增长39%，取得了可喜的成绩。

南存辉注重保障员工的利益，这是人人皆知的。在他的企业，如果员工的利益受到了侵犯，他会毫不犹豫地站在员工这边；如果员工遇到了困难，他会毫不犹豫地帮助员工解决困难，顺利渡过难关。

有一次，江西籍员工张献福的脖子上长了个硬包，医院诊断为甲状腺瘤。于是，张献福到江西医院做了切除手术。当时临近春节，集团生产紧张，人手不足，尽管张献福的身体还没有完全康复，但是，他主动上岗值班。正泰集团精神文明委员会主任叶逢林知道了张献福的情况，及时给他送去了医疗补助费。

对此，张献福非常感动，他说："没想到，我这样一个普普通通打工者的病情，能得到集团领导亲人般的关爱，我为我是正泰集团员工感到无比幸福。"

华人首富李嘉诚曾说："虽然老板受到的压力较大，但是做老板所赚的钱，已经多过员工很多，所以我事事总不忘提醒自己，要多为员工考虑，让他们得到应得的利益。"这也许是每位创业者都应该持有的待人之道吧。

管理者在管理中运用南风法则，就是要尊重和关心下属，以下属为本，多点人情味，使下属真正感觉到管理者给予的温暖，从而去掉包袱，激发工作的积极性。

以柔克刚，征服人心

大树在狂风之中巍然挺立，丝毫不肯屈服，却在和风丽日中轻轻摇动枝头，仿佛在和微风握手。鲜花在暴雨中摇摆不停，却在阳光下欢快地起舞，仿佛在跟太阳微笑。我们不畏惧别人的强硬，却有抵抗不了的温柔。远方朋友的一句问候，温暖我们心房良久。这些都会说明温暖远比严寒更有力量。

通常，在与别人发生矛盾、冲突时，如果各不相让，到最后只会弄得两败俱伤。我们何不学学南风呢？遇到问题，心平气和地坐下来好好谈谈。

很多人都在为纠正他人的错误而狠吹"北风"，但是，刺骨寒冷的"北风"只会激对方的对立情绪和逆反心理。有些人与大家在一起的时候，很凶，很霸气，很要强，一次、两次可能因为你厉害，占了上风，但不久你就会发现，你已经失去了朋友。

一个成功的管理者是把你的下属全部带成与你一样强势、一样优秀的人，而不是以强势来把自己的兵变成任你使唤的奴才。

美国总统林肯，勇于负责，意志坚强，同时心胸宽广，很能包容他人的弱点和错误，经常使人感动。

有一次，有人告诉他，他的国防部长埃德温·斯坦顿曾骂他是个该死的傻瓜。林肯听了却轻描淡写地说："如果斯坦顿说我是个该死的傻瓜，那我很可能是的，因为他办事一向认真，他说的十之八九是正确的。"

斯坦顿得知后极为感动，马上到林肯面前表示了崇高的敬意。

一个管理者，除了拥有别人所没有的权力，同时也承担着别人所没有的责任。既然有责任，决定要承担，就必须有以柔克刚的本领。

在企业管理中，这一招也是非常有用的。人的性格千奇百怪，这个世界上什么人都有，如果你是一个管理者，而你的团队里恰好就有一些不好管理的人，软硬不吃，你该怎么办呢？其实，以柔克刚就是一个很好的方法，运用得好，可以收到意想不到的效果。

和风潜入夜，温暖细无声

说服别人应从心理方面入手，力图消除被教育者的对立情绪，创造心理相容的条件，从而开启对方的心理围城，让对方脱去紧护心灵的外衣，敞开心扉，与你"心有灵犀一点通"。

陶行知在校园里看到男生李新用泥块砸本班同学，当即斥责并责令他放学后到校长室。无疑，陶行知要好好教育这个顽皮的学生，且看陶行知"南风"式的教育。

放学后，陶行知见李新站在校长室准备挨训，便掏出一块糖果给他，"这是奖给你的，因为你按时到这里，我却迟到了。"李新惊疑地接过糖果。

随之，陶行知又掏出第二块糖果送给他，"这也是奖给你的，因为当我不让你再打人时，你立即住手了，说明你尊重我，应该奖给你。"李新更惊疑了，眼睛睁得大大的。

接着陶行知又掏出第三块糖果塞到李新手里，"我调查过了，你用泥块砸那些男生，是因为他们不守游戏规则，欺负女生，你砸他们，说明你正直善良，且有跟坏人作斗争的勇气，应该奖励你啊！"李新感动极了。他流着泪后悔地说："陶……陶校长，你……打我两下吧！我错了，我砸的不是坏人，而是自己的同学呀！"

陶行知满意地笑了，随即掏出第四块糖果递过来，"为你正确地认识错误，我再奖你一块糖果，可惜只有这一块糖了，我的糖完了，我们的谈话也该完了吧！"说完就走出了校长室。多么精彩的一场"南风"式的谈话呀！

从这个故事中我们看出，在教育人别人的时候也要讲究方法，你声嘶力竭地呵斥与痛骂，会使他们的"大衣裹得更紧"；采用和风细雨"南风"式的教育方法，你会轻而易举地让他们"脱掉大衣"，达到你的教育目的，收到更好的教育效果。教育家陶行知的"四块糖果"是"南风法则"的经典例子。

在通常情况下，用温和的方式去启发他人进行自我思考或者反省，进而说服他人，往往比采取强硬的手段更有效。刺骨寒冷的北风只会激起对方的对立情绪和逆反心理，北风固然凶猛，结果却会事与愿违；南风虽然徐徐，却能达到预期目标。

作为管理者，要善于运用"南风法则"，多给下属吹一点徐徐南风，少吹一点凛冽北风。当下属犯错误时，管理者应先避开问题的实质，把下属从犯错误的阴影中带出来，走到温暖的"阳光"下，给下属一个愉悦的心境，和风习习吹掉他们自我保护的大衣，然后耐心细致地进行说服教育，何愁下属不向你敞开心扉呢？

总之，管理者在工作实践中，与下属时交流沟通时，要特别注意讲究方式方法。多予人温暖，少给人严寒。多温和相待，少严厉对人。

 ## 南风法则活学活用：温情传递魅力

受人欢迎的管理者都有优良的品行，同时在处理人际关系时能做到不卑不亢，尽量能照顾别人的面子；受欢迎的管理者在出现尴尬场面时，能妥善地化解并调节气氛；受欢迎的管理者在出现激烈的争执时，能最适时地打圆场，照顾双方的情绪，起到调节的作用；受欢迎的管理者对待周围的人能一视同仁，不以贫富美丑、职位高低来划分亲疏，不道别人之短，也不说自己之长。

美国开国总统华盛顿还是一位上校的时候，他率领着部队驻守在亚历山大历亚。在选举弗尼亚议会的议员时，有一个名叫威廉·佩恩的人反对华盛顿所支持的候选人。同时，在关于选举问题的某一点上，华盛顿与佩恩形成了对抗。华盛顿出言不逊，冒犯了佩恩；佩恩一怒之下，将华盛顿一拳打倒在地。华盛顿的部下闻讯，群情激愤，部队马上开了过来，准备教训一下佩恩。华盛顿当场加以阻止，并劝说他们返回营地，就这样一场干戈暂时避免了。

第二天一早，华盛顿派人送给佩恩一张便条，要求他尽快赶到当地的一家小酒店来。佩恩怀着凶多吉少的心情如约到来，他猜想华盛顿一定要和他进行一场决斗，然而出乎意料，华盛顿在那里摆开了丰盛的宴席。华盛顿见佩恩到来，立即站起来迎接他，并笑着伸过手来，说道："佩恩先生，犯错误乃人之常情，纠

正错误是件光荣的事。我相信昨天是我不对，你已经在某种程度上得到了满足。如果你认为到此可以解决的话，那么握住我的手，让我们交个朋友吧。"华盛顿热情洋溢的话语感动了佩恩。从此以后，佩恩成为一个热烈拥护华盛顿的人。

华盛顿就是在与别人发生冲突的关键时刻，发挥了与常人不一样的交际风格，他没有选择以牙还牙，而是选择了给对方台阶，用自己的宽容化解了两人之间的矛盾，并且多得到了一个支持者。交际高手的高明之处往往就是在关键时刻选择以化解矛盾并且获得最大效益的方法来表现个人魅力。

一个受欢迎的管理者，同时也是乐善好施的管理者，乐于助人能使他建立起属于自己的"关系网"，这对于其工作开展是相当有利的。善于助人的管理者在性格上也大都是宽宏大度的，在交际中，他能融洽气氛、沟通感情、活跃场面。

无论什么事情，都是需要每个人的协作才能完成的，因此，能否调动每个员工的积极性是至关重要的，这就需要管理者有很强的交际能力，尤其是在事业处于低谷等关键时刻的时候，这样的能力尤为重要。要想成为一个交际能力很强的管理者，必须让周围的人感受到你的热情与真诚，这样才能打动别人，调动起所有人的积极性，这样才能获得整个事业的成功。

4 印加效应：
权力放下去，效率提上来

定律释义：

历史上，南美洲的印加帝国在经济、政治、生活上都在统治者高度而严格的控制之下，即便是一件小事也要请示最高当局。一天，西班牙征服者皮萨罗带领一支168人分遣队来攻打印加，强大的印加帝国虽然拥有20万军队，但必须经过层层请示才可出兵。西班牙人抓住时机，先活捉了印加皇帝。印加大军赶到时，看到皇帝被捉，群龙无首，乱成一团，被几十名西班牙骑兵追杀。最终印加帝国战败了，这一战中被杀死的印加人不下7 000人，而西班牙人却损失很小。这就是具有相当讽刺意味的印加效应。

印加效应对企业的管理有一重要启示，那就是"无权不揽，有事必废"。适当的分权管理甚至放权管理，是成功企业管理的法宝。

授权，将自己解放出来

为什么授权如此重要？人们为什么要努力提高授权技巧？授权有什么好处？

时间管理咨询专家哈喻洛得·泰勒清楚地表示："授权是管理者最重要的组成部分。"管理及领导权威史蒂芬·卡维在他的全美畅销书《高效人士的7种习惯》中指出："……有效授权也许是唯一且最有力的行为。"以上都表明了授权的价值，但授权有什么益处，以至于有如此大的威力？为什么授权对于有效率的管理者来说如此至关重要呢？

显而易见，授权的益处之一是能节省时间。作为管理者，有很多事需要你去把握和处理，你总会觉得时间不够用，很多事不能及时去做，但如果你能把一部分工作分配给别人，那么时间上的压力会减轻不少。

但如果你只是把工作丢给其他人，却无周全的计划和准备工作，那你的授权尝试就会失败，并且你必须收拾残局。在这种情况下，你反而使自己的时间压力剧增，而不是减轻。因此，在授权一项活动或任务时，最重要的是制订计划和充分准备。

一般来说，担任的管理职位越高，你花在具体事务上的时间越少。取而代之，你要花更多的时间去"计划"，成功的授权可以节省你亲自做具体事务的那部分时间，使你更好地为组织贡献你的力量。

通常来说，在一个组织中，做出决定和执行任务应当由尽可能低级别的职员去完成。这对组织顺利有效地运作是切实可行和必不可少的。

例如，一位文具供应公司的员工如果能够决定订哪种裁纸刀并知道如何下订单，那这个员工不必上司介入就完全可以独立完成工作任务。他的上司就可解放出来，把精力投入到重要的决策和任务中去。

如果你的员工完全能处理一项任务，你就不应再在这上面花费时间。不然，既浪费时间，又无法给他人提供发展的机会，而且会削弱整个组织的力量。作为管理者，你的职责是培养你的员工，帮助他们建立信心，而不是让他们受挫。所以你应该学会授权。

培养员工应该是每个管理者的基本职责。如果培养下属不是一个组织最基本的信念和行为，那么这个组织就无法长久地生存下去。管理者应该有一位一授权就能马上接受任务的下属。如果没有，就要培训出这样的员工。

授权恰恰是培养下属能力最有力、最有效的方法之一。

授权为下属提供学习及成长的机会。正确使用授权技巧还能激励他们的进取心，使他们获得工作的满足感。当你将一项重任托付给他人时，你就已表示出对他的信心，这有助于他建立自尊。

如果下属认为你为他们的成长提供机会，他们可能会被激起斗志，全身心投入工作中去。他们认为你确实对他们的事业发展感兴趣，而不是只顾你自己。他们会格外努力地去成功地完成你授权的任务。他们希望让你、让他们自己都满意。

善于分权，调动下属积极性

企业的管理者应根据情况，适当分权或授权来调动下属的积极性。授权，用一句通俗易懂的话来说，就是管理者将应属于下属的权力给予下属，对管理者来说，授权是应该掌握的一项基本的领导技能。

授权是一种重要的用人艺术，是分层管理的需要，是成就事业的必要手段。大胆授权对管理者来说，既是必要的，也是有利的，它可以使管理者从琐碎的日常事务中解脱出来，减轻自己的工作压力，专心处理全局性的重大问题；可以提高下属的工作积极性，增强责任心，发挥其特长，提高工作效率，极大地促进企业的发展。因此，管理者在任用人员时要敢于放权，而不要搞权力专制。

我国古代的许多管理者就懂得放权任人。唐玄宗李隆基就是其中一位。他在即位初期，任用姚崇、宋璟等名将名相，其中就很讲究用人之道。

有一次，姚崇就一些低级官员的任免问题向唐玄宗请示，连问了三次，唐玄宗都不予理睬。姚崇以为自己办错了事情，慌忙退了出去。正巧高力士在旁边，劝李隆基道："陛下继位不久，天下事情都由陛下决定。大臣奏事，妥与不妥都应表明态度，怎么连理都不理呢？"唐玄宗说："我任崇为政，大事吾当与决，重用郎使，崇顾不能而重烦我邪？"表面上看，玄宗是在批评姚崇拿小事麻烦他，实际上是放权姚崇，让他敢于做事。

后来姚崇听了高力士的传达，就放手办理事情了。史载，姚崇"由是进贤退不肖而天下治"。

正是因为唐玄宗敢于放权用人，使各级官吏都能充分发挥自己的才能，历史上才出现了著名的"开元盛世"。

授权不只是单纯的表面行动，更要引发个人的责任感，让事情做得好且做得正确。凡是高明的管理者，无不精于授权。

适当的分权管理甚至授权管理，是成功企业管理的法宝。比如IBM、诺基亚、惠普等企业，管理比较严格，工作流程也比较规范，良好的企业文化使得决策者珍视自己的形象，形成了民主而有效的管理氛围。

适当放权，使企业走出困境

1946年，美国通用食品公司实行的是权力集中的经营，有关制造、销售、市场推销、研究、人事及其他主要工作都受总公司管辖。但是，这种体制越来越不适应广泛的多元化生产。

公司高层管理者发现他们处理的多是一些无足轻重的日常决策，有时在进行决策时还涉及实际冲突，这使他们精疲力竭。这种领导体制严重限制了高层的领导力量。他们都觉得必须建立一种更合理、更有利于发展的体制。

美国通用食品公司的管理者认为必须建立新的领导体系，按照适当性、可控性、带责信任、考绩等原则，重新安排公司在管理方面的人力物力，做到"哪里有行动，哪里就有权"。他们最先采取的，就是使公司的许多工作、产品及市场都改由比较接近第一线的工作人员来做决策。

公司管理者对此有一个指导思想，那就是：哪里有行动，哪里就有权。他们的目标就是把各部门具体的管理责任，放在各部门经理身上，而有关公司的决策、目标和写作的责任，仍然有公司的管理者来承担。

几经分合和权衡，美国通用食品公司形成了五个经营部门，部门下又设有"策略性商业组"。经过改组，这些部门都能把业务的重心集中到消费市场上来，避免了以前那种消耗和浪费，也使美国通用食品公司能够以最集中的方式运用它的财力、物力来配合业务的增长。在新的领导体制下，各部门总经理参与决策的全盘决策，并对直接投资取得足够利润要分担责任。重要的是，他们要负责使各部门内的财力、物力得到最佳的运用，并负责采纳部门内"策略性商业组"经理所建议的策略。而各组的经理则要负责维持他们业务的健全而具竞争性的地位，并提供利润。

实行新的管理体制使美国通用食品公司取得了令同行钦佩不已的经营业绩，美国通用食品公司已经成为美国著名企业之一。

适当的分权或放权可以使管理工作有了比较合理的负担，减少了浪费个人能力并使管理人员不至于把精力用在不该用的地方；培养出一批特殊的管理人员，他们有独立的见解、足智多谋、头脑灵活，给企业决策带来巨大的帮助，更有利于企业的发展。

不当"甩手掌柜"，加强授权控制

管理者明确授权之后，主要职责就是进行有效的控制。就要做到牢牢掌握总目标，放手不撒手，对下属应多加指导。

管理者授权的全部目的，就在于激励下属为实现总目标而分担更多的责任。现代的任何组织，无论是企业、事业、商店、学校、机关、团体还是军事单位，都是一个多因素多层次的有机整体，整体与局部、整体与环境、局部与局部有着密切的联系，任何局部出现偏差都会妨碍整体领导目标的实现。管理者的根本任务是保证整体领导目标的实现。因此，授权以后的管理者，就要把精力主要放在议大事、掌握全局上，时时综观全局的各个过程，及时掌握变化中的新情况，发现领导决策和执行中出现的偏差、矛盾和问题，并对可能出现的偏离目标的局部现象进行协调、纠正。

下属有了职权之后，计划如何制订，工作如何安排，任务如何完成，派谁去完成，这些都是他们分内的事情，授权者不要再去过问。管理者要过问的是下属的目标能否如期或提前实现。管理者要善于发挥导向作用，根据形势的发展，为下属提供切合实际的观点、方法和措施。要多协商，少强制；多发问，少命令。管理者不要强迫下属做力所不能及的事情，而要大力支持其工作。

管理者的授权，是让下属分担责任，要放手让他们对各自职权范围内的事进行决策和处理，只有当下属不协调或发生矛盾时，管理者才出面解决。但授权不是让权，授权以后管理者照样负有全部责任，不能撒手不管，任其自流。如果管理者授权是图省事，享清闲，自己当"甩手掌柜"，那就错了。管理者在其位，就要谋其政，行其权，负其责。

印加效应活学活用：分工赋权，提升效率

对于一个企业来说，光讲统一领导而不讲分工赋权就没有活力、没有效率。

管理者是对全局的领导而不是任何事情都揽入自己的手中，主次不分则会使团体裹足不前。管理者带领下属工作更重要的是讲协调，下属有下属应该做的工作，如果管理者与下属做好自己的本职工作并相互配合，事业就好办了。而要协调好上下级的关系以及下属之间的关系，则关键是要合理分工、权责明确。

通过分权，使下属有一定的活动空间，同时他又有干好这项工作的义务。每个人都有自己的义务之后，就不会在同一事情上互相推诿，而是权责明确，各司其职，各负其责。

精明的管理者总是在统一领导的前提下，把大部分具体的工作让给下属去做，同时还保证使分工负责每项工作的人都有职、有权、有责，以防止分工负责的下属难以行使自己的权利，造成不必要的混乱。由于这一合理的配置，上下各方工作都秩序井然，如流水作业一般，其效率也会显著提高。

分工赋权是一种用人方法。它不仅是一种权力关系，也是一种人际关系，即由此与下属的沟通，激发下属的工作热情。授权不同于分权，亦不是大权旁落，而是由管理者向下属授予一定责任、权力和利益。这样可以调动起下属的积极性和责任心，有利于下属的锻炼与成长，并利用下属的专长来弥补自己的不足。

分工赋权的还可以使下属有责任心和积极性，管理者把任务分配到自己头上，也就不能不完成。如果完不成也不可能把责任推到他人头上，所以下属首先有责任。其次，通过领导的分工赋权，下属在一定的区域内有一定的自主性，在这种能为己所支配的范围内，个人的进取心就会增强。

分工赋权，在一定程度上避免了下属消极怠工的现象，从而调动每个下属的积极性，提高工作效率，使企业有更好的发展。

5 秋尾法则：
尊重即是奖励，信任才易胜任

定律释义：

秋尾法则是指如果我们把很重要的职责搁在年轻人的肩头，即使没有什么头衔，他也会觉得自己前途无量而努力工作。这是由日本管理学家秋尾森田提出。也就是说重用即是奖励，信任才易胜任。

管理要实现最佳的状态，塑造最高的效率，前提就是管理者对下属做到充分和尊重和信任。尊重可以让下属有主人翁的感觉，信任可以激发下属的潜能，激发下属的工作热情。管理者给予下属充分的尊重和信任，下属才会绝对信任管理者，投桃报李，为管理者尽展其才华，为管理者带来回报。

信任是企业管理的基石

信任是一种复杂的社会与心理现象。信任是合作的开始，也是企业管理的基石。一个不能相互信任的团队，是一支没有凝聚力的团队，是一支没有战斗力的团队。信任员工，对于一个团队有着重要的作用：

第一，信任能使员工处于互相包容、互相帮助的人际氛围中，易于形成团队精神以及积极热情的情感。

第二，信任能使每位员工都感觉到自己对他人的价值和他人对自己的意义，满足个人的精神需求。

第三，信任能有效地提高合作水平及和谐程度，促进工作的顺利开展。

刘哲是一个规模不是很大的食品公司的销售主管，在这样的工作岗位上一干就是五年。五年来，他工作认真，好学上进，偶尔还创新一下销售技能。销售业绩连年第一，深受老总的赏识。老总决定让他去深造一下，目的是给他更多的压力和机会，就以公司的名义给他在某大学报了一个在职MBA的培训课程，由于培训中接触的都是一些大企业的高级管理人才，学习机会较多，眼界得到了很大的开拓，企业管理和销售理念提高很多。回到公司，他先在自己的小团队里创建了一个学习小组，一个积极进取的团队。接下来的一年，这个小团队创造了奇迹，公司的销售规模扩大了一倍多。目前，公司现在已经是沃尔玛、华联等大型超市集团的优质供应商，销售规模扩张到了全国20多个省。

信任员工，让员工承担更重要、更高级的工作，对于企业的发展意义很大。

青年人的腰是硬的，撑得动大石头；青年人的梦是远的，愿意为之付出。一个有远大抱负的企业，他们的未来在年轻一代的管理者身上，他们把握时代脉搏的神经在年轻人身上。如果管理者希望企业在未来的竞争中占据制高点，那么给予年轻人充分的信任，着手培养年轻人一定没有错。

管理从尊重和信任人开始

在强调管理的时候，人们常常喜欢引用一句话：没有规矩，不成方圆。但是人们却忽视了这样一个事实，如果人的积极性未能充分调动起来，规矩越多，管理成本越高，所以说，企业管理最起码的一条规矩就是对人的尊重和信任。

"要尊重个人"，这条原则早在1914年老托马斯·沃森创办IBM公司时就已提出，小托马斯·沃森在1956年接任公司总裁后，将该条原则进一步发扬光大，上至总裁下至传达室，无人不知，无人不晓。IBM公司的"尊重个人"既体现在"公司最重要的资产是员工，每个人都可以使公司变成不同的样子，每位员工都是公司的一分子"的朴素理念上，更体现在合理的薪酬体系、能力工作岗位相匹配、充裕的培训和发展机会、公司的发展有赖于员工的成长等方方面面。

管理，尤其是对人的管理，过多地强调了"约束"和"压制"，事实上，这样的管理往往适得其反。聪明的企业和企业家已经意识到这一点，开始在"尊重"和"信任"上下工夫，了解员工的需要，然后满足他。

惠普中国公司原副总裁吴建中曾说过，一个好的企业和好的经理人始终牢记这一条，他的职责是帮助员工成功，如果经理用权力欺压员工，就不是一个称职的经理，至少不是一个具有现代意识的经理，怎么看他也像一个旧社会的工头。经理最重要的事情是要用他的权力、他的专长、他的影响力来帮助员工成功。经理不能让自己手下的员工不断失败、不断炒员工的鱿鱼。

让管理使人觉得亲和，让管理者与下属心理距离拉近，让管理者与下属彼此间在无拘无束的交流中互相激发灵感、热情与信任，这样的理念在优秀的企业家心中越来越达成共识。

有位专栏作家参观英特尔公司时，看到当时英特尔的首席执行官葛鲁夫的格子间与员工的格子间一样大小后，很尖刻地指责葛鲁夫这种做法比较虚伪，葛鲁夫却回答说，他这样做的理由是不想让权力放大，给员工造成心理压力，以便能更好地与员工进行交流。

要让管理真正亲和于下属，不仅表面上要与下属拉近距离，还要真正关心下属，不单是关心下属的家长里短，更重要的是关心下属的前途和未来，包括下属的薪水和股票，也包括员工学习机会、得到认可的机会和得到发展的机会。

尊重和信任下属是人性化管理的必然要求，只有下属的私人身份受到了尊重，他们才会真正感到被重视，被激励，做事情才会真正发自内心，才愿意和管理者打成一片，站到管理者的立场，主动与管理者沟通想法探讨工作，完成管理者交办的任务，甘心情愿为工作团队的荣誉付出。

人性化的管理就要有人性化的观念，就要人性化的表现，最为简单和最为根本的就是尊重和信任下属，把下属当做一个社会人来看待和管理，让管理从尊重和信任人开始。

一份信任，十倍回报

古人云："士为知己者死。"信任在人们的精神生活中是必不可少的，它代表一种对人的价值的积极肯定和评价；信任意味着一种激励，这种激励可以激发人们积极而热情的情绪。正如一位员工说："领导把我当牛看，我就把自己当成人；领导把我当人，我就把自己当成牛。"

魏征原是太子李建成的亲信和首席谋士，帮助太子李建成与李世民争夺帝位，李世民说他见了魏征就像见了仇敌一样。后来李世民发动玄武门事变，击毙太子李建成后被立为太子，他怒斥魏征，魏征回答道："皇太子建成如果听了我的话，一定不会有今天这样的祸事。"唐太宗听了肃然起敬，深深为魏征的忠心护主、刚直不阿的精神所打动。于是他给魏征格外的礼遇，多次在寝宫召见魏征，询问其治国大计，并任命他为谏议大夫，对他敬重万分，他对魏征说："你的罪比射中齐桓公一箭的管仲还要大，我对你的信任却超过了齐桓公对管仲的信任。"魏征为唐太宗的大度和信任所深深感动，决心以其毕生的心力为唐太宗效劳。

从这个事例中我们看出：如果你给予周围的人一份信任，他会予你十倍的回报。

管仲在做齐国宰相以前曾经负责押送过犯人，但他与别的押解官所不同的是，管仲并没有按预定行程押送犯人，而是让他们按自己的意愿来安排行程，只要在预定的时间内到达就可以了。犯人们感到这是管仲对他们的信任与尊重，因此，没有一个人中途逃跑，全部如期赶到了预定地点。

由此可见，信任对人的影响有多大。故人云："用人不疑"，也就是这个道理，任用别人，就应该相信别人的能力。信任是激励的最好武器。

管理者增强下属竞争意识，能让下属从根本上认识到自己真正的潜能，进而发挥出来，也能让下属从根本上认识到自己的差距，进而弥补起来。

把企业交到员工手里

为了调动工人的积极性，许多企业设法让员工成为企业的主人。然而，只有充分尊重员工的权利，员工才会将企业视为自己的，才会为企业积极地工作。

戴那企业的麦克佛森总裁的经营秘诀就是"把企业交到员工手里"。

麦克佛森让企业的"工厂领导"（厂长）直接控制自己厂里的人事、财务、采购等等。这就使人事、行政、采购和财务等各部门的权力分散了。这似乎有悖经济原理，因为从理论上讲，集体大量采购是压低单价、节约费用的良方。但是，麦克佛森却认为集体采购是行不通的。"工厂领导"为每季的目标负责，若是集体采购，在90天之后，则会有人跑过来说："本来计划是可以完成的，但是那个该死的采购领导没有准时把我要的钢铁买回来，所以我没办法达到目标，也许下一季度……"而在采购部门的权力分散后，如果有几个"工厂领导"感到有必要的话，他们就会自己联合起来压低成本。

戴那企业没有作业准则，也不用写报告，一位执行副总裁说："我们有的只是信任！"他们充分尊重每位员工。在20世纪80年代初，时逢经济萧条，企业被迫辞退1万名员工。为此企业每星期都要给每位员工送一份通讯录，在这份通讯录中大胆指出下一个可能裁员的是哪些部门，并指出被裁员部门的员工前途怎样。这种做法富有成效。裁员后，购买股票的员工超过80%，包括被辞退的员工。而裁员前，80%的员工只是通过自由入股计划成为企业股东的。

在麦克佛森的经营下，由于他"把企业交到员工手里"，在20世纪70年代，戴那企业的投资报酬率在财星五百大企业中跃居第二。而这家位于美国俄亥俄州托来多市的轮轴制造企业，曾被认为"拥有有史以来财星五百大企业中最差劲的生产线"。1979~1981年，虽然受到经济危机的打击，但该企业却迅速恢复了元气。

这就是尊重员工、信任员工，把企业交给员工的力量所在。

让员工参与到管理中来

所谓参与管理，就是指在不同程度上让员工参加组织的决策过程及各级管理工作，让员工与企业的高层管理者处于平等的地位研究和讨论组织中的重大问题，他们可以感到上有主管的信任，从而体验出自己的利益与组织发展目标密切相关而产生强烈的责任感；同时，参与管理为员工提供了一个取得别人重视的机会，从而给人一种成就感。员工因为能够参与商讨与自己有关的问题而受到激励。参与管理既对个人产生激励，又为组织目标的实现提供了保证。

参与管理的方式试图通过增加组织成品对决策过程的投入进而影响组织的绩效和员工的工作满意度。在员工参与管理的过程中有四个关键性的因素：

（1）权力，即提供给人们足够的用以做决策的权力。这样的权力是多种多样的，如工作方法、任务分派、客户服务、员工选拔等。授予员工的权力大小可以有很大的变化，从简单地让他们为管理者作出的决策输入一定的信息，到员工集体联合起来作决策，乃至员工自己作决策。

（2）信息。信息对作出有效的决策是至关重要的。组织应该保证必要的信息能顺利地流向参与管理的员工处。这些信息包括运作过程和结果中的数据、业务计划、竞争状况、工作方法、组织发展的观念等。

（3）知识和技能。员工参与管理，他们必须具有作出好的决策所要求的知识和技能。组织应提供训练和发展计划培养和提高员工的知识和技能。

（4）报酬。报酬能有力地吸引员工参与管理。有意义的参与管理的机会一方面提供给员工内在的报酬，如自我价值与自我实现的情感；另一方面提供给员工外在的报酬，如工资、晋升等。

在参与管理的过程中，这四个方面的因素必须同时发生作用。如果仅仅授予员工作决策的权力和自主权，但他们却得不到必要的信息和知识技能，那么也无法作出好的决策。如果给予员工权力，同时也保证他们获取足够的信息，对他们的知识和技能也进行训练和提高，但并不将绩效结果的改善与报酬联系在一起，员工就会失去参与管理的动机与热情。

员工参与管理能有效地提高生产力，其作用如下：

首先，员工参与管理可以增强组织内的沟通与协调。这样就通过将不同的工作或部门整合起来为一个整体的任务目标服务从而提高生产力。

其次，员工参与管理可以提高员工的工作动机，特别是当他们的一些重要的个人需要得到满足的时候。

再次，员工在参与管理的实践中提高了能力，使得他们在工作中取得更好的成绩。组织上增强员工参与管理的过程中通常包含了对他们的集体解决问题和沟通的能力的训练。

激发员工参与决策的热情

波士顿大学的心理学教授麦克莱兰说：让员工有参加决策的权力，赋予员工这种参与权，能大大调动他们的工作积极性。

韦尔奇到通用电气公司后，认为公司管理人员太多，而会领导的人太少，工人们对自己的工作会比老板清楚得多，经理们最好不要横加干涉。为此，通用电气公司实行了"全员决策"制度，使那些平时没有机会互相交流的员工、中层管理人员都能出席决策讨论会。自实行"全员决策制"后，公司的工作在经济不景气的情况下仍取得了较大进展：

（1）参与决策的员工会感觉到自己在集体中是受到重视的。他们一旦参与决策，感觉领导把自己看做集体获取成功的重要角色，当然就会投入更多精力，增强责任心，为部门或公司创造业绩。

（2）参与决策的员工之所以能做好日常决策，能从公司或部门那儿直接获取准确信息也是重要因素。不愿意与他人分享信息或不赞同员工参与决策的管理者通常要么是抱怨员工，要么就是自身难以作出好的决策。员工要作出有创造力的、好的决策，必须能得到准确的、及时的信息。如果管理者能够及时提供信息，并且对员工表示出相信他们有能力做得很好，他们往往会作出有效决策。

（3）参与决策的员工会把作出决策当做自己的切身责任，有了这种责任，即便决策实施在后期变得很糟，他们也会竭尽所能来改善它，使其有所转机。每个有责任心的人都会如此。员工参与决策，会使企业成功的机会大为增加，即使决策中的某一部分对部门或公司有失远见或没有价值，小组的所有成员也会尽心尽力，不让结果与所期望的有所偏离。

（4）参与决策的员工将更注意如何培养自己解决远景发展方向问题的能力，而不是谴责当前本企业管理上的某些不合理问题。以往，因为员工没有参与企业决策，经常有这样的评论："这又不是我的决定。""这是谁的聪明主意？""一百年这也无法实行。"这些言论说明了两点：第一，员工对此决策压根儿不满；第二，决策失误，决策者对它能否成功本来就没有把握，使员工有了埋怨对象。

（5）员工参与决策时的精神与动力，在组织内显得颇为重要。员工若是参与了决策，就会知道自己对公司或部门的成功起着重要作用。而一旦认识到自己的重要性，对工作就会有忘我精神、极大的热忱和不懈的动力。

（6）参与决策的员工作出的决策，若能对工作有很强的推动力，管理者就有了闲暇致力于部门的发展问题。就像怎样使公司或部门进一步发展壮大，取得更卓越的成绩这类关于公司远景发展方向的问题，管理者也可放心让员工处理。这样，管理者将会有时间去研究顾客的需求与不满正发生什么样的变化。有了这些新信息，企业管理者也可组织一下讨论诸如随着顾客需求的变换市场将会出现什么转变的问题。另外，管理者也将有充裕的时间考虑有关改善工作程序和工作方法等方面的问题。

 **秋尾法则活学活用：员工参与管理四方案**

让员工参与管理，最主要的几种形式有分享决策权、代表参与、质量圈和员工股份所有制方案。

1. 分享决策权

分享决策权是指员工在很大程度上分享其直接监管者的决策权。管理者与员工分享决策权的原因是，当工作变得越来越复杂时，他们常常无法了解员工所做的一切，所以选择了最了解的人来参与决策，其结果可能是更完善的决策。各个部门的员工在工作过程中的相互依赖的增强，也促进员工需要与其他部门的人共同商议。这就需要通过团队、委员会和集体会议来解决共同影响他们的问题。共同参与决策还可以增加对决策的承诺，如果员工参与了决策的过程，那么在决策的实施过程中他们就更不容易反对这项决策。

2. 代表参与

代表参与是指工人不是直接参与决策，而是一部分工人的代表进行参与，西方大多数国家都通过立法的形式要求企业实行代表参与。代表参与的目的是在组织内重新分配权力，把劳工放在同资方、股东的利益更为平等的地位上。代表参与常用的两种形式是工作委员会和董事会代表工作委员把员工和管理层联系起来，任命或选举出一些员工，当管理部门作出重大决策时必须与之商讨。董事会代表是指进入董事会并代表员工利益的员工代表。

3. 质量圈

质量圈是指一线员工和监督者组成的共同承担责任的一个工作群体。他们定期会面，通常一周一次，讨论技术问题，探讨问题的原因，提出解决问题的建议以及实施解决措施。他们承担着解决质量问题的责任，对工作进行反馈并对反馈作出评价，但管理层一般保留建议方案实施与否的最终决定权。员工并不一定具有分析和解决质量问题的能力，因此，质量圈还包含了为参与的员工进行质量测定与分析的策略和技巧、群体沟通的技巧等方面的培训。

4. 员工股份所有制方案

员工股份所有制方案是指员工拥有所在企业的一定数额的股份，使员工一方面将自己的利益与企业的利益联系在一起，一方面员工在心理上体验做主人翁的感受。员工股份所有制方案能够提高员工工作的满意度，提高工作激励水平。员工除了具有企业的股份，还需要定期告知企业的经营状况并拥有对企业的经营施加影响的机会。当具备了这些条件后，员工会对工作更加满意。

员工参与管理的方式，在一定程度上提高了员工的工作满意度，提高了生产力。因此，参与管理在西方国家得到了广泛的应用，并且其具体形式也不断推陈出新。近年来，我国的企业也注重使用参与管理的方式，如许多企业开始采用员工持股的形式。但是，参与管理并非适用任何一种情况。在要求迅速作出决策的情况下，管理者还是应该有适当的权力集中，而且，参与管理要求员工具有实际的解决管理问题的技能，这对于员工来说并不是都能做到的。

6 "蜂舞"法则：
管理要到位，沟通先到位

定律释义：

奥地利生物学家弗里茨经过细心研究，发现了蜜蜂"舞蹈"的秘密。蜜蜂的舞蹈主要有"圆舞"和"镰舞"两种形式。工蜂回来后，常做一种有规律的飞舞。如果工蜂跳圆舞，就是告诉同伴蜜源与蜂房相距不远，约在100米左右。工蜂如果跳镰舞，则是通知同伴蜜源离蜂房较远。路程越远，工蜂跳的圈数越多，频率也越快。如果跳"8"字形舞，并摇摆其腹部，舞蹈的中轴线跟巢顶的夹角，正好表示蜜源方向和太阳方向的夹角。蜜蜂跳舞时头朝上或朝下，与告知蜜源位置之方向也有关联。

这就是管理心理学中著名的蜂舞法则。蜂舞法则揭示的道理是：信息是主动性的源泉，加强沟通才能改善管理的效果。管理者要像蜜蜂采蜜一样，吸取各种沟通方式的特点，将"蜂舞"揉到自己的管理艺术中。

沟通是管理艺术的精髓

面对现在日益复杂的社会关系，我们希望自己能够获取和谐、融洽、真诚的家庭关系、朋友关系、同事关系和上下级关系，在激烈的市场竞争中，我们希望自己能够锻造出一支上下齐心、精诚团结的企业团队；我们希望自己的企业能够生活在一种良好的外部环境中，能在与顾客、股东、上下游企业、社区、政府以及新闻媒体的交往中，塑造出良好的企业形象等。

上述问题的答案可能是由一系列相关的要素所构成的，但是，其中沟通是解决一切问题的基础。沟通不是万能的，但没有沟通却是万万不能的。

管理离不开沟通，沟通渗透于管理的各个方面。正如人体的血液循环一样，如果没有沟通的活动，企业就会趋于死亡。

松下幸之助非常善于与员工沟通，尤其善于倾听员工的话——好的建议和普通的发牢骚。松下幸之助经常问他的下属管理人员，"说说看，你对这件事是怎么考虑的。""要是你干的话，你会怎么办？"一些年轻的管理人员，开始还不太愿意说，但当他们发现董事长非常尊重自己，认真地倾听自己的讲话，而且常常拿笔记下自己的建议时，他们就开始认真发表自己的见解了。由于听的人既显示了对说话人的尊重，又不走形式、毫不马虎地专注地听，回答的人就会十分认真地畅所欲言。这是一场比认真的竞赛，对于下级管理人迅速掌握经营的秘诀，是大有裨益的。

在松下幸之助的头脑里，从没有"人微言轻"的观念，他可以认真地倾听哪怕是最底层人的正确意见，但他非常痛恨别人对他阿谀奉承。如果有这种情况发生，哪怕对方的地位和他差不多，他也会毫不犹豫地批驳说："你真是这样想的吗？你也是领导，说这样的话合适吗？"等诸如此类的话。尽管别人当时可能会觉得难受，但以后反而更尊重松下幸之助的为人，并且对松下幸之助有什么说什么，不再说些应景的废话。这无论是对松下幸之助本人还是对别人，以及对于公司的发展都是有好处的。松下电器公司因董事长的善于沟通交流，获益匪浅。

美国著名未来学家约翰·奈斯比特曾说："未来的竞争将是管理的竞争，竞争的焦点在于每个社会组织内部成员之间及其与外部组织的有效沟通上。"沟通是管理行为最重要的组成部分，也可以说是任何管理艺术的精髓。不管到了什么时候，企业管理都离不开沟通。优秀企业从上到下都必须重视及时有效的沟通管理，只有拥有良好的交流沟通管理机制，才能创造和提升良好的企业文化，这也是实施企业有效管理的主要方式和重要工具。

不会沟通，就做不好管理

英国管理学家威尔德说："管理者应该具有多种能力，但最基本的能力是有效沟通。"管理者在实践中常常发现，自己在工作中出现的矛盾、问题，往往是由于沟通能力差、与下属缺少交流造成的。当代社会，沟通已经成为各级管理者的必备能力，以至哈佛大学的权威教授一致认为：管理者的真正工作就是沟通。所以，对决策层和管理层来说，沟通不仅是必要的，更是必需的。能否有效沟通，决定着企业的成败，也决定着管理者的成败。一个管理者如果具有高超的沟通能力，就很容易给企业带来成功。

俄亥俄州的奈尔斯坐落着美国钢铁和国民蒸馏器公司的子公司RMI，生产多种钛制品。多年来，公司的工作效率低，生产率和利润率也上不去。自从大吉姆·丹尼尔到这里担任总经理后，情况就发生了变化。大吉姆没有什么特殊的管理办法，他只是在工厂里到处贴上如下标语：

"如果你看到一个人没有笑容，请把你的笑容分给他。""任何事情只有做起来兴致勃勃，才能取得成功。"这些标语下面都签有名字："大吉姆"。

公司还有一个特殊的厂徽：一张笑脸。在办公用品上，在工厂的大门上，在厂内的板牌上，甚至在员工的安全帽上都绘有这张笑脸。

这就是美国人所称的"俄亥俄的笑容"。《华尔街日报》称之为"纯威士忌酒——柔情的口号、感情的交流和充满微笑的混合物"。

大吉姆自己也总是满面春风。他向人们征询意见，喊着员工的名字打招呼，全厂2 000名员工的名字他都能叫得出来。他还让工会主席列席会议，让他知道工厂的计划是什么。结果，只用了3年时间，工厂没有增加1分钱的投资，生产率却惊人地提高了近8%。

对企业内部而言，人们越来越强调建立学习型的企业，越来越强调团队合作精神，因此有效的企业内部沟通交流成了成功的关键；对企业外部而言，为了实现企业之间的强强联合与优势互补，人们需要掌握谈判与合作等沟通技巧；对企业自身而言，是为了更好地在现有政策条件的允许下，实现企业的发展。良好的沟通能力也是一个优秀管理者的必修课，特别是与员工的沟通。因为员工是每位管理者的试金石，更重要的是，他们企业的根基。成功的管理者都具有卓越的沟通能力。所谓成功的管理者，除了自身所具有的优秀素质外，他们的所作所为都来源于自身拥有一套愿意与所有的员工不断"沟通"的管理哲学，从而获得更多的成功。

有效沟通，从"心"开始

对于管理者来说，要想获得良好的沟通效果，抓住对方的心理是相当重要的。

抓住对方心理是和对方交往、说服对方的重要途径。沟通之难不在于见多识广或表达之难，而在于看透对方的内心，并在此基础上巧妙地表现自己。人的心理十分微妙，即使同样的一句话也会因对方的情绪变化而得到不同的理解。读懂对方的内心才能控制其情绪的变化。

沉默的员工就是一扇关闭的门，如果管理者在交往中稍有不慎，那么对方就永远不会向你打开心扉。怎样才能使沉默寡言的人向管理者敞开心怀呢？管理者应该先进入对方的内心世界引发其产生心理动摇。只要管理者抓住了沉默员工的心理，员工就会很容易地向管理者敞开心扉。

管理者可以使员工感觉到自己十分同情他的处境。如果员工因为遭遇挫折而不言不语，管理者不妨表示同情，可以用一种很宽慰的语气对员工说："如果我处在同样的环境，遇到同样的事情，肯定也会失败。"这样员工就不再担心管理者会严厉地批评他，进而也愿意和管理者展开交谈。

管理者不能老是等上级的指示，在妥善处理了自己份内的工作以后，要主动地为上级分担工作。管理者不能看到上级仍在忙碌也无动于衷，这种事不关己、高高挂起的心理和行为是不利于管理者的管理的。

管理者即使遇到了与自己没有任何关系的事，只要具备一定契机和理由，也应该像对待自己的事一样作出积极的姿态，这样才能感化别人。感化别人的关键在于情感、需求、本能等行为动机，不要跟员工或者上级空谈道理，那样是没有任何效果的。

没有平等就没有真正的沟通

美国加利福尼亚州立大学对企业内部沟通进行研究，他们发现，来自领导层的信息只有20%~25%被下级知道并正确理解，而从下到上反馈的信息则不超过10%，平行交流的效率则可达到90%以上。

进一步的研究发现，平行交流的效率之所以如此之高，是因为平行交流是一种以平等为基础的交流。为试验平等交流在企业内部实施的可行性，他们试着在整个企业内部建立一种平等沟通的机制。结果发现，与建立这种机制前相比，在企业内建立平等的沟通渠道，可以大大增加管理者与下属之间的协调沟通能力，使他们在价值观、道德观、经营哲学等方面很快地达成一致。可以使上下级之间、各个部门之间的信息形成较为对称的流动，业务流、信息流、制度流也更为通畅，信息在执行过程中发生变形的情况也会大大减少。

这样，他们得出了一个结论：平等交流是企业有效沟通的保证。

要提高沟通效率，管理者就必须充分认识沟通的平等性。平等的沟通，并不是平等地位的沟通，而是发自内心的情感交流。有修养的管理者会以平常心态对待他人，言语表现得体，真诚用心地对待每一个下属。

管理者与下属沟通，就是管理者与下属之间在思想、观点、意见、感情、愿望、认识问题等方面交流的过程，通过相互作用，达到共同进步的目的。良好的沟通能够达成决策共识、建立相互信任、促进彼此感情、形成团队合力、提高落实效率。没有沟通或失败的沟通，会产生误解、相互猜忌、伤害感情，甚至形成对立或仇恨。

一个企业要实现高速运转，要让企业充满生机和活力，有赖于下情能为上知，上意迅速下达，有赖于部门之间互通信息，同甘共苦，协同作战。要做到这一点，有效的沟通渠道是必需的。

有效沟通，使组织成员感到自己是组织的一员；激励成员的动机，使成员为组织目标奋斗；提供反馈意见；保持和谐的劳资关系；提高士气，建立团队协作精神；鼓励成员积极参与决策；通过了解整个组织目标，改善自己的工作绩效；提高产品质量和组织战斗力；保证管理者倾听下属意见，并及时给予答复。

其实企业管理中的工作最多无外乎员工彼此间的交流，大约占全部工作时间的60%以上。可见，一个企业中如果缺乏有效的交流，将会造成很大的障碍。作为领导应该掌握有效的员工交流沟通方式，做到相互尊重、平等沟通，解除与员工之间的沟通障碍及员工的冲突纠纷。

吩咐工作要少命令、多商量

说到命令，人们可能会想到"军令如山"这个词，管理者下了命令，下属不得不服从。于是有些管理者认为以命令方式去指挥下属办事最快，效率最高，但在实际生活中却不尽然。

日本松下电器公司前总裁松下幸之助说："不论是企业或团体的管理者，要使下属高高兴兴，自动自发地做事，我认为最重要的，要在用人和被用人之间，建立双向的，也就是精神与精神、心与心的契合、沟通。"他看到了管理者与下属的沟通的重要性，因而在实际中身体力行，终于取得了成功。要达成管理者与下属心与心的契合、沟通，关键的就是与下属一起交流商量。

一些管理者颐指气使，有事就大嗓门地命令下属去干。他们认为只有雷厉风行才能产生最佳效果，命令别人去干事的时候也不听取他人的意见，反正一句话："做了再说!"一般来说这样的管理者比较有能力，在下达命令之前是经过一番深思熟虑的。但久而久之，下属对管理者产生了信任，就会什么都不问，照管理者说的去做，这样反倒失去了积极性和创造性而成为一台只会办事的机器。而有些下属呢，面对管理者铺天盖地的命令，连问一句为什么的机会都没有，自己想不通当然就不愿去做了，而不愿做的事要被迫去做是很难做好的。

管理者要吩咐下属去办一件事，命令的方式是不可少的，特别是在情况紧急的情况下，一分一秒都是宝贵的，没有时间详细解释。但更多的时候，最好还是以商量的方式。

如果采用商量的方式，下属就会把心中的想法讲出来，而管理者认为有道理的话，就不妨说："我明白了，你说的话很有道理，关于这一点，看看这样行不行？"诸如此类，一方面吸收对方的想法和建议，另一方面推进工作。这会让下属觉得既然自己的意见被采用，自然就应把这件事当做自己的事去认真做的；同时由于热心，自然也会产生良好的效果。

另外，管理者在要下属去干一件事时，也可以给下属指一个美好的前景，他们便会欣然去做。所以在实际工作的安排中，管理者应做到：

（1）忌凭自己的权力压制他人。

（2）要仔细聆听下属的意见。

（3）若同意对方的意见，就可以说："我也是这样想的。"这样会使下属为自己的意见而感到骄傲。

（4）如果不同意，必须向下属说明理由，如果只是把上级命令发布下去，下属还是会我行我素。

 ## "蜂舞"法则活学活用：全面提高沟通力

管理者需要提高自己的沟通能力。所谓提高沟通能力，无非是两方面：一是提高理解别人的能力；二是增加别人理解自己的可能性。

提高沟通能力必须有一定的程序，这些程序的顺序如下：

一是开列沟通情境和沟通对象清单。管理者只需要闭上眼睛想一想，你都在哪些情境中与人沟通，如工作单位、聚会以及日常的各种与人打交道的情境等。再想一想，你都需要与哪些人沟通，如老员工、新员工、同事、上级等。开列清单的目的是使自己清楚自己的沟通范围和对象，以便全面地提高自己的沟通能力。

二是评价自己的沟通状况。在这一步里，管理者可以问自己如下问题：对哪些情境的沟通感到愉快？对哪些情境的沟通感到有心理压力？最愿意与谁保持沟通？最不喜欢与谁沟通？是否经常与多数人保持愉快的沟通？是否常感到自己的意思没有说清楚？客观、认真地回答上述问题，有助于了解自己在哪些情境中、与哪些人的沟通状况较为理想，在哪些情境中、与哪些人的沟通需要着力改善。

三是评价自己的沟通方式。在这一步中，管理者主要问自己如下三个问题：在通常情况下，自己是主动与别人沟通还是被动沟通？在与别人沟通时，自己的注意力是否集中？在表达自己的意图时，信息是否充分？主动沟通者与被动沟通者的沟通状况往往有明显差异。研究表明，主动沟通者更容易与别人建立并维持广泛的人际关系，更可能在人际交往中获得成功。沟通时保持高度的注意力，有助于了解对方的心理状态，并能够较好地根据反馈来调节自己的沟通过程。在表达自己的意图时，一定要注意使自己被人充分理解。

四是制定和坚决执行自己的沟通计划。

7 史提尔定律：
合作是一切团队繁荣的根本

定律释义：

"合作是一切团体繁荣的根本。"这句英国前自由党领袖史提尔的话，简洁，却不简单。看似口号性，却深藏着无穷的内涵和生机。史提尔定律被纳入经典的管理定律，这使我们对它有了更多的琢磨和领悟，深深悟到了它弥足珍贵的团队精神。

一个人的力量是有限的，众人力量是无穷的。史提尔定律告诉我们，只有大家携起手来，团结合作，才能拥有胜利的果实。如果团队中每个人都将自己的才智和力量发挥出来，主动地做事，为着同一个目标而努力，劲往一处使，那我们的团队就一定会变得更加强大。

团队精神是企业最大的财富

企业的核心竞争力到底是什么？北大光华管理学院张维迎教授认为：企业的核心竞争力有五大特征：偷不去、买不来、拆不开、带不走和溜不掉。企业真正的核心竞争力就是优秀的团队精神。一个企业如果没有团队精神，将成为一盘散沙；一个民族如果没有团队精神，也将无所作为。

日本某公司的董事长不但头脑灵活，观察也很敏锐，在他还未当上董事长时，就很善于掌握基层人员所提供的情报。当他坐上董事长的宝座之后，凡事大包大揽，任何事自己决定，动不动就呵斥下属。

主管会议上，他一个人演讲，所有主管提出的意见都不能改变他的决定。所以，当这位董事长提出自己的方案并征询大家的意见时，众人心想，反正说了也没用，于是全都沉默起来。大家不说话，董事长就用点名的方式，被点到的人嘴里虽然说"董事长的想法太棒了，推出去一定会大受欢迎"，心里却不肯认同。

由于众人没有说出真心话，结果这位董事长的计划一经推出，即弄得狼狈不堪。日复一日，这家公司就在这样的情形下走向衰落。

孤军奋战、单独作战的英雄岁月已经过去，社会正处于提速时代，决定生死的关键离不开团队。团队并非松散的团体。真正有生产力的团队，必须有强有力的领导核心，有严密的组织架构，有明确的奋斗目标。在这样的团体中，个人对团队有强烈的归属感，成员对团体忠诚度非常高，肯为之而战，以之而荣。个人服从团队，私利服从公利；团队成员之间彼此协作、尊重、诚信；成员认同团队的价值取向，为团队的目标全身心投入。

团队就是有着互补技能的一小群人，为着共同的目的，建立一系列现实的目标并通过共同努力而达成。有效的团队往往是由跨功能、跨背景、跨部门的人员组成的协作体，通过相互补充、相互激发各自的潜力而完成特定的任务，从而提升士气和生产力。

中国伦理学会的李茂森教授将团队精神看做是个人道德品质的载体。他说：

"团队精神包含着诸如团结、合作、诚实、信任、敬业、奉献等很多道德品质的内容，具有这些品质的人在任何团体中都会得到肯定的赞扬。"

团队最理想的境界，是成员彼此间有共同的目标和远景，大家一起来解决公司面对的问题。杰克·韦尔奇总是不厌其烦地给那些年轻的、缺乏经验的各级管理者以忠告和建议，他说："我能够给你们的最大忠告，就是千万不要企图自己来单独完成某件事情。你必须精于和你统领的团队里的每一位聪明的家伙打交道，与他们建立良好的合作，并充分激励他们。如果你真正做到了这一点，那么恭喜你，你已经把世界都抛到屁股后面了。"因此，增加团队精神是每个公司管理者必须做到的，只有强大的团队才能在市场的浪潮中立于不败之地，才能不断发展壮大。

同心山成玉，协力土变金

在远古的时候，上帝在创造着人类。随着人的增多，上帝开始担忧，他怕人类的不团结，会造成世界大乱，从而影响他们稳定的生活。

为了检验人类之间是否具备团结协作、互助互帮的意识，上帝做了一个试验：他把人类分为两批，在每批人的面前都放了一大堆可口美味的食物，但是，却给每个人发了一双很细很长的筷子，要求他们在规定的时间内，把桌上的食物全部吃完，并且不许有任何的浪费。比赛开始了，第一批人各自为政，只顾拼命地用筷子夹取食物往自己的嘴里送，但因筷子太长，总是无法够到自己的嘴，而且因为你争我抢，造成了食物极大的浪费。

上帝摇了摇头，为此感到失望。

轮到第二批人了，他们一上来并没有急着要用筷子往自己的嘴里送食物，而是大家一起围坐成了一个圆圈，一个人先用自己的筷子夹取食物送到坐在自己对面人的嘴里，然后，由坐在自己对面的人用筷子夹取食物送到他的嘴里。

就这样，每个人都在规定时间内吃到了整桌的食物，并丝毫没有造成浪费。第二批人不仅仅享受了美味，还获得了更多彼此的信任和好感。

上帝看了，点了点头，为此感到希望。

于是，上帝为第一批人的背后贴上五个字，叫"利己不利人"；而在第二批人的背后也贴上五个字，叫"利人又利己"。

从上述故事中，我们看出团队合作往往能激发出团体不可思议的潜力，集体协作干出的成果往往能超过成员个人业绩的总和。正所谓"同心山成玉，协力土变金。"一个团体，如果组织涣散，人心浮动，人人自行其是，甚至搞"窝里斗"，何来生机与活力？又何谈干事创业？在一个缺乏凝聚力的环境里，个人再有雄心壮志，再有聪明才智，也不可能得到充分发挥！只有严密有序的集体组织和高效的团队协作，才能克服重重困难，甚至创造奇迹。因此，不管是管理者还是一般员工，在团队活动中，一定要看到团队力量是巨大的。

分工协作，调动员工积极性

分工与协作有如鸟之双翼，一个企业能够以优秀的姿态不断发展壮大和完善的分工协作体系是分不开的。众所周知，鸟儿要飞得更高更远，它的双翼一定是平衡的，假设一翼很强大，它可以一时飞得很高，却很难飞得长远。一个企业追求的是不断成长，同时也会考虑的更长远。

很久以前，在一座山上有一座寺庙。一天，住持方丈派两个小和尚分别去管理山下两座已经废弃了的寺庙。第一个小和尚生性敦厚，待人热情，总是笑脸相迎，所以来的人非常多，但是他其他的事都不管，没有认真地管理账务，依然入不敷出，寺庙看起来也破破烂烂的，没有整理，时间久了，渐渐没有人来了。而第二个小和尚虽然管账是一把好手，很注重寺庙的整洁，但成天阴着个脸，太过严肃，搞得人越来越少，最后香火断绝。有一天，住持方丈来到山下检查他们的情况时，发现了这个问题，住持方丈想了想，于是就将他们俩先放在同一个庙里，由第一个小和尚负责公关，笑迎八方客，于是香火旺。而第二个小和尚铁面无私，锱铢必较，则让他负责财务，严格把关。最后，在两人的分工合作中，庙里呈现一派欣欣向荣的景象，香火十分旺盛。

从这个故事中我们看出，寺庙的景象欣欣向荣，香火十分旺盛，跟两个小和尚分工合作是分不开的，可见分工合作的重要性。

对于一个企业来说分工明确，使员工清楚自己的工作内容和职责，这样会一定程度上调动员工的积极性，而且会锻炼员工的独立能力与分析能力。协作相对来说又要密切，通过大家的沟通交流，部门间有了紧密的联系，同时有一定的激励体制来使大家的协作有力。

分工与协作协调一致，就会最大限度地减少工作中的瓶颈因素。企业部门间分工有致，部门领导间能够紧密联系，是与企业的良好分工协作分不开的。

培养员工的团队意识

团队的概念最早是由沃尔沃公司和丰田公司引入生产过程的，当时可以算得上是新闻热点而轰动一时。如今，如果哪个企业还没有在工作中引入团队的概念，那么，这个企业估计也可以成为新闻热点了。团队的产生是为了完成需要多种技能、经验的工作，这些工作是一个人或者一群没有组织的人无法完成的。

要组建一支在竞争激烈的商场上有战斗力的团队，光有人才和好的工作计划是不够的，最重要的是还需要一种无形的力量——团队意识。团队是否有较高的运行效率，是否能在任何条件下稳定、灵活、反应迅速地完成各种难度较大的工作，取决于团队的组成人员是否具有团队意识。也就是说他们是否能把自己融入团队中，是否在团队协同工作的任何时候都将团队的利益放在首位，是否能在做好本职工作的同时将有效的配合放在重要位置。

团队意识是团队协作工作中非常重要的一部分，是团队执行力的保障。如果一个团队什么人才都具备，也有很完善的工作计划，但是团队成员缺乏团队意识，那么再简单的团队协作也很难完成。

要培养团队成员的团队意识，团队的管理者是关键。管理者需要有意地、经常性地用各种方式来培养下属的团队意识。首先，团队成员的追求目标要一致，这是团队的方向和推动力，让团队成员愿意为实现这个目标贡献力量。其次，团队成员要敢于承担责任，即清楚地知道有些责任是所有团队成员共同承担的。管理者要在平时的工作中让团队中的每个成员明白："大家是一个整体，团队成功也就代表着个人成功，团队失败也就代表着个人失败。每个人都是团队的一分子，都担负着不可推卸的责任，每项工作都关系着整个团队的工作是否能按照既定的轨道进行。"

 史提尔定律活学活用：建设高效团队

随着社会分工越来越细化，个人单打独斗的时代已经结束，团队合作提到了管理的前台。团队，作为一种先进的组织形态，越来越引起企业的重视，许多企业已经从理念、方法等管理层面着手进行团队建设。

不过，有些情况出现在团队建设中，发出了隐秘的危险信号，如果不被重视容易蒙蔽团队领导的眼睛，团队建设将会前功尽弃。

团队建设需要管理者从以下三个方面努力：

一是提防精神离职。精神离职是在企业团队中普遍存在的问题。其特征为：工作不在状态，对本职工作不够深入；团队内部不愿意协作，行动较为迟缓；工作期间无所事事，基本上在无工作状态下结束一天的工作。精神离职产生的原因大多源自个人目标与团队远景不一致，也有个人工作压力、情绪等方面原因。

二是避免出现超级业务员。个体差异导致了超级业务员的出现，其特征为：个人能力强大，能独当一面，在团队中常常以超常的业绩领先于团队其他成员，组织纪律散漫，好大喜功，目空一切，自身又经常定位于团队功臣之列。超级业务员的工作能力是任何团队所需要的，但管理者必须对超级业务员进行控制，避免其瓦解团队。

三是瓦解团队中的非正式组织。团队是全体成员认可的正式组织。非正式组织短期内能够很好地进行日常工作，能够提高团队精神，调和人际关系，实施假

想的人性化管理。这在团队发展过程中，基本上向有利于团队的方向发展，但长期而言，却会削弱正式组织的影响力，从而降低管理的有效性，致使工作效率低下，优秀团队成员流失。管理者必须瓦解团队中的各种非正式组织，让所有的员工都融入到企业的工作中来。

8 搭便车理论：
剔除组织中的"南郭先生"

定律释义：

搭便车理论由美国经济学家曼柯·奥尔逊于1965年发表的《集体行动的逻辑：公共利益和团体理论》一书中提出。其基本含义是不付成本而坐享他人之利。

成语故事"滥竽充数"中的南郭先生就是搭便车者的祖师爷。南郭先生不会吹竽，却混进了宫廷乐队。虽然他实际上没有参加乐队合奏这个"集体行动"，但他表演时毫不费力地装模作样仍然使他得以分享国王奖赏这个"集体行动"的成果。

"搭便车"现象无疑会打击组织中其他员工的工作积极性，这种现象存在得越严重，对员工工作的积极性打击就越大。管理者要通过实施各种措施，不给那些投机取巧的员工有"搭便车"的机会，消除组织中的"搭便车"现象。

为什么"小猪等着大猪跑"

猪圈里有两头猪，一头大猪，一头小猪。猪圈的一边有个踏板，每踩一下踏板，在远离踏板的猪圈的另一边的投食口就会落下少量的食物。如果有一只猪去踩踏板，另一只猪就有机会抢先吃到另一边落下的食物。当小猪踩动踏板时，大猪会在小猪跑到食槽之前刚好吃光所有的食物；若是大猪踩动了踏板，则还有机会在小猪吃完落下的食物之前跑到食槽，争吃到另一半残羹。

猪会采取什么策略？答案是：小猪将选择"搭便车"策略，也就是舒舒服服地等在食槽边；而大猪则为一点残羹不知疲倦地奔忙于踏板和食槽之间。

原因何在？因为，小猪踩踏板将一无所获，不踩踏板反而能吃上食物。对小猪而言，无论大猪是否踩动踏板，不踩踏板总是好的选择。反观大猪，已明知小猪是不会去踩动踏板的，自己亲自去踩踏板总比不踩强吧，所以只好亲历亲为了。

"小猪等着大猪跑"的现象是由于故事中的游戏规则所导致的。规则的核心指标是：每次落下的事物数量和踏板与投食口之间的距离。

如果改变一下核心指标，猪圈里还会出现同样的"小猪等着大猪跑"的景象吗？试试看。

改变方案一：减量方案。投食仅为原来的一半分量。结果是小猪、大猪都不去踩踏板了。小猪去踩，大猪将会把食物吃完；大猪去踩，小猪也会把食物吃完。谁去踩踏板，就意味着为对方贡献食物，所以谁也不会有踩踏板的动力了。

如果目的是想让猪们去多踩踏板，这个游戏规则的设计显然是失败的。

改变方案二：增量方案。投食为原来的一倍分量。结果是小猪、大猪都会去踩踏板。谁想吃，谁就会去踩踏板。反正对方不会一次把食物吃完。小猪和大猪相当于生活在物质相对丰富的"共产主义"社会，所以竞争意识却不会很强。

对于游戏规则的设计者来说，这个规则的成本相当高（每次提供双份的食物）；而且因为竞争不强烈，想让猪们去多踩踏板的效果并不好。

改变方案三：减量加移位方案。投食仅为原来的一半分量，但同时将投食口移到踏板附近。结果呢，小猪和大猪都在拼命地抢着踩踏板。等待者不得食，而多劳者多得。每次的收获刚好消费完。

对于游戏设计者，这是一个最好的方案。成本不高，但收获最大。

每个企业的团队中或多或少存在一些喜欢偷懒、投机取巧的"小猪"式的员工，如果对他们的行为不闻不问、不加制止，将会危害整个团队，使得整个团队工作最终无法开展。管理者可以从上述案例中获得有益的启示，通过制定科学、合理的规则，明晰团队各个成员的职责，不给习惯"搭便车"的员工有"搭便车"的机会，以彻底消除组织中的"搭便车"现象。

改变规则，消除"搭便车"现象

在企业中，有不少人都只想付出最小的代价，得到最大的回报，争着做那只坐享其成的"小猪"。如果团队中每个人都想做"小猪"，却不想付出劳动，不愿承担起义务，最后导致每个人都无法获得利益，整个团队绩效低下，工作无法开展。

原版的"智猪博弈"故事给了竞争中的弱者（小猪）以等待为最佳策略的启发。但是对于社会而言，因为小猪未能参与竞争，小猪"搭便车"时的社会资源配置并不是最佳状态。为使资源最有效配置，规则的设计者是不愿看见有人"搭便车"的，政府如此，企业的管理者也是如此。而能否完全杜绝"搭便车"现象，就要看游戏规则的核心指标设置是否合适了。

比如，企业的激励制度设计，奖励力度太大，又是持股，又是期权，企业职员个个都成了百万富翁，成本高不说，员工的积极性并不一定很高。这相当于"智猪博弈"增量方案所描述的情形。但是如果奖励力度不大，而且见者有份（不劳动的"小猪"也有），一度十分努力的大猪也不会有动力了——就像"智猪博弈"减量方案所描述的情形。

最好的激励机制设计就像改变方案三——减量加移位的办法，奖励并非人人有份，而是直接针对个人（如业务按比例提成），既节约了成本（对企业而言），又消除了"搭便车"现象，能实现有效的激励。

许多人并未读过"智猪博弈"的故事，但是却在自觉地使用小猪的策略，如股市上等待庄家抬轿的散户；等待产业市场中出现具有盈利能力的新产品，继而大举仿制牟取暴利的游资；企业里不创造效益但分享成果的人等。因此，对于制定各种经济管理的游戏规则的管理者来说，必须深谙"智猪博弈"指标改变的个中道理。

激发员工自动自发地工作

"智猪博弈"用句通俗的话来形容就是"枪打出头鸟"。一个很常见的现象就是在企业中，不论国企、民企或是外企，在企业内部总会存在各种各样的小团体。而每个团体都代表了一部分人的利益，因此不可避免地会产生冲突。

很多人强调团队精神，比如一个足球明星总是强调离开队友他就不会有那么出色的表现。而在实际工作中，团队的成功或失败会掩藏单个员工的表现，从而削弱员工的积极性。比如很多人在一艘船上划船，有人会想，"既然我不用承担自己行为的全部后果，那我就少出一点力"，而本来拼尽全力承受痛苦的员工不能得到全部的好处，他也会少用一点力。这样便造成许多划船者未尽全力，从而使整艘船的速度低于正常水平。这个道理说明，进行整个团队的绩效管理尽管有利于团队的协同合作，但会造成因"搭便车"而带来的产量损失。

要解决这个问题，管理者在管理过程中需要多花费些时间，减少利益团体成员的数量，尽量针对每个员工个体实施奖惩措施。把个体的奖惩和团体的奖惩结合起来，以便为企业创造更多的利益。

具体来说，管理者可以运用以下几项措施，来刺激团队中每个成员的工作动力：

（1）激发下属的工作士气，利用奖赏、以身作则来激励下属，让他们产生工作的激情。

（2）授予工作，设定目标的方式恰当。如果简单地对员工说："你们必须在三天内做成某件事!"员工会感到茫然，如果把工作的界限明确地定出来，让员工明白："五个人三天完成多少数量的工作即可!"这一来通过目标的细化，大家都感到任务能够完成。于是大家的心里就只想快快把它完成。

（3）编制得当，适才适所。设置几个层次的管理体系，不同的人有各自的工作，每人负担的责任有大小，奖惩也有差别，大家就会尽力去把工作做好。

（4）工作的指导明确而有规则。每个工人都知道自己的任务是什么，都有人监督他们的行动，大家无法偷懒怠工、偷工减料，工作自然就完成得又快又好。

（5）以高额奖金诱发部下的干劲。运用各种打动人心的办法，使人人都奋发工作，不敢懈怠，这样，工作自然可以高速完成。

管理者应该深刻地观察员工心理和工作中的各种问题，把握住工作分配的关键点，要明确每个人应该做什么，不应该做什么，有些工作是必须合作才能完成的，但在合作中也要有明晰的分工。

任何一个任务的背后都隐藏着与员工休戚相关的利益，员工由于处于被动地位，有时候不能想到这些利害关系，管理者就必须冷静地为他们分析利弊，让他们意识到做好工作的必要性，从而自觉地努力工作，确保任务的完成。

适度施压，人人是人才

一只猎狗一不留神掉进动物园的老虎笼子里，围观的人都以为猎狗死定了。然而，出人意料的事发生了，人们看到的是威风凛凛的猎狗，步步进逼，不可一世；而"凶猛"的老虎却一味退缩，流露出恐惧的神情，雄风不再。

猎食是老虎的求生本能。为了在恶劣的环境、激烈的竞争中存活下来，老虎必须不断提升猎食的技能。因而在人们的印象中，老虎就是凶猛的代名词。但是，把老虎放在动物园里，经过长时间的饲养后，却连只本来是其爪下物的猎狗都会害怕了。

优越的环境不是适合每个人的，管理者要明白的一个道理是：人才是"逼"出来的。要想消除团队中的"搭便车"现象，作为管理者，如何运用你掌握的权力，对你的下属适当施加压力，使其充分发挥潜能，塑造出色人才，是成功必修的科目。

1. 创造机会，磨炼人才

企业中的下属一般各司其职，但有时未必是各尽其用，若某人是块做部门经理的料，而你只任他为秘书，势必会影响他积极性及能力的发展。因此，主管要多创造一些机会，让下属都可有机会一试，从中择优，这样才会达到人才利用效率的最大化。

2. 施加压力，逼出人才

有些下属精力充沛，没有压力，就会满足现状，不思进取，成绩平平，时间一长，必会惰性大发，懒散成性，影响整个企业的效率和干劲。对这样的部下，一定要施加压力，用掉他的过剩精力，一来可以提高企业效率，二来可以满足部下个人的成就感，一石二鸟。

3. 注意适度施压

人不是机器，再能干的人也有一定的生理和心理承受力，若一味施压，不求适度，那么必会过犹不及，不能达到提高效率的目的，又要落个"暴君"的恶名，不但搞臭了自己的名声，又压垮了一员大将，得不偿失。

 **搭便车理论活学活用：杜绝"搭便车"现象**

如何消除给组织中更多员工积极性的调动带来负面影响的"搭便车"现象？经研究有以下三种方法。

1. 建立一"坑"多"树"的岗位竞聘机制

岗位设置可有可无，岗位没有竞争，岗位的重要性就无从凸现，日子久了，员工在岗位上混日子，"搭便车"现象就会滋生蔓延，进而影响到其他员工工作积极性的施展。打破岗位长期垄断，实施定期竞聘，是消除"搭便车"现象的一剂良方。

2. 通过科学有效的激励手段，培养和激发员工努力工作的积极性

内源性动机是基于员工对工作本身的责任、兴趣和热爱，在这种情况下，即使外在鼓励手段不足，员工也会积极地完成工作任务；外源性动机是员工为了求得外部物质利益或迫于完成工作任务而做的工作。两种动机是互补的，必须结合起来才会对员工的行为产生推动作用。

3. 建立工作汇报制度

在现实工作中，工作汇报往往成了重点岗位人员的专利，而忽视了其他长期没有工作汇报的岗位员工钻空子"搭便车"现象。

工作汇报的形式是丰富多样的，可以是大家围拢在一起，听听你一个阶段来的工作开展情况；也可以把你的阶段工作完成情况上传到企业的网站上，让大家都看得见。人人都来汇报工作了，没有工作内容的人就会紧张起来，进而行动起来。"搭便车"现象自然就会失去滋生的土壤。

9 木桶定律：
让所有“木板”维持最高度

定律释义：

一只沿口不齐的木桶，盛水的多少，不在于木桶上最长的那块木板，而在于最短的那块木板。要想提高水桶的整体容量，不是去加长最长的那块木板，而是要下工夫依次补齐最短的木板。此外，一只木桶能够装多少水，不仅取决于每一块木板的长度，还取决于木板间的结合是否紧密。如果木板间存在缝隙或者缝隙很大，同样无法装满水，甚至一滴水都没有。

这就是美国管理学家彼得提出的木桶定律，也可称为短板效应。个体的“短板”是影响整体水平的关键因素，任何一个组织，都可能面临一个共同的问题，即构成组织的各个部分往往是优劣不齐的，而劣势部分往往决定整个组织的水平。管理者要善于整合团队资源，让所有的人都能在维持在一个“足够高”的相等高度，以充分发挥团队的整体作用。

加长企业的战略"短板"

由木桶定律，人们还拓展出三个推论：只有构成木桶的所有木板都足够高，木桶才能盛满水；所有木板比最低木板高出的部分都是没有意义的，高的越多，浪费越大；要想增加木桶的容量，应该设法加高最低木板的高度，这是最有效也是最直接的途径。对于推论可以理解为，要想盛满水，不是去增高那些长木板，而是应该对最短的木板下工夫，依次补齐。

正是这样一个简单的生活常识，却被具有无限创造性的成功学家发展成为了指导国家，企业和个人均衡发展的行动指南。而企业管理者最关注的就是如何将木桶定律与企业的发展管理联系起来，从而使得企业在原有的基础上获得实质性的超越。

不要忽视"短木板"员工

在对于团队建设的指导性作用上，木桶定律表现在不仅要做到没有明显的短板，还要保证每块木板结实，整个系统坚固，各环节接合紧密无隙，这其中就涉及群体与团队的概念。

例如，一根没有磁性的铁棒，每个分子都在按自身的目标旋转，各自的磁性相互抵消，铁棒整体不显磁性，如同乌合之众没有组织力量一样，这只能称为是一个群体；如果将铁棒置入一个磁场中，每个分子在磁场的作用下朝同一方向旋转，铁棒整体就显示出很强的磁性，这个时候才是一个具有核心力的团队。对于一个企业来说，需要建设成为一个具有竞争力的团队，而不是一群各自为政的散沙，这就要不仅做到没有明显的短板，还要保证每块木板都结实牢固。

在实际工作中，管理者往往更注重对"明星员工"的利用，而忽视对一般员工的利用和开发。如果企业将过多的精力关注于"明星员工"，而忽略了占企业多数的一般员工，会打击团队士气，从而使"明星员工"的才能与团队合作两者间失去平衡。而且实践证明，"明星员工"很难服从团队的决定。"明星员工"之所以是明星，是因为他们觉得自己和其他人的起点不同，他们需要的是不断提高标准，挑战自己。所以，虽然"明星员工"的光芒很容易看见，但占企业人数绝大多数的"非明星员工"也需要鼓励。三个臭皮匠，顶个诸葛亮。对"非明星员工"激励得好，效果可以大大胜过对"明星员工"的激励。

在家电的舞台上，百家争雄，然而海尔集团却一步一个脚印地跑在最前列。为什么？海尔集团的资本不是比别人厚，引进的国际人才也并不比别人多，人才素质不比别人高……一句话，海尔集团的"高木板"并不多，但海尔集团却从不忽视每个"短木板"员工，注重激发每个"短木板"员工的潜能，使得其整体绩效不比任何"高木板"差。此外，海尔集团从产品研发、生产管理、市场销售到客户管理的每个阶段都加强建设，从而在整体上的实力赢得优势。

所以，在加强木桶盛水能力的过程中，不能够把"高木板"和"低木板"简单地对立起来。每个人都有自己的"高木板"，与其不分青红皂白地赶他出局，不如发挥他的长处，把他放在适合他的位置上。

"短板"也可变为"长板"

木桶定律作为一个形象化的比喻，应用的范围越来越广泛，不仅象征一个企业、一个团队、一个部门，也象征着某一个员工，木桶的最大容量则象征着整体的实力。

一个组织不是单靠在某一方面的超群和突出就能立于不败之地的，而是要看整体的状况和实力；一个团体是否具有强大的竞争力，往往取决于其是否能完善薄弱环节。劣势决定优势，劣势决定生死，这是市场竞争的法则。

在市场异常激烈的竞争中，作为一个管理者，领导一个团队、一个集体往前走时，必须要意识到利用这个原理启发自己的员工，希望他们不要做团队中最短的那块"木板"。因为决定团队战斗力强弱的不是那个能力最强的、表现最好的，而恰恰是那个能力最弱、最差的落后者，影响了整个团队的实力。因此，企业要想成为一个结实耐用的木桶，要先想方设法提高所有木板的长度，对员工进行教育和培训，让所有的木桶都维持最高度，并把他们的力量有效地凝聚起来，充分发挥团队精神，团结合作、同心协力发挥团队的作用。只有这样才能在竞争中取胜。

管理者不应当将眼光只投注在优秀员工身上，而应当多关注一般员工，时常对他们进行鼓励和表扬。对一般员工多给予激励，可以提高他们的自信心，激发他们的潜能，在工作中做出更好的成绩，达到"短板"变为"长板"的效果。

有一个企业员工，由于与主管的关系不太好，工作时的一些想法不能被肯定，从而忧心忡忡、兴致不高。刚巧，协助单位需要从该企业借调一名技术人员去协助他们搞市场服务。

于是，该企业的总经理在经过深思熟虑后，决定派这位员工去。这位员工很高兴，觉得有了一个施展自己拳脚的机会。

去之前，总经理只对那位员工简单交代了几句："出去工作，既代表企业，也代表我们个人。怎样做，不用我教。如果觉得顶不住了，打个电话回来。"

三个月后，协助单位打来电话："你派出的兵还真棒！""我还有更好的呢！"该企业的总经理在不忘推销企业的同时，着实松了一口气。这位员工回来后，部门主管也对他另眼相看，他自己也增添了自信。后来，这位员工对该企业的发展作出了不小的贡献。

上面这个例子表明，"短木板"只要加以激励，将其置于适合位置，就可以使"短木板"慢慢变长，从而提高企业的总体实力。

人力资源管理不能局限于个体的能力和水平，更应把所有的人融合在团队里，科学配置，好钢才能够用在刀刃上。木板的高低与否有时候不是个人问题，是组织的问题。因此，企业管理者应该多发掘"短木板"员工的长处，加以激励，让他们变成"长木板"，从而更好地提升企业的整体实力。

优势互补，打造团队战斗力

现代企业的团队建设与木桶理论有着异曲同工之处：一个团队的战斗力，不仅取决于每个成员与成员之间协作与配合的紧密度；同时，团队给成员提供的平台也至关重要！

领导在团队整合与建设的过程中，重点是要做好以下三项工作。

1. 团队建设的重点之一——补"短板

短板不单单指团队中的人，也指团队缺失的核心能力。劣势决定优势，劣势决定生死，这是市场竞争的残酷法则。这只"木桶"告诉我们，一个团队的整合与建设，一是要协助个人把"最短的一块"尽快补起来；二是要把管理者中存在着的"一块最短的木板"，迅速将它做长补齐。一个优秀的团队管理者，我们必须让团队的能力均衡发展，如果某些环节不到位，脱节了，或太弱，就会阻碍团队的发展，必须下力度及时地给予补上，因为在某一环节能力的缺失就可能给团队致命的打击。由于核心管理者的"短板"，会导致整个团队停止不前。

2. 团队建设的重点之二——团队协作与配合

加强团队的"紧密度"。首先，在工作过程中应善于营造团队氛围，提倡、鼓励和强化每个成员的团队精神；教导成员关注团队目标，努力去完成团队目标，防止个人主义思想蔓延。其次，做好团队分工，合适的人站在合适的岗位。比如，木桶的A位置应该站一个足够胖的人，才能使木桶"密不透水"、不留缝隙，可如果我们安排了一个骨瘦如柴的人，即使他再高也不管用。再次，强化团队的向心力和控制力。充分发挥管理者的影响力，有意识地强化领导的核心作用，使团队成员自觉主动地团结在管理者周围，跟紧团队的步伐。

3. 团队建设的重点之三——打造优秀平台

没有好的桶底，木桶就像"竹篮打水一场空"；没有好的平台，团队成员的才能就会被扼杀，团队的战斗力将荡然无存。这就要求做到以下三点：

首先，为团队成员搭建能力发挥的舞台——授权。既然是团队，不同的成员就应该具备不同的能力，发挥着不同的作用，作为团队的管理者即使能力再强，也不可能大包大揽。团队管理者一旦不懂得授权，一方面自己会力不从心，另一方面团队成员会因为无用武之地而选择离去。

其次，建立让团队成员施展才华的支持性系统。团队是一个系统，一个团队成员如果只有权力，但缺乏应有的支持，也不一定能打胜仗。比如一个企业的销售部领命去攻打全国市场，赋予了他们应有的权力，但要做好全国市场，必须要有市场部的信息支持、物流部的及时到货支持，以及高层领导指导市场、点拨思路等。

再次，为团队成员提供个人发展的平台，为组织成员提供学习成长的空间。也就是说，一个人在优秀的企业是吸收知识方法，而在普通的企业却是输出知识经验，这也验证了为什么优秀的团队能让平凡者成功的道理。

木桶定律活学活用：整合团队出效益

康佳集团彩电资源在康佳多媒体营销新团队成立的同时也进行了整合，呈"开放式矩阵结构"。据了解，以往康佳集团在彩电方面分为康佳数字平板事业部、康佳彩电事业部和康佳多媒体营销事业部，分别负责平板的研发、CRT的研发制造和营销管理。其中，康佳多媒体营销事业部下设平板电视和彩电（CRT）两大营运中心，全国共43个销售分公司。调整之后，康佳数字平板事业部整合进康佳彩电事业部，康佳彩电事业部也仅保留研发制造职能。

在横向上，康佳多媒体营销事业部按照产品线设了平板、CRT和白电营运中心，负责各产品线的产品规划和定义、供应链管理和营销计划；在纵向上，强化区域和客户管理，43个分公司划分为5大区域，对大客户资源深化管理。

销售仅是康佳多媒体营销事业部的一部分职能，这种基于前端的体系结构，产品规划、供应链管理到营销策略整个链条全部打通，对市场的响应速度将加快。康佳集团不仅掌握上游采购的走势，也了解终端的市场。

康佳多媒体营销新团队正式开始运营，在年中会议上，平板和CRT运营中心新负责人林洪藩和陶卫（同时兼管华中区域）正式亮相，并部署了下半年的工作计划，两人分别是原彩电营运中心总经理和原康佳华中区域营销中心总经理，五大区经理也已上任。此外，原康佳集团数字网络事业部副总经理沙刚也转战多媒体营销，担任总经理助理，分管物流和售后服务。这样的人力布局为之后的业绩改善提供了有力的保证。

从这个案例可以得出一个一般性结论，原有的团队资源经过优化整合之后，其效益亦可以得到提高。作为一个企业，获取利润是其目标，要是效益最优、利润最大化，整合原有团队实为不错的选择。

团队整合，其定义为协调团队内部关系，优化人员配置，使组织高效率地运转。管理者在进行团队整合时，可从以下四个方面入手：

（1）慧眼识人。能够识别出员工的才干、优劣势和潜能，对其能否出色完成使命有良好的预见力。

（2）优势互补。能够根据团队任务的特点、团队能力的定位，在组建团队过程中，依据个体的才干有意识地进行优势互补性搭配，形成团队合力。

（3）建立信任。努力在团队中建设相互合作、相互支援和共同发展的团队信任关系。

（4）团队导向。以团队整体任务的出色完成作为团队的绩效标准，鼓励利于团队整体的行为。

10 德西效应：
让激励真正产生作用

定律释义：

心理学家爱德华·德西在实验中发现：在某些情况下，人们在外在报酬和内在报酬兼得的时候，不但不会增强工作动机，反而会减低工作动机。此时，动机强度会变成两者之差。人们把这种规律称为德西效应。这个结果表明，进行一项愉快的活动(即内感报酬)，如果提供外部的物质奖励(外加报酬)，反而会减少这项活动对参与者的吸引力。

作为管理者，要特别注意正确使用激励的方法而不滥用激励，要避免德西效应，处理好精神激励与物质激励的关系，使员工的工作动机得到最大限度的激发。

为什么会产生德西效应

在日常生活中，德西效应的现象随处可见。比如有个孩子对画画感兴趣，自己在家很自觉很认真地在画着画，画得很投入、很开心。这时父母走进来，为了表示对孩子的关心，可以说，孩子你好好画，爸爸奖励你10元钱。结果这孩子变成了只为钱而画画，没有钱就不想再画画了；学校里，学生认真学习本来是天经地义的事，教师为了激励学生的积极性，经常发奖品，结果会发现没有奖品时，学习积极性会大打折扣。

为什么会产生德西效应？据研究有如下原因：

第一，外加报酬"糟蹋"了内感报酬。内感报酬是发自人们内心的，是无价可说的，只能自己感受体验，而不宜外在标定，否则就会庸俗化，就会贬值。有些画家的画宁可分文不取送朋友，如果朋友给钱了，他反而要生气，为什么？就是因为外加报酬损害和减弱了内感报酬。因此，千万不要以为，外加报酬加内感报酬，其行为动机水平最高，实际上反而更糟糕了。

第二，外加报酬被过早地预知了。从事某项活动一旦报酬被预知之后，其内感报酬就会大打折扣。

第三，原有的外加报酬距有关需要满足的水平太远，对外加报酬的要求太强烈。一旦外加报酬出现，就得到了满足，强化了这一外在行为，使内感报酬体验淡化了，因此产生了德西效应。

第四，直接激励的原有强度不足和价值观念的某些偏差，均可能导致德西效应的产生。

上述这几种影响因素，如能处理好，一般会降低外加报酬对内感报酬的消极影响，外加报酬会在不影响内感报酬的情况下发挥自身的作用。

对于一个企业来说，薪酬虽是企业管人的一个有效硬件，直接影响到员工的工作情绪，但是每个企业都不会轻易使用这件精确制的武器。如果使用不好，可能会带来德西效应，不仅不能激励员工，还可能造成负面影响。对待员工，你的激励方法应该是基于员工需求的，也就是说，你必须了解你的员工，你应该知道他们想要什么。只有如此，才能留住优秀人才，才能保证企业的竞争力。

在管理工作中，一定要处理好内感报酬与外加报酬的关系，也就是处理好精神激励与物质激励的关系，避免产生德西效应，使员工的工作动机得到最大限度的激发。

按员工喜欢的方式激励他们

现代商业发展出现了这样的局面：一方面，许多人踏进职场；另一方面，其他人却开始挑战新的工作形式。目前，在家庭办公室工作的已达3 400万人。企业逐渐精简化，跳槽后退休金可以累积，技能愈益专精，一辈子都有保障的工作愈来愈少。许多年轻人正是在工作机会最不稳定的时刻踏入了职场。他们已经明确知道，一份收入稳定可靠，符合人们期望的工作，如今是愈来愈难求了。年轻人若需要救济，他们的父母却未必有能力在经济上支持他们。因此他们必须自谋生路。

现代年轻人希望拥有安全，但面临危险时也并不畏缩，因为他们早已习惯照顾自己。他们如此坚强独立，并具创新精神的原因在于，他们能够照顾自己。他们凭着自己的本事解决了无数的问题，找出各种有创意的解决途径。而这些年轻人喜欢的管理方式已成为未来世界发展的趋势：

"我喜欢被管理的方式是：让我有自己作决定的空间，决定我要何时及如何做我的工作。我对自己的工作有责任感，并对工作成果负责任。上面管我管得愈厉害，我愈有理由责怪别人，我会说：如果照我自己的方法做，可以做得更好，我照着命令做，结果变得那么糟，这是因为你们要我这么做。我会变得不那么在乎工作，不那么投入了，并会产生太多的依赖性。相反地，我知道自己需要做什么，何时要完成，我一定会做好分内的事，并负起应负的责任。"

"我上司的管理风格非常自由，他让我去做我自己的事。我喜欢这样，这是某种程度的信任。对我而言，这使我有更强烈的工作动机。"

"我非常希望自己的想法对最后成果有更多影响力，这通常也会改善我的工作。如果我投入更多，我则可能在工作以外的时间也去思考。当我的想法受到重视，我会愿意全心全意为工作付出，这代表我将会付出更多的心血，工作质量会更好。"

"在我工作中，没有什么比主管说'我信任你的判断'更叫人振奋的了。我需要有一个同时扮演教练和导师角色的主管，他可以指引我，但必须让我用自己的翅膀飞。"

常言道，对症下药，激励也不例外，激励也需要投其所好，按员工喜欢的方式激励他们才能产生应有的效果。以上员工所说的管理方式正是现代企业激励机制的目标，相信成功的管理者能够从上述员工的心理中看出端倪，从而实施自由的管理风格，使年轻人能够大展宏图。

按照员工个性类型选择激励方法

随着时间的推移，环境的变化，此时此地的主导需要和彼时彼地并不见得相同，同一种激励手段所取得的效果也不会相同。不同类型的员工必须相应地采取不同的激励方法。

管理者可以根据员工不同的个性类型来设计激励措施。

1. 竞争型员工的激励

竞争型员工在竞赛中表现特别活跃。要激励竞争性强的人，最简单的办法就是很清楚地把获胜的含义告诉他。他们需要各种形式的定额，需要有办法记录成绩，而竞赛则是最有效的方式。有一点管理者必须明白，优秀的员工其本身已经具备强大的内在驱动力，这种驱动力可以引导，可以塑造，但却是教不出来的，因而给予他们最佳的激励方式便是巧妙地挑起竞争者之间的竞赛。

2. 成就型员工的激励

成就型员工是理想的员工，他们自己给自己定目标，而且比别人规定的高。

只要整个团队能取得成绩，他们不在乎功劳归谁，是优秀的团队成员。激励成就型员工的方式有三：一是要确保他们不断地受到挑战；二是不去管他们，因为成就型的员工他们会自己激励自己，管理者只要把大目标给他们锁定，可以随他们怎么干；三是培养他们进入管理层，因为成就型的员工会像经理那样进行战略思考，制定目标并担负责任。

3. 自我欣赏型员工的激励

自我欣赏型员工突出的特点是他们感到自己很重要，因此，激励这种类型的员工的最佳方式便是让他们如愿以偿，让他们带几个实习生，因为这样能激励他们不断进取，如果新手达到了工作目标，就证明他指导有方；如果他没有业绩做后盾，是不能令新手信服的。

4. 服务型员工的激励

服务型员工通常花很多时间款待宾客，跟宾客联络，但是他们的个性决定他们的业绩不会很大，因而他们往往不受重视，激励这些默默无闻的员工的一个方式是公开宣传他们的事迹，在大会上表扬他们。

对员工进行分类很重要，因为不同的激励方式能够激励不同类型的员工。无论什么类型的优秀员工，他们都有一个共性：不懈地追求。只要激励方式得当，就都能收到预期的效果。

在物质激励方面，以下几种激励方式值得考虑：① 建立超额奖金制度。② 建立月份或年份评估奖励积分制度。③ 与绩效增加相联系的激励机制。

在企业内创造一种良好的工作氛围和企业文化，举行一年一度的岗位能手评比活动，给予优胜者以一定的奖金和旅行奖励。

5. 科研技术型员工的激励

科技和管理并称为现代社会发展的两个轮子，每次新技术革命都会给人类社会带来翻天覆地的变化。如何最大限度地激发科研技术型员工的积极性，是一个摆在各级管理者面前的重要课题。要激励科研技术型员工，必须弄清楚他们工作的特点，对症下药。对科研技术型员工，首先要创造一个良好的软环境，也就是一个良好的人际关系环境。科研技术型员工整天钻研的是机器、技术，与人打交道较少，待人接物有时可能会比较生硬，处理人际关系上有时不太协调。对此，企业的管理者应有清醒的认识，把科研技术型员工从人际关系的扯皮中拯救出来，让他们全心全意地从事科研开发。其次要尽可能多地给科研技术型员工提供良好的工作条件，如提供先进的仪器设备、提供观摩学习深造的机会等，让他们不断增加自己的技能，有更多、更牢靠的"饭碗"，这样才能挽留住更多优秀的科研技术型员工。

激励人心，把谢意送进心坎

刘备是激励人心的鼻祖。据《三国演义》中记载，当阳长阪坡之战是曹操、刘备两军的一次遭遇战，骁将赵云担当保护刘备家小的重任。由于曹军来势凶猛，刘备虽冲出包围，家小却陷入曹军围困之中，赵云拼死刺杀，七进七出终于寻到刘备之子阿斗，赵云冲破曹军围堵，追上刘备，呈交其子。刘备接子，掷之于地，愠而骂之："为此孺子，几损我一员大将！"赵云抱起阿斗连连泣拜："云虽肝脑涂地，不能报也。"

刘备成功"燃烧"了赵云。这把火点在赵云的心里，再也没有熄灭过。

某饮料公司有一名销售人员工作兢兢业业，取得了很好的业绩。年终，总经理把他单独叫到办公室，对他说："由于本年度你工作业绩突出，公司决定奖励你10万元！"业务员非常高兴，谢过总经理后带上门就要离开。

这时，总经理突然叫住他："回来，我问你件事。今年你有几天在公司，陪你妻子多少天？"这个业务员回答说："今年我在家不超过10天。"总经理惊叹之后，拿出了1万元递到业务员手中，对他说："这是奖给你妻子的，感谢她对你工作无怨无悔的支持。"

总经理又问："你儿子多大了，你今年陪他几天？"这名业务员回答说："儿子不到6岁，今年我没好好陪过他。"总经理激动地又从抽屉里拿出1万元钱放在桌子上，说："这是奖给你儿子的，告诉他他有一个伟大的爸爸。"这个业务员热泪盈眶，千恩万谢之后准备走。

这个业务员激动得正要离开的时候，总经理又问他了："今年你和父母见过几次面，尽到当儿子的孝心了吗？"业务员难过地说："一次面也没见过，只是打了几个电话。"总经理感慨地说："我要和你一块去拜见伯父、伯母，感谢他们为公司培养了如此优秀人才，并代表公司送给他们1万元。"这名业务员这时再也控制不住自己的感情，哽咽着对总经理说："多谢公司对我的奖励，我今后一定会更加努力。"

同样是13万元，如果公司总经理直接将钱发给这名销售人员，那效果可想而知。但是用心地稍微下点工夫，起到的效果就非同一般了。员工心想："我能在这样的企业遇到这样体贴、关心自己的好领导，哪能不感恩戴德，在工作上给予企业最大的回报和支持呢。"

有时候企业激励员工不是多么困难的事情，只要企业的管理者真的为员工着想，真诚地感谢员工，感谢员工的家属，把一份谢意送进员工的心坎，就是最好的奖励。

德西效应活学活用：这样激励最有效

管理者激励员工过程中，要根据实际情况灵活采用激励方式，以达到激励效果最大化。通常来说，管理者激励员工，可以运用以下几种方式。

1. 参与式激励

管理学家罗宾斯把员工参与定义为："通过员工参与影响他们的决策，增加他们的自主性和对工作生活的控制，员工的积极性会更高，对组织更忠诚，生产力水平更高，对他们的工作更满意。"

从决策的方面来说，员工参与往往有以下原因：首先是工作变得越来越复杂，管理者常常不能了解工作的一切，只有亲临第一线的员工才可能作出针对性很强的决策。其次是由于员工参加了决策的制定，在实施决策时他们必定会把这工作当成自己的事情来做，全力以赴，会自觉自发地向同事们解释为何作出此项决策，而不会采取事不关己的态度。再次，随着科技的发展，现在的员工知识水平、教育程度越来越高，自主意识越来越强，他们也不甘只充当别人的工具，而是要求能够在工作的过程中表达自我、实现自我。员工参与决策，一旦取得成功，他们会想："嗯，这里也有我的一份功劳！"看到自己的想法实现是一件激励人心的事，员工会受到极大的鼓舞，在工作中更投入，会有更高的积极性。

2. 内部升迁式激励

建立内部升迁的有效激励机制，企业的绝大多数员工都希望能够通过努力工作来获得管理者的肯定，并以此获得更多的工作权利和责任，从而获得更好的个人发展空间。当这种愿望不可能得到实现时，员工就会寻找新的企业和机会来满足个人发展的需要。企业的管理者应当重视这个不稳定因素，在肯定员工工作的同时，寻找可以满足员工内心需求的新的工作机会，并将这样的机会尽可能多地提供给合适的员工。

3. 工作轮换式激励

工作轮换是指员工觉得一项工作已不再具有挑战性时，把员工调换到水平层次相近的另一岗位上去。工作轮换可以使员工免受工作枯燥之苦，增强员工工作的积极性。对员工而言，他可以学到更多的技能，更深刻地理解各项工作之间的关系，对组织的整体活动安排也会有更深刻的了解与认识。对企业而言，可以挖掘员工的潜力，并在适应变革、填补职位空缺时，具有更大的灵活性。

4. 工作丰富化式激励

工作丰富化主要是指对于工作内容的纵向扩展。让员工能从事一件独立而有完整性的任务，增强员工的责任，把各项任务组织起来形成一个新的更完整的任务。让员工独自负责，可以加强员工的"主人翁"意识，觉得自己很重要，工作也是举足轻重，让员工负有更多的责任，可以让员工更好地理解管理人员、具有更多地了解自己工作绩效的机会，这样，他会自我评价，自我激励，自我改进，而无须管理者加以提醒。

5. 挑战式激励

员工每天八小时都在工作，工作是他们生活的主旋律，所以，从工作类型本身打主意往往卓有成效。工作丰富化、挑战性的工作便是现代人本主义管理常用的方法，为许多管理大师所采用。树立各种各样的目标可以使工作更富于挑战性。挑战性过低的工作令人厌烦，挑战性太强的工作会使人产生挫折和失败感，中等程度挑战性的工作应该比较合适。工作如果具有挑战性，会激发起员工对工作的兴趣。他会以解决工作中的难题为乐而不是以此为苦，一正一反就是天壤之别。

6. 培训式激励

无论是管理人员、技术人员还是普通员工，无论他多么能干，他的技能都会随着时间的推移而变得陈旧过时。激烈的竞争、迅猛的技术变革、员工对未来发展的预期都要求管理者增加培训投资。

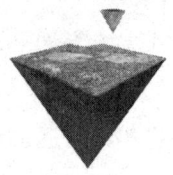

11 苛希纳定律：
用最少的人做最多的事

定律释义：

苛希纳定律由西方著名管理学者苛希纳提出，其内容是："在管理中，如果实际管理人员比最佳人数多两倍，工作时间就要多两倍，工作成本就多四倍；如果实际管理人员比最佳人数多三倍，工作时间就要多三倍，工作成本就多六倍。"

苛希纳定律可以用三句形象的话来概括：鸡多不下蛋，龙多不下雨，人多瞎捣乱。美国人把这条定律理解得更简捷：一个人敷衍了事，两个人互相推诿，三个人则永无成事之日。这非常类似于我们的"三个和尚没水吃"的故事。

苛希纳定律揭示出在管理工作中会存在人多不负责的现象，而要克服上述现象，这就要求企业制定出明确的职务工作规范，合理确定管理人员的人数，明确责、权、利，以彻底解决人浮于事、相互扯皮、敷衍塞责现象的发生。

兵不在多而在精

中国自古以来有"众人拾柴火焰高"、"人多力量大"、"人多好办事"等形容人多好处大的词句，但这些并非"放之四海而皆准"的真理。管理者应具体问题具体分析，不要盲目应用。尤其在任人问题上，人多未必好办事，人并不在多而在精。

唐太宗李世民在任人方面就一贯坚持"官在得人，不在员多"的原则。他多次对群臣说："选用精明能干的官员，人数虽少，效率却很高；如果任用阿谀奉承的无能之辈，数量再多，也人浮于事。"

他曾命令房龄调整规划30个县的行政区域，减少冗员。唐太宗还亲自监督削减中央机构，把中央文武官员由2 000多人削减为643人。他还提倡让精力旺盛、精明能干的年轻官员取代体弱多病的年迈官员。

通过这种方法，朝廷上下全都由能人主持，办事效率大大提高，使得政通人和，出现了繁荣昌盛的"贞观之治"。

相反，太平天国在南京建立政权以后，洪秀全滥封王位，至天京失陷前，封王竟达2 700多人，造成多王并立、各自拥兵自重、争权夺利的混乱局面，从而致使天京事变的发生，促使太平天国由盛而衰，走向败亡。

社会上这种情况屡见不鲜，即某个官职由一人担任便足以应付，却安排了好几个人。这种现象表面上看是体制问题，实际上是管理者在任人上的严重失误。不用余人是管理者应该严格遵守的原则；否则，就会造成机构臃肿，人员繁多，效率低下。

"兵不在多而在精"，管理者在任人问题上一定要转变观念，杜绝任用庸才、闲人，做到任人唯能、任人唯贤，使团队里的成员个个都是精兵强将。只有这样才能使组织不断进步，企业实现良性循环，破除苛希纳定律的魔咒。

铲除"十羊九牧"的现象

管理大师德鲁克举过一个例子。他说，在小学低年级的算术入门书中有这样一道应用题："2个人挖一条水沟要用2天时间；如果4个人合作，要用多少天完成？"小学生回答是"1天"。而德鲁克说，在实际的管理过程中，可能要"1天完成"，可能要"4天完成"，也可能"永远完不成"。

有一家企业准备淘汰一批落后的设备。

董事会说："这些设备不能扔，得找个地方存放。"于是专门为这批设备建造了一间仓库。

董事会说："防火防盗不是小事，应找个看门人。"于是找了个看门人看管仓库。

董事会说："看门人没有约束，玩忽职守怎么办？"于是又委派了两个人，成立了计划部，一个人负责下达任务，另一个人负责制订计划。

董事会说："我们应当随时了解工作的绩效。"于是又委派了两个人，成立了监督部，一个人负责绩效考核，另一个人负责写深度概括。

董事会说："不能搞平均主义，收入应当拉开差距。"于是又委派了两个人，成立了财务部，一个人负责计算工时，另一个人负责发放工资。

董事会说："管理没有层次，出了岔子谁负责？"于是又委派了四个人，成立了管理部。一个人负责计划部工作，一个人负责监督部工作，一个人负责财务部工作，一个人是总经理，对董事会负责。

一年之后，董事会说："去年仓库的管理成本为35万元，这个数字太大了，你们一周内必须想办法解决。"

于是，一周之后，看门人被解雇了。

上述故事讲的是苛希纳定律的现象。这样的例证与分析有很多。企业通常都有一种不因事设人而因人设事的倾向，造成企业机构臃肿、层次重叠、人浮于事、效率低下。其主要表现在：

（1）机构设置过多，分工过细。

（2）人员过多，严重超出实际需要。

这种状况使企业难以摆脱多头管理、办事环节多、手续繁杂的困境，难以随市场需要随时调整经营计划和策略，从而使企业难以培养真正的竞争力。

再来看一个"十羊九牧"的故事。

"十羊九牧"出自《隋书·杨尚希传》："当今郡县，倍多于古。或地无百里，数县并置；或户不满千，二郡分领；县寮以众，资费日多；吏卒又倍，租调岁减；精干良才，百分无二……所谓民少官多，十羊九牧。"

一则统计资料说，一个官吏，汉代管理7 945人，唐代管理3 927人，元代管理2 613人，清代管理911人。我们今天一个干部管理30人。这些统计数字的可靠性也许值得研究，但官冗之患确实日见其甚了。

苛希纳定律告诉我们：要想铲除"十羊九牧"的现象，必须精兵简政，寻找最佳的人员规模与组织规模。这样的话才能构建高效精干、成本合理的经营管理团队。

精兵简政，让企业"瘦身"

苛希纳定律的现象告诉我们：只有缩减不必要的管理人员，才能减少工作时间和工作成本。而唯有精简才能达到这一目的。

那么，如何精兵简政呢？汤姆·彼德斯在其最近写的一本书中提到了"五人规则"，指的是营业额在10亿美元的企业配备5名管理人员就可以了。对此，他举了总部设在瑞士苏黎世的国际电气工程（ABB）公司的例子加以说明。

ABB公司是生产发电机、机车以及防公害设备的具有世界水准的重型机电设备企业，年销售额为300亿美元。1988年，瑞典的阿塞亚公司和瑞士的布朗·保彼公司合并时，该公司总裁帕西·巴奈彼科将总部原有的1 000多人缩减到150人，而且他们几乎都是负责生产一线的管理人员。通常由总部担负的职能，如财务、人事、战略规划等都下放给基层，由分布在不同国家和地区的业务部门自行完成。

该公司还有一个引人注目的地方，就是它拥有5 000个"利润中心"，每个中心平均有50名员工。各中心分别拥有各自的损益计算表、资产负债平衡表，与客户保持直接的业务联系。这种利润中心的最大优势是具有独立性，它可以摆脱各种制约，最大限度地接近市场，为客户提供全面、满意的服务，是一种最能代表顾客需要的企业组织形式。能够与市场保持最紧密的业务运营，可以说是精干的总部的最大优势。此外，它还有很多优点，如决策迅速、便于内部交流，以及对经营资源的分配较为高效。

铲除官僚主义，面对市场变化进行快速反应和决策，对提高员工的工作热情很有帮助。当然，在改革之初，都会伴随着某种阵痛。如ABB公司在将总部上千名员工派往各业务部时，由于人员调动不可避免地涉及迁居等实际问题，也确实产生了某种不稳定和震荡。

建立精干的总部还有利于培养员工的创新意识。大幅度放宽权限后，促进了员工创新素质和能力的提高，打破了过去那种逐级晋升的垂直移动，取而代之的是以水平调动的方式来磨炼员工的创新精神。

这样，ABB公司作为一家大型企业就更能适应未来世界市场的变化。

美国通用汽车公司（GM）总裁约翰·史密斯说，通用汽车在欧洲的事业取得成功，也正是因为他改变了以往的做法，采取了类似ABB公司精兵简政的策略。ABB公司的这个经验值得在全世界广泛推广。要想使你的组织更有效率、更有活力，就必须先给你的组织"瘦身"。

苛希纳定律告诫我们：确定责任人的最佳人数，对企业"瘦身"计划的实施和提高企业效率至关重要。在一个企业中，只有每个部门都真正达到了人员的最佳数量，才能最大限度地减少无用的工作时间，降低工作成本，从而达到企业的利益最大化。

在一个越来越充满竞争的世界里，一个企业要想长久地生存下去，就必须保持自己长久的竞争力。企业竞争力的来源在于用最小的工作成本换取最高效的工作效率，这就要求企业必须要做到用最少的人做最多的事。只有机构精简，人员精干，企业才能保持永久的活力，才能在激烈的竞争中立于不败之地。

苛希纳定律活学活用：预防"官场传染病"

苛希纳定律深刻地揭示了行政权力扩张引发人浮于事、效率低下的"官场传染病"。

企业和行政部门都存在苛希纳定律的现象。苛希纳定律的核心内涵有两点：一是不称职者的为官之道，并且因为非常有效所以普遍存在；二是这种不称职者所在单位的破落之因，因为两个助手既然无能，他们只能上行下效，再为自己找两个更加无能的助手。如此类推，就形成了一个机构臃肿、人浮于事、相互扯皮、效率低下的领导体系。具有这种领导体系的单位，多数都是当一天和尚敲一天钟的无激情团队，在固有的管理体制下，这种团队是难有作为的。

一个具有本科学历的一把手，往往对具有博士学历的二把手抱有戒心，从而在商量相关事情时，往往喜欢和具有专科学历的三把手在一起，而不喜欢二把手参与，向上一级汇报工作时，更是不允许二把手随从，如果有可能，总是会选择一个冠冕堂皇的理由，将这个博士调离本单位，甚至逼其辞职。

一个在大企业干过营销总监的管理者，即便是到了一个中小企业，如果不是老板先把原来的营销主管调离，这个新来者即使有再高的水平，也不会干出优异的成绩，因为那个"老人"在不断的"帮忙"。

在生活中，一个本科毕业的男士，很难接受一个博士毕业的女士做老婆。

苛希纳定律发生作用的条件有哪些呢？

首先，必须要有一个团体，这个团体必须有其内部运作的活动方式，其中管理占据一定的位置。这样的团体很多，大的来讲，有各种行政部门；小的来讲，只有一个老板和一个雇员的小公司。

其次，寻找助手的管理者本身不具有权力的垄断性，对他而言，权力可能会因为做错某事或者其他的原因而轻易丧失。

再次，这位"管理者"对他的工作来说是不称职的，如果称职就不必寻找助手。

这三个条件缺一不可，缺少任何一项，就意味着苛希纳定律会失灵。可见，只有在一个权力非垄断的二流领导管理的团体中，苛希纳定律才起作用。那么，在一个没有管理职能的团体，如网络虚拟学术组织、兴趣小组之类，不存在苛希纳定律描述的可怕顽症；一个拥有绝对权力的人，他不害怕被别人攫取权力，也不会去找比他还平庸的人做助手；一个能够承担自己工作的人，也没有必要找一个助手。

苛希纳定律告诉我们这样一个道理：不称职的行政首长一旦占据领导岗位，庞杂的机构和过多的冗员便不可避免，庸人占据着高位的现象也不可避免，整个行政管理系统就会形成恶性膨胀，陷入难以自拔的泥潭。这样就会在官场中形成类似的"鲜花"插在"牛粪"上的现象，鲜花就好比是那些企业中的领导职位，牛粪就是那些企业中平庸的管理者，而这种"鲜花"插在"牛粪"上的危害是极其大的。

权力的危机感是产生苛希纳现象的根源。恩格斯曾经说过："自从阶级社会产生以来，人的恶劣的情欲、贪欲和权势欲就成为历史发展的杠杆。"人作为社会性和动物性的复合体，因利而为，是很正常的行为。假设他的既有利益受到威胁，那么本能会告诉他，一定不能丧失这个既得利益，这也正是苛希纳定律起作用的内因。一个既得权力的拥有者，假如存在着权力危机，不会轻易让渡自己的权力，也不会轻易地给自己树立一个对手。在不害人为标准的良心监督下，会选择两个不如自己的人作为助手，这种行为是自然而然，无可谴责。

要想解决苛希纳定律的症结，必须把管理企业的用人权放在一个公正、公开、平等、科学、合理的用人制度上，不受人为因素的干扰，最需要注意的，是不将用人权放在一个可能直接影响或触犯掌握用人权的人的手里，问题才能得到解决。

12 罗森塔尔效应：
适当赞美能使平庸变骨干

定律释义：

皮格马利翁是塞普鲁斯的国王，同时也是一个极其优秀的雕刻家，他曾用象牙雕刻了一座美女像。他每天看着这座理想中的美女化身的雕像，竟然爱上了自己的作品，爱得很深、很投入。痴情的国王祈求神赋予雕像生命，神被感动了，让美女雕像活了，于是国王便娶她为妻。这就是管理学上皮格马利翁效应的来历。

皮格马利翁效应告诉我们："说你行，你就行，不行也行；说你不行，你就不行，行也不行。"人类本性中最深刻的渴求就是赞美，赞美和鼓励是引发一个人体内潜能的最佳方法。管理者应该而且必须赏识你的下属，让他们感到你积极的期许和希望。积极的期望会使你的下属向更好的方向发展，能够更好地发挥他们的积极性、主动性和创造性。

赞赏是比金钱更好的东西

身为管理者，要经常在公众场合表扬有佳绩者或赠送一些礼物给表现特佳者，以资鼓励，激励他们继续奋斗。一点小投资可换来数倍的业绩，何乐而不为！

从前，有个王爷，他手下有个著名的厨师，他的拿手好菜是烤鸭，深受王府里的人喜爱，尤其是王爷，更是倍加赏识。不过这个王爷从来没有给予过厨师任何鼓励，使得这个厨师整天闷闷不乐。

有一天，王爷有客从远方来，在家设宴招待贵宾，点了数道菜，其中一道是王爷最喜爱吃的烤鸭。厨师奉命行事。然而，当王爷夹了一条鸭腿给客人时，却找不到另一条鸭腿，便问身后的厨师："另一条腿到哪里去了？"

厨师说："禀王爷，我们府里养的鸭子都只有一条腿。"王爷感到诧异，但碍于客人在场，不便问个究竟。

饭后，王爷跟着厨师到鸭笼去查个究竟。时值夜晚，鸭子正在睡觉，每只鸭子都只露出一条腿。

厨师指着鸭子说："王爷你看，我们府里的鸭子不全都是只有一条腿吗？"

王爷听后，便拍了拍巴掌，鸭子惊醒都站了起来。

王爷说："鸭子不全是两条腿吗？"

厨师说："对！对！只不过，只有鼓掌拍手，才会有两条腿呀！"

要使人始终处于施展才干的最佳状态，唯一有效的方法就是表扬和奖励，没有什么比受到上司批评更能扼杀人的积极性了。

美国玫琳凯公司总裁玫琳凯曾说过，世界上有两样东西比金钱和性更为人们所需，那就是认可与赞美。金钱在调动下属的积极性方面不是万能的，而赞美却恰好可以弥补它的不足。因为生活中的每个人都有较强的自尊心和荣誉感，你对他们真诚地表扬与赞同，就是对他们价值的最好承认和重视。真诚赞美下属的管理者，能使下属的心理需求得到满足，并能激发他们潜在的才能。打动人的最好的方式就是真诚地欣赏和善意地赞许。

赞美让员工达到巅峰状态

管理者能让员工达到巅峰状态的重点是"激励"。管理者懂不懂专业技术这不是重点，懂得如何凝聚适合的人才、如何改善缺点、如何发挥优点、如何激励别人达到巅峰状态，这才是领导的重点，利用赞美激励员工的士气往往会起到事半功倍的效果。

在玫琳凯化妆品公司中，赞美是最重要的，公司整个的行销计划都以它为基础。在各种场合中，公司总是不吝惜地给予赞美。

例会上的赞美：玫琳凯公司每个地区的分公司每周的例会上都会有这周销售最佳人员的成功经验的讲述和分享，这是一种别样的赞美。主持人在介绍最佳销售员的时，每个美容顾问都会毫不吝啬自己的掌声。

缎带的赞美：在玫琳凯公司，每位美容师在第一次卖出100美元产品时，就会获得一条缎带，卖出200美元时再得一条，并以此类推。这种仅需要0.4美元的礼物奖赏远比用100美元的礼物盒有效。

别针的赞美：玫琳凯公司每一位美容师都会以佩戴各种各样形式各异的别针为荣，这些别针在美国达拉斯设计制造，然后用飞机运到世界各地，用以奖励在销售产品时有优异销售业绩的美容师。每个别针都有不同的含义，比如其代表最高奖赏的镶钻石大黄蜂别针：大黄蜂身体很笨重，要飞起来相当不容易，它象征玫琳凯化妆品公司的女性在身负家庭的各种负担的情况下，还能获得如此优异的成绩，是非常不容易的。在每个不同的阶段，当你有了一些进步和改善的时候，玫琳凯化妆品公司都会奖给你各种不同意义的别针，别针是女性非常喜欢的装饰品，尤其是象征荣誉的别针。

喝彩杂志的赞美："喝彩"是玫琳凯化妆品公司内部发行的杂志，这本杂志的最主要目的就是给予赞美，它的发行量和许多全国性的杂志不相上下。上面刊登每月世界各地最优秀的销售员、最优秀的培训员、各种竞赛活动及其获奖情况，详细介绍优秀的美容师和培训员，还有这些优秀女性的成功经验及成长体会。这个杂志每月一期，以不同的国家为单位发行，使玫琳凯化妆品公司的美容师在公开赞美中分享经验。

粉红色凯迪拉克的赞美：玫琳凯化妆品公司的区级指导员是蓝色的套装，再高一个层级是粉红色的套装，当你做到可以穿黑色套装的时候，玫琳凯化妆品公司就会同时奖励你一部粉红色的凯迪拉克轿车。世界上粉红色的凯迪拉克轿车的主人全部是玫琳凯的全国性指导员，开车走在外边，玫琳凯人都知道这代表玫琳凯化妆品公司的一位资深而优秀的美容师，这样不仅在公众场合赞美了玫琳凯化妆品公司的优秀美容师，同时也为玫琳凯化妆品公司做了宣传，粉红色的凯迪拉克轿车成为玫琳凯化妆品公司"到处跑的广告"。

赞美的力量是不容忽视的，有时甚至比金钱更重要。把赞美运用到企业管理中，往往起到意想不到的激励效果。作为管理者，首先应该明白自己员工的心理，其次学会赞美下属。

领导会赞美，庸才变骨干

每个人在内心深处都渴望别人的赞美与夸奖。"千穿万穿，马屁不穿"，从某种程度上来讲，正是至理名言。每个人在数千人的注视下，走到领奖台上领取奖章、鲜花或是证书都会有一种很奇妙的感觉。每个人发现自己的名字出现在本企业刊物里的奖励名单里，都会感觉良好。"原来我也可以很有名的"，这种被大众所承认的感觉要远比几十元的奖金更加激动人心。

赞美在建立一个人的自信上有着神奇的功效。中国的大学生比起高中生来，明显地更有自信、更开朗、做事能力更强。有人由此做过调查，结果发现很重要的一条原因就是大学生在学校里受到的正面的、积极的鼓励要远比在高中时多得多；相对而言，大学的老师更知道赞美的重要性，更多的是把学生当做一个真正的成人看待。

在婴儿牙牙学语的阶段，即使他还无法准确发音，可是，他一说"哒—哒"，做父亲的立刻就自动认定他是在叫"爸—爸"，这位骄傲的父亲就兴奋地大叫："听到了吗？他在喊我爸爸！"然后，他抱起孩子亲他，对他说："聪明孩子!爸爸疼你!"孩子得到了赞美，就会继续学着去讲话，然后如此这般逐渐学会讲话。如果没有父母的赞美鼓励，恐怕我们许多人整天只能咿咿呀呀了。

同样，管理者的赞美对于员工有着莫大的激励力量。赞美员工会激发他的自信，员工会更加努力，更有勇气去尝试，如此积累，将来员工能取得很大的成功也不稀奇。

赞美员工并不仅仅只是口号或者是印在纸上的一句话，它表现在企业活动的方方面面，渗透在高层主管的一言一行。

比如说，每个企业都会遇到工作场所里桌椅的摆放、电脑屏幕是对着门还是应该背着门等，让员工来挑，肯定是背着门，说不准什么时候聊个天呢？发一封私人E-mail也感觉心里不安全；让管理者来挑，自然是希望电脑屏幕对着门，现在都网络化时代了，员工在工作时间干自己事情的实在不少，视窗可以切换屏幕，打网络游戏还花企业的上网费，是可忍孰不可忍？那么究竟怎么摆放呢？管理者说了算，还是跟员工商量着办。这一点小事就会反映出管理者的管理风格。管理者可能会觉得，"这是芝麻绿豆大点的小事，应当由我做主。"但员工不会这样想，一点点小事就有可能让他们感到自己不受尊重，自己用的桌子，自己的办公场所，当然应该自己做主。他们会把这件事上升到对管理者评价的高度，会上升到管理者是否尊重员工的高度。

作为管理者应当懂得，每个员工都需要赞美来保持自信。如果你愿意，你总是可以找出无数的机会，来夸奖你的部下，发自内心地称赞他们。你的每次赞美对员工都是莫大的鼓励，都会促进员工改变自我，最终让员工从平凡走向优秀。

及时表扬员工的每个进步

事业之初，员工往往会感到艰难和孤独，在失意之时听不到一句鼓励的话语，成功时也没人向他们祝贺。在这个时候，如果得到的即使是片言只字的表扬，那也是令人兴奋不已的，从而也就使其更加坚定了信心，努力把事情做好。

有些管理者以为，只有大的成功才有意义去表扬，小成绩无足轻重。其实这种理解是片面的，并没有考虑员工的内心欲求，特别是在最初工作时的孤独与艰难。

当一个员工初次走上一个工作岗位时，他会对这里的环境很陌生，如果在做出一点小成绩时就得到了管理者的表扬，那么他的信心一下就树立起来了。在这方面有个叫卡雷的人做得不错。

担任企业资源开发公司总经理的麦克斯·卡雷，在1981年创立以亚特兰大为中心的销售和市场服务公司时，就曾经历过步履维艰的困窘。当时，他的手下只有一个临时雇员。按他的话说："大的成功离我们太遥远。我们几乎感受不到任何激励。"他想出了一个决定：每次获得一个小成功都要自己庆贺一番。

卡雷出去买了一个警报器，还配了扩音器，这样就能发出救护车的声音。如果他在电话中宣传自己的产品时能绕过培训部主管，直接与那家公司的总经理通话，就要鸣笛庆贺一次；如果收到一大笔订货，警笛也会鸣响。如今，他的公司已拥有100多万美元的资产和11名雇员。每个星期，警笛声要在公司内回荡10次。每当知道有好消息时，大家都要出来听他们的同事对刚刚取得的成功吹嘘一番，这也为大家提供了互相交流的机会。卡雷说："我们的雇员经验还不够丰富，无法取得巨大的成功，所以这种庆贺也是一种很大的鼓励。"正是用这些小进步来临时地表扬鼓励，使卡雷的公司取得了惊人的成绩。

请记住：要表扬员工的每个进步，不管这进步有多么微小。

 **罗森塔尔效应活学活用：赞扬下属五原则**

赞扬下属，不仅要符合赞扬的基本要求，而且需要管理者掌握具体的赞扬原则。只有赞扬运用得当，才会起到事半功倍的效果。管理者赞扬不当，就可能起到消极作用。

赞扬并不是靠随便说几句好听的话，就能奏效的。管理者必须遵守具体、真诚、及时、如实和适度等原则。

1. 赞扬要具体

赞扬要具体是指管理者要言之有物，用事实说话。这个事实不仅指工作作出成绩，也包括被赞扬者为克服种种困难而作出的努力和付出的心血。赞扬只有言之有物，有血有肉，道出了被赞扬者付出的心血之所在，才能使人感到赞扬者观察得细致入微，从而激发被赞扬者的知音效应，产生出"士为知己者死"的精神动力。

2. 赞扬要真诚

赞扬要真诚是指管理者赞扬员工时态度要诚恳热情，发自内心，而不能面无表情，敷衍应付。人们都有喜真恶伪的天性。只有真诚的东西，才会被人所接受。赞扬也不例外，管理者只有以真诚的态度去赞扬员工，才能唤起员工的热情，愉快地接受赞扬。

3. 赞扬要及时

赞扬要及时是指员工工作表现好、取得好成绩、提出好建议等，管理者都应及时地给予肯定。如果管理者对好人好事漠不关心、视而不见，或认为这是理所当然，不作任何表示，那么员工的好行为就难以持续下去，甚至会感到自己的好行为没有得到认可，产生"干好干坏一个样"的想法，导致消极因素的产生。

4. 赞扬要如实

赞扬要如实是指管理者的赞扬要实事求是，恰如其分，掌握好赞扬用语的分寸。管理者对那些确实值得赞扬的人和事给予恰如其分的赞扬，才能起到鼓励他人前进的作用。

5. 赞扬要适度

赞扬要适度是指管理者赞扬的人数、次数要恰当，赞扬的标准要适中。首先，管理者赞扬的人数要得当。赞扬人数过少，容易使受赞扬者产生离群感、孤立感，使其他人产生与己无关的心理；相反，如果赞扬人数过多，员工也会由此产生"干好干坏一个样"的感觉，形成"你好我好大家好"的局面。这就失去了激励的作用。其次，管理者赞扬的标准要得当，不能过高或过低。管理者赞扬的标准过高，容易使员工感到高不可攀，望而生畏，从而失去争取赞扬的动力；赞扬的标准过低，容易使员工感到唾手可得，易如反掌，同样会失去调动积极性的作用。

13 互惠关系定律：
爱你的员工，他会百倍地爱上企业

定律释义：

互惠关系定律是指：给予就会被给予，剥夺就会被剥夺。信任就会被信任，怀疑就会被怀疑。爱就会被爱，恨就会被恨。

人是三分理智、七分感情的动物。士为知己者死，员工可以为认可自己存在价值的管理者鞠躬尽瘁。当你真诚地帮助员工的时候，员工才能真正地帮助你。对于企业管理者来说，爱你的员工，员工就会百倍地爱你的企业。

让员工爱企业，企业要先爱员工

海尔集团首席执行官张瑞敏说过这样一段话："要让员工心里有企业，企业就必须时时惦记着员工；要让员工爱企业，企业首先要爱员工。"可见，对员工的工作、生活进行全方位的关怀，使员工深深感觉到企业对自己的爱护，是留住员工的重要手段。企业爱护员工，不能只体现在口头和形式上，要以实际行动来表达，让员工切实感受到企业对他们的关爱。

1. 表示你对员工的重视

组织最大效力的发挥依赖于每个参与其中员工的表现。无论在组织中处于什么样的角色，部门经理还是打字员，他们都应该受到重视与尊重。因此，管理者不要吝惜展示出你的关怀，尽可能地多听听他们的意见，你应该让他们看到或感觉到自己是被重视的。

2. 关注员工的健康状况

对员工健康情况的关注已不仅仅局限于"医务室"的设立，很多知名企业为本企业员工聘请专业的健康咨询公司，其任务就是定期检查员工的身体及精神健康状况，为每个员工量身定制健康计划。有些企业还与健身中心或当地的健康俱乐部相联系，为员工健身提供便利。

3. 保证员工的工作安全

强调工作安全是对员工生命的尊重，光在口头上空谈安全的重要是远远不够的。安全信息必须不折不扣地传达到一线并设立规章制度确保执行。一般来讲，一线主管的安全责任制度应予以明确。"人"才是企业最宝贵的财富，当工作效率与安全问题发生冲突的时候，要坚持安全第一的指导思想。

4. 留意每个节日与每个员工的生日

生日庆祝与生日礼品不仅仅意味着对员工的关怀，还可以调剂日常的工作氛围。在传统节日到来的时候，可以依据节日内容的不同搞一些适当的活动，如春节的大红包、儿童节时送给员工孩子的礼物、中秋节的月饼等，将关怀一点一滴地送出。

5. 提供舒适的工作条件

员工选择工作单位的时候，工作条件是否舒适是重要的参考因素之一。办公地点的选择、办公环境的布置、上下班班车舒适与否、员工专用停车位的设置等，都是员工所要考虑的因素。在企业的某个角落建一个小小的吧台，柔和的灯光下可以看看新近的杂志，对于员工来讲绝对是很大的诱惑。其实大多数的员工对工作都怀有一点小小的虚荣心，很多企业在招聘过程中突出工作条件的优越性，也是抓住了这样的一个心理。

6. 不要忘了员工的家庭

对员工家庭的关怀往往比对员工自身的关怀更能抓住员工的心，因为企业的种种表现让员工在家庭面前很有成就感，满足了他们的"面子"问题。例如，员工的家属生病住院，企业应及时派代表予以探望；员工的子女升学时成功考取名校，可以给予适当的奖励。当然，员工的婚姻大事更希望能得到全体同事的庆贺，企业不妨把这也当做一个聚会的契机。很多企业对于家庭暂时出现困难的员工予以财务上的支持，"雪中送炭"的深厚情意会令员工永远难忘。

7. 避免一切歧视

企业的员工来自于四面八方，个体上存在着不少的差异，而且，对于每个人来讲，都有自己的优势，也都存在着自身的劣势。作为企业管理者，要着重强调对于歧视行为的否定，一旦发生，要严格予以批评；否则，将会为此付出雇员离职的代价。工作中的歧视一般会发生在以下方面，如口音、身高、体重、皮肤、教育背景、居住地区、婚姻状况、人际关系、口头语等。不要因为这样的歧视行为而吓走或赶走优秀人才，一旦发现歧视的现象，要立即采取果断措施来清除歧视，并明确这样的歧视是绝对不容许的。

8. 积极解除员工的后顾之忧

当然，在不影响工作质量的前提下，或者说只是暂时的在一定程度上影响到工作质量的前提下，要尽可能地多替员工考虑。例如，员工的家属病了需要照顾，可以在早、中、夜班安排上进行协调；员工孩子的医药费用，企业适当承担；可以以企业的名义为员工的孩子请英语家教等。解决了员工的后顾之忧，员工才能对目前的工作投入更多的精力，才会对企业有更深的认同。

爱员工就是爱你自己

中国古代讲究礼尚往来。当我们从别人那里得到好处后，总觉得应该回报对方。如果一个人帮了我们一次忙，我们也会帮他一次，或者给他送礼品，或请他吃饭。这是人与人之间互惠互利的表现，这也成了人类行为不成文的规则。

一个人向朋友请教一件事，两人聚会吃饭，那么账单就理所当然应由请教的这个人付，因为他是有求于人的一方。如果他不懂这个道理，反而让对方付，就很不得体。

在不是很熟悉的朋友之间，你求别人办事，如果没有及时地回报，下一次又求人家，就显得不太自然。因为人家会怀疑你是否有回报的意识，是否感激他对你的付出。及时地回报，可以表明自己是知恩图报的人，有利于相互之间的继续交往。

而如果不及时回报，会给你带来一些麻烦。你一直欠着这个情，如果对方突然有一件事反过来求你，而你又觉得不太好办的话，就很难拒绝了。俗话说："受人一饭，听人使唤。"可以说，为了保持一定的自由，你最好不要欠人情债。

当然，在关系很亲密的朋友之间，就不一定要马上回报，那样可能反而显得生疏。但也不等于不回报，只是时间可能拖得长一些，或赶到有机会再回报。

管理者如果不能适当地忠诚对待员工，也就不能期望员工对他忠心耿耿。有影响力的管理者会支持员工，把应得的荣耀给他们。只有当人人都能愉快地处在互利互惠的关系时，工作才能做得最好。这时管理者可以拥有一个整体绩效大于个别努力的团体。

"给予就会被给予，剥夺就会被剥夺。信任就会被信任，怀疑就会被怀疑。爱就会被爱，恨就会被恨。"这既是人际有关系中的互惠规则，更是"向上之路"的"路标"。"爱别人就是爱自己。"这句很经典的话其实已说出了人际关系的"核心秘密"——你付出别人所需要的，他们会相对给予你所需要的。而生命，也正像是一种回声。你送出什么它就送回什么，你播种什么就收获什么，你给予什么就得到什么。你帮助的愈多，你得到的也就愈多；而你愈吝啬，也就愈可能一无所得。

对于企业管理者来说，应当处处表现出你对员工的尊重和关爱。爱你的员工，他就会百倍地爱你的企业。

让下属做到"士为知己者死"

一个人在忙碌的工作之余，若听到别人安慰体贴的话语，心中是说不出的高兴，一天的疲倦就被这样轻易地吹散了。

下属整天埋头于工作之中，如果与他谈工作的情况，那简直是多余的。如果提起家中的琐事，他便会立刻想起自己在这方面关心得太少了、倒是苦了家中之人。若领导不时地向下属问问身体状况以及家中的情况，下属便会高兴地作答。这时，他定会想："领导真是个热心人！家中的那些事我自己都忘了，还亏得领导细心地记在心中，我真该努力工作才对。"这样，下属不知不觉中整个心就偏向了领导一方。所以说，人最大的愿望就是自己能够得到真诚的关心和帮助。如果领导能够真诚地关心下属并加以利用，定会产生"士为知己者死"的效果。

只有在"会照顾下属的领导"手下工作才会觉得有干劲。所谓能照顾下属，其范围很广，一般下属认为能照顾自己的领导是这样的：

（1）能亲切指导我们工作，不仅指导我们如何处理事务，更能帮助我们早日完成工作。

（2）能指导我们有关企业情形的领导，这种上司也会指导我们如何待人处世。

（3）能赐予我们好好工作的机会的领导。

（4）能亲切指点我们有关工作的做法与工作态度的领导，这种领导能考虑到下属的种种优点与缺点，有效指导下属工作。

（5）能面对面地商谈，并直接帮助下属的上司。

（6）能经常关心下属的领导，随时注意下属的健康，悉心关照。

（7）能注意下属进步情况的领导。

（8）在日常生活方面能适当给予意见的领导。

以上这些领导就是所谓能照顾下属的领导，换句话说，就是有同情心的领导，任何人都会怀念；对于曾照顾自己的领导，下属总会永生难忘；拥有一位深具同情心的领导，无论工作多么艰难复杂，下属都会有干劲的。

现代的年轻人很矛盾，一方面似乎充满了独立性；另一方面又有强烈的依赖心。前者一旦被干涉就想反抗；后者若不依赖外在的环境，就会觉得内心惶惑不安，因此一旦妨碍其依赖心就易引起不满，若能满足其依赖心，就是所谓有了同情心。

同情心不仅满足其依赖心，也能满足其独立要求。领导应培养下属的独立性，一方面严格教导他们遵守规矩；另一方面要"放任"他们，并不忘严格监视使其完成任务，如此可养成他们的独立性。

领导要训练下属如何忍耐不满，如何处理不满。人之所以有自卑感或不适应的情形，就是因为自己无法处理不满与烦恼所致。下属只有在充满自信、能够忍耐不满、解决不满时才能养成独立性，也才会有优越感。

投之以桃，报之以李

投之以桃，报之以李。中国人自古讲求礼尚往来，所谓"滴水之恩，涌泉相报"也是这个道理。任用人才，一定要有所付出，才能得到更大的回报。人才是社会中的精英分子，用人者任用人才，切不可做"榨油机"，不榨干最后一滴利润绝不放手。那种又要马儿跑得快，又要马儿不吃草的想法是绝对不可以的。用人如器，是说物尽其用，人尽其才，让人才充分发挥自己的才干，而不是说把人当做毫无感情的物品来使用。

人非草木，孰能无情。情感方面的需要是任何人都不可少的，人才也是如此。在生活中不经意的一次帮忙，工作中一次小小的赞扬，都可能使人产生愉悦和感激，从而在今后的工作中更加努力，更上一层楼。

在用人中，不仅物质投入会获得回报，情感的投入也可以收到意想不到的效果。人是有情感的生灵，你敬我一尺，我定敬你一丈。人在良好的情感环境中生活，会产生很大的热情和积极性，并相应减少物质方面的要求。在竞争日益激烈的今天，人与人之间的感情日益淡化，因此富有人情味的情感式用人，往往会有春风化雨的奇妙效果，使被任用者感到自己的价值，因而更加努力地去完成工作。

投桃报李，有一点需要注意的就是必须出自真心，切不可给人以虚情假意、矫揉造作之感。那种平时不烧香、临时抱佛脚的做法，是一种市场上买卖商品的做法。我给你多少好处，你帮我一个忙，与感情投资的原则是格格不入的。有些人总认为投桃报李就是以物易物，其实他只看到了两者表面上的类似，而忽视了本质上的不同。作为人才，其头脑必然不会愚笨迟钝，因此别人的一举一动他都会有清醒的认识。你的做法是出自真心还是假意，人家往往一看便知。虚情假意的付出，只能招致别人的厌恶和痛恨，更别说会给予什么回报了。

雪中送炭，买一只人情原始股

你的员工当中，有没有暂时处于困境中的人，如果有的话，不要疏远和冷落他，应该伸出热情之手，给予帮助和关心。一旦他日后否极泰来、时运亨通，他第一个记起来的就是你，他第一个要还人情的当然也是你，甚至至死都会对你心怀感恩。所以，雪中送炭，就等于买了一只人情原始股，是大有好处的。

帮助困难的人，对他们说一句暖心的话，就像对一个将倒的人轻轻扶一把，可以让他得到宽慰和支持。对一个身陷困境的穷人，几十元钱的帮助可能会使他干出一番事业，闯出自己的天下。

从人生的角度来看，人们不可能一帆风顺，挫折、背运是难免的。当人们落难的时候，正是对周围的人们，特别是对朋友的考验。远离而去的人可能从此成为路人，同情、帮助他渡过难关的人，他可能铭记一辈子。所谓莫逆之交、患难朋友，往往就是在困难时期产生的，这时形成的友谊是最有价值、最令人珍视的。

　　有一位领导失了势，他昔日的一些朋友和下属都离他而去，他的心情很苦闷，一度丧失了生活的信心。这时，他的一个下属，不怕受连累，主动来见他，给他带来礼物，并开导他，同他一起分析局势。下属的鼓励使他认识到前途是光明的，他终于坚持了下来。后来这位领导翻身后，十分感谢这个下属，把他手下最重要的部门交给了这位下属来管理，在自己退休后帮助这位下属坐到了自己当初的位子上。

　　从一定意义上说，对待落魄、失势者的态度不仅是对一个人品质的考验，而且也是建立良好人际关系的契机。因为人在处于悲惨的境遇中时，往往会暴露人性的弱点，显得脆弱、无助，在这个时候你向他抛出的橄榄枝，就好像溺水者等待的救命稻草一样，在这种情况下建立起来的人际关系是稳固牢靠的。在选举中，成功者与失败者就是得势与失势最明显的例子。在获胜者的办公室里，素昧平生的人也会纷纷涌去，落选者的办公室则无人问津。仔细一瞧，有时甚至连选举期原本支持失败候选人的人，也转而投靠到获胜者的一方。在此时如果有人站在失势者一边，失势者自然会倍感欣慰。如果能得到一番诚挚的勉励，就会产生向前迈进的勇气和信心。

　　在这种情形下建立的关系，不会因为少许挫折即告崩溃。在现实世界里，荣枯盛衰亦是常伴之物。既有逐步攀升的人，也有失足没落的人。得意的人身边自然有一大批人包围着，落魄的人身旁则无人靠拢。

　　乌井信治郎是日本桑得利公司的董事长，深受员工爱戴，员工都称呼他"父亲"，因为他对员工的关怀确实如慈父般温暖。员工有困难，乌井信治郎总是尽心尽力地关怀帮助，就像父亲对待自己的女儿一样。

　　有一次，新职员作田的父亲不幸去世。他不想让同事知道他家有丧事，以免麻烦人家。但在出殡的那一天，乌井信治郎率领桑得利的全体员工到殡仪馆帮忙。他还像死者的家属一样，站在签到处，对前来祭拜的人一一磕头答礼。

　　丧礼结束后，乌井信治郎对作田说："没有车子，你和伯母如何回家呢？"说完，立刻跑去叫了一辆计程车，亲自送作田和他的母亲回家。

　　后来，作田当上了主管后，常对部下提起此事，并说："从那时起，我就下定决心，为了老板，即使牺牲性命也在所不惜！"

　　世界上任何重要的事情都是人的事情，只要把人打理好了，则无事不可成。

你种下人情，将收获成倍的人情。而满足他的急需显然是一颗人情的良种，必将使你收获人情的硕果。

 ## 互惠关系定律活学活用：对员工做到"三个尊重"

管理者要激励员工就必须先尊重员工。尊重员工基本上可以分为三个层次。

1. 第一个层次是尊重员工的人格

任何人都有被尊重的需要。员工的人格一旦受到尊重，往往会产生比金钱激励大得多的效果。让员工感觉到自己人格受到了很大的尊重，自然能够提高其行动的效率。

2. 第二个层次是尊重员工的意见

员工参与程度越深，其积极性越高。尊重员工的意见，就是要员工自己作出承诺并且努力地实现承诺。在某些企业管理中，让员工自己作出承诺并尊重这种承诺的机会太少，这种现状的直接后果是：员工对组织提出的宏伟目标没有亲和力，事不关己，高高挂起。管理者豪言壮语，员工置若罔闻。尊重员工的意见，就是要让员工自己管理自己，自己做自己的主人，充分发挥参与式管理的作用。

3. 第三个层次是尊重员工的发展需要

任何员工的工作行为不仅仅只是为了追求金钱，同时还在追求个人的成长与发展，以满足其自尊与自我实现的需要。很多人都有自己的职业计划，在自己的职业生涯中有意识地确定目标并努力追求目标的实现，企业应该了解员工的职业计划，并通过相应的人力资源政策帮助员工达成自己的职业计划，使之有助于企业目标的达成。管理者应该为员工设计职业发展和援助计划，通过员工职业目标上的努力，谋求企业的持续发展。帮助员工完成自我定位，帮助员工克服在完成职业目标过程中遇到的挫折，鼓励员工将个人职业目标同企业目标统一起来。

管理者应该更多地为员工的个人发展提供机会，努力提高员工的工作能力和技巧。

14 热炉法则：
违反规则必会受到惩罚

定律释义：

当你去碰触一个烧红的火炉时，就会立刻受到烫伤的惩罚——这是现代管理学中有名的热炉法则：火炉摆在那里是烧红着的，任何人都知道不能去碰触；如果有人敢去碰触，那么必然要被烫伤；烫伤在时间上是即时的；烫伤在对象上是普遍的。以上四点隐喻表明加强制度建设，切实保证制度的贯彻实施，必须处罚以身试法者。

热炉法则源自西方管理学家提出的惩罚原则，它的实际指导意义在于有人在工作中违反了规章制度，就像去碰触一个烧红的火炉一样，一定要让他受到"烫"的处罚。与奖赏之类的正面强化手段相反，而惩罚之类则属于反面强化手段。

规则是不可触摸的"热炉"

海尔集团有着这样的规定，所有员工走路都必须靠右行，在离开座位时则需将椅子推进桌洞里；否则，都将被课以罚款。之所以做这样的规定，用意无非是希望全体员工在心目中形成一种强烈的观念：规则是一个不可触摸的"热炉"。

每个企业都有自己的"天条"及规章制度，员工中的任何人触犯了都要受到惩罚。制度明确规定了员工该做什么，不该做什么，就好像是标明了在哪里有"热炉"，一旦碰上它，就一定会受到惩罚。只有这样，才能做到令行禁止、不徇私情，真正实现热炉法则。

热炉法则形象地阐述了惩处原则：只有罪与罚能相符，法与治才是值得期待的结果。为了达到这一目标，心理学家沃尔特·克鲁塞兹根据研究结果提出了以下几点原则。

1. 警告性原则

热炉火红，不用手去摸也知道炉子是热的，是会灼伤人的。管理者要经常对员工进行规章制度教育，以警告或劝诫不要触犯规章制度，否则会受到惩处。

2. 行为替换原则

每当你碰到热炉，肯定会被灼伤。对员工进行惩罚之前，要向他们说清并使他们明白受罚的原因。每个企业都有自己的"天条"及规章制度，企业中的任何人触犯了都要受到惩罚，惩罚的是他的不当行为，而并非是针对他这个人。

3. 实时性原则

当你碰到热炉时，立即就被灼伤。惩处必须在错误行为发生后立即进行，既决不拖泥带水，也不宜以后追究，决不能有时间差，而且惩罚时间要短，使其达到及时改正错误行为的目的。

4. 公平性原则

不管谁碰到热炉，都会被灼伤。当有人出现不恰当行为时，在给予惩罚的过程中要使其学会用恰当的行为来取代不当行为，一旦恰当行为出现则惩罚停止，不能持续惩罚，也不能因为对方有其他方面的成绩，就能免于行为过失的惩罚。

5. 程度原则

被灼伤的程度以与热炉接触的紧密程序和时间长短有关系、惩罚以制止不当行为发生为限，处罚过度反而有害。

纵容下属过错会自食其果

纵容下属，自食其果，这是管理工作中铁的教训。现代企业领导推崇"以人为本"，是要把下属摆在主体的地位加以考虑，尊重他们的人格，体察他们的性情，重用他们的能力。但这绝不意味着以情感代替原则，以理解取消制度，因为这样只能纵容下属产生不合理的欲望和行为。要知道，这是管理工作的大忌。

作为一个领导，我们提倡对下属多宽容、少苛责，但是，也不能宽容得过了分，变成了姑息养奸。姑息养奸不但不能让下属对你服服帖帖，反而会让你威风扫地。某位充满自信的领导曾经说过："因为我对自己的工作充满热忱，因此对于下属我也严加指导。"但是，有人向他的下属询问情况时，他们却异口同声地回答："他才不是严格，他只是喜欢挑下属的毛病而已，而且相当啰唆！"

叱责，一般是领导对下属的行为，是单方面的特权，但这并不表示领导可以随意叱责下属。作为领导，当你在叱责下属时，对方也并非一定都会从内心深处感到懊悔，并且向你道歉。表面上他认为不要忤逆领导较好，所以始终低着头，最后冷笑一声说："不！不！你的教训相当有道理，这全都是我不好。"对于此种类型的下属，必须使他了解你叱责的缘由。或许你因此会花费较长的时间与精力，但是不可吝于付出这样的努力。对于会产生反抗行为的下属，则要详细解释到他能完全理解为止。

有的下属在将被叱责时，会很有技巧地支吾其词，或者将责任推到别人身上，然后逃之夭夭。对于如此狡猾的下属，领导必须严厉地叱责。假如对此种现象视而不见，则"赏罚分明"原则便会有所疏失。

对于可能产生反抗行为的下属，领导必须使其了解错处。或许对方会提出辩解，领导必须静下心来倾听，然后在下属的辩解中发现他的误解之处，一旦有夸大其词、歪曲事实之嫌时，应马上指出并令其立即改正。有的下属一被叱责，便会提出冗长的辩解，领导可以听听看，但不可逾越一定的程度。辩解终究是辩解，必须命令其不可再犯相同的错误。如果碰到难缠的下属，领导则必须事先做好心理准备。有时因状况不同，必须分组彻夜讨论，此时你更不应该胆怯，必须具备拼搏的干劲才行。

完全不听下属的辩解是不近人情的。每个人都有自尊心，只是单方面地被叱责而无法提出解释的机会，对方必定会觉得不公平。若下属净说些毫无意义的理由，可见他的内心此时多少已有些纷乱了！即使下属一厢情愿地以为自己的辩解得到了认同。但此想法对他而言，可说是一大安慰。预留一点余地给对方是一种美德。《孙子兵法》中曾提到要事先给敌人预留退路，以免其殊死博斗。就算是与你有深仇大恨的下属，也不可将其赶尽杀绝，片甲不留；否则，不仅自己受到伤害，周围的人也会感到困扰。

有的下属会因为被领导叱责而显得意志消沉，也有的会吓得面无人色。然而叱责亦是一剂良药，你可以借此期待他从失意的泥沼中站起来。当叱责对下属而言是一个相当沉重的打击时，不妨在私下拍拍他的肩膀或握握手予以安慰，相信这剂药方将会发挥很大的疗效。

要想不姑息养奸，就必须学会叱责下属，使其时时注意自己的言行。

杀一儆百，让其他人引以为戒

作为领导，如果不是一个下属在你面前为所欲为，而是一群——这时你该怎么办呢？不妨惩一儆百。

有的领导面对这种情况不知如何是好，想杀一儆百却又怕犯了众怒，如此犹豫不决，反而扩大恶劣影响！例如，有一件事可以很明显地看出是小张的过错，同事认为经理应该会对他发相当大的脾气，然而经理却只是让他以后小心点便原谅了他的过错，为此大家颇感失望。"前有车，后有辙。"再有员工出现过错时，经理也就无法批评犯错误的人了。渐渐地经理的刀口越来越钝，最后经理会落得谁也不敢批评的下场，继而无法领导下属。所以在需要批评时，领导就必须大声地批评才行。

在众人面前批评某位下属，其他的下属亦会引以为戒。此即所谓的"杀一儆百"，即藉由处置一人来使他人反省。

当场被批评的人，宛如是众人的代表。在任何团体中，皆有扮演被批评角色的人存在。领导通常会在众人面前批评他，让其他人心生警惕。但是这个角色绝非每个人皆能胜任，必须选出一个个性适合的。他的个性要开朗乐观、不钻牛角尖，并且不会因为一点琐事而意志动摇，如此方能适合此项任务。应避免选用容易陷于悲观情绪或者太过神经质的人。若错误地选择了此类型的下属，往后将带来许多的困扰和麻烦。

虽然你只能对自己的下属批评，但有时你也会遇到必须批评其他企业员工的情况。这不仅越权而且有悖企业的准则，然而相信亦有例外的情形。例如，某家服装公司的销售部主任平时即对采购部科长的应付态度太过懒散颇为不满，但由于对方的身份是科长，因此无法当面予以指责。虽然这位主任曾经与自己的领导——销售部科长讨论过，然而由于领导是位好好先生，因此无法从领导那里得到任何解决的方案。就在销售部主任思索如何利用机会与对方直接谈判时，采购部的某位员工因未遵守缴交期限而发生问题。销售部主任便借机大声批评那位犯错的员工。他特意在采购部科长面前批评。此时采购部科长并未表示任何意见，然而弊端在不久之后便改善了。

此项技巧采取的就是游击战术，若对下属采取正面攻击时比较麻烦，但是若你本身有理，就不会觉得那么可怕。遇到形式上的反攻时，只需稍微转身便可反击。对于无法与其正面争吵的人，若企图使其认同你的主张，则上述的方法不失为一则妙方。

领导借由批评下属的行为，亦能转换为本身的警惕。你在批评下属"不准迟到"时，自己也绝不可迟到。当你批评因喝醉酒而误事的下属时，自己也不可有喝醉酒的情形发生。对下属的批评，最终受益最多的人或许是自己。因此，你更不应该错失良机。必须谨慎地选择批评的机会。

总之，领导不能娇纵下属。例如，某领导必须批评下属陈某。然而该领导实在无法拉下脸来、当面批评，便想尽方法使陈某反省、改过。他做每件事都刻意妨碍到陈某的工作，他认为经由此，陈某的行为应该便会改善。事实上，这位领导的做法毫无意义，无论对其本身或陈某来说，这都只是不愉快的经历而已。

该扮红脸时不妨扮红脸，该扮白脸的时候也不妨扮扮白脸，让下属看看你的不可触犯的一面。

该奖一定奖，该罚一定罚

追求快乐、逃避痛苦是人的一种本能。鉴于此，管理制度的设计也分别引入了奖励和惩罚两种手段。奖励是一种激励性力量，惩罚是一种约束性力量，在奖励和惩罚之间的地带，是管理者纵情驰骋的空间。但是，在近来人性化管理大行其道的影响下，很多管理者十分重视运用奖励制度，冷落了惩罚制度。具体表现在相对于奖励制度，惩罚制度的数量、方式和力度都有减少，甚至有的惩罚制度竟变成了一纸空文，根本得不到执行。这种主动放弃惩罚的做法，无疑是一剂管理上的毒药，日积月累后，其危害不容小视。

奖惩制度的层级应该是这样的：惩罚、不惩罚、不奖励、奖励。换句话说，奖励和惩罚都是相对的，该奖励时不奖励，就相当于惩罚，即隐性惩罚；而该惩罚时不惩罚就相当于奖励，即隐性奖励。管理者一般能看到显性的奖励和惩罚，却看不到隐性的奖励和惩罚。

较多地采用激励性的奖励手段来管理，当然符合人性，这是无可厚非的。但是，这不应该以减少或弱化使用约束性的惩罚手段为前提。两者并不矛盾，而是相辅相成的。管理者只有正确地理清自己的奖惩观，才能在奖惩之际游刃有余，建立合理的奖惩制度，做到赏罚分明。

另外，管理者要想使奖惩的效果更好，一定要做到"赏不逾时"，并在惩罚时注重"热炉法则"。

所谓"赏不逾时"，即一种行为刚刚做出以后，人们对其感触较深，这时即予以表扬和奖赏，刺激较大，激励作用较强。因此，及时奖励是一个重要的方法。这就要求管理者要积极开动脑筋，多搞些花样，对下属的成绩给予及时多样的奖励。

对违反规章制度的人进行惩罚，必须照章办事。该罚一定罚，该罚多少即罚多少，来不得半点仁慈和宽厚，这是树立管理者权威的必要手段。西方管理学家将这种惩罚原则称为热炉法则，这十分形象地道出了它的内涵。

热炉法则认为，当下属在工作中违反了规章制度，就像去碰触一个烧红的火炉，一定要让他受到"烫"的处罚。这种处罚的特点在于：

（1）即刻性。一碰到火炉时，立即就会被烫伤。

（2）预先示警性。火炉是烧红摆在那里的，谁都知道碰触则会被烫。

（3）适用于任何人。火炉对人的"烫伤"不分贵贱亲疏，一律平等。

（4）彻底贯彻性。火炉对人的"烫伤"绝对"说到做到"，不是吓唬人的。

管理者必须兼具奖罚两手，实施起来还要坚决果断。奖赏人是件好事，惩罚虽然会使人痛苦一时，但绝对必要。如果执行赏罚时优柔寡断，瞻前顾后，就会失去应有的效力。

热炉法则活学活用：惩罚重教不重罚

惩罚一般分为批评、纪律处分、经济处罚和法律制裁四种方式。无论采用哪一种方式，实施中都要讲究方法和艺术。

1. 正确处理教与罚的关系，要教重于罚

惩罚不是目的，是为了更好地教育下属和调动其积极性。因此，要以防为主，防惩结合，教惩结合，不能为惩处而惩处。要从教育人、挽救人、调动人的积极性的目的出发，把教育与惩罚紧密结合起来。一定要坚持思想教育在先，惩罚在后；要坚持以思想教育为主，以惩罚为辅。实施惩罚时，要"重重举起，轻轻打下"，平时教育从严，处罚从宽，思想批判从严，组织处理从宽，重教轻罚。管理者在惩罚前，如果不预告警示，势必使下属产生无过受罚之感，弄得人心惶惶，进而离心离德。所以，管理者要先教后罚，多教少罚，这样不仅能使犯

错误的人减少，而且还能使下属心服口服。

2. 正确处理法与罚的关系，要罚前得先制定制度

奖赏是以功绩为依据的，惩罚是以过失为依据的。制度是人们的行为界定的规则，是维护人们正常生活、工作等秩序的手段，也是判定人们过失大小的依据。因而，有制度才有惩罚。没有制度，惩罚就没有标准，也就没有真正的惩罚。所以，管理者在实施惩罚前，必须先制定有关制度，让下属有明确的行动准则和禁界，以自觉维护正常的工作秩序。然后，方能对违犯者依制度惩处；否则，就不足以服众，难以达到惩罚的目的。

3. 正确处理宽与严的关系，要宽严适度

管理者对待犯错误的下属，要像医生对待病人一样宽严相济，根据病情，找出病因，说明其危害程度和严重性。作为一个管理者，要严格掌握惩罚的度。在实际工作中，对违规者一定要具体分析其错误的性质和情节，区别是偶然还是一贯，考察其一贯表现及认错态度，全面地、历史地具体分析有关问题。根据错误的大小、性质及危害程度，区别对待，需经济惩罚的则经济惩罚，该行政处分的要行政处分，对确实作出了各种努力真心实意想把工作做好，但由于种种原因致使工作有些失误的下属，要从宽对待。总而言之，一味地过宽或过严，过轻或过重，都会削弱惩罚的效果。过宽，不足以制止不良行为；过严，会造成逆反心理，不仅起不到惩罚的作用，反而会适得其反。管理者对人对事，该宽该严，都不能从自己的主观好恶出发，更不能感情用事。管理者只有铁面无私，从实际出发，宽严公道，才能有效调动下属的积极性。

4. 正确处理罚与理的关系，要罚后明理

惩罚兑现之后，不论是行政纪律处分，还是经济处罚手段，都代替不了必要的思想政治工作。有的管理者对下属的不良行为，动不动就以处分、罚款、扣奖金了事，以罚代教，结果造成不良影响，甚至造成对立情绪。必要的处罚作出以后，事情并没有完结，要把思想工作跟上去，具体指出他错在哪里，帮助其查找犯错误的思想根源，让其真正认识自己的错误，使其增强改正错误的决心和信心，并为其改正错误创造条件。

5. 正确处理罚与情的关系，要情罚交融

管理者对有过失的下属，也要尊重、理解、关心，要关心他们的实际生活，为其排忧解难，让其充分体会到管理者的温暖。但这不能以丧失原则为代价，也就是说既要讲人情味，又不能失去原则性；否则，应处分的不处分，大事化小，小事化了，这样不仅不能使下属吸取教训，引以为戒，还会助长歪风邪气，丧失制度的严肃性和威慑力，降低自己的权威性和号召力。因此，管理者切不可把人情味庸俗化。人情味要讲，原则性更要讲。只有在坚持原则的前提下，人情味才能更有效，更具有教育性和感召力。

15 超限效应：
批评不能超过承受限度

定律释义：

著名作家马克·吐温一次在听牧师演讲时，最初感觉牧师讲得好，打算捐款；10分钟后，牧师还没讲完，他不耐烦了，决定只捐些零钱；又过了10分钟，牧师还没有讲完，他决定不捐了。在牧师终于结束演讲开始募捐时，过于气愤的马克·吐温不仅分文未捐，还从盘子里偷了2元钱。这种由于刺激过多、过强或作用时间过久，而引起逆反心理的现象，就是超限效应。

管理者对下属的批评不能超过限度，应对下属"犯一次错，只批评一次"。如果非要再次批评，那也不应简单重复，要换个角度，换种说法。这样，员工才不会觉得同样的错误被"揪住不放"，厌烦心理、逆反心理也会随之减低。

批评下属重在以理服人

　　管理者对下属进行批评，要注意方式方法，要逐步地输出批评信息，有层次地进行批评。

　　与表扬相比，管理者更要注意批评的方式方法了。

　　在现实生活中，由于人们在思维能力和心理素质上存在着明显差异，因而对待批评的态度和认识错误的程度也会有所不同。例如，有的人一点即明，知错便改；有的人虚荣心强，不愿听逆耳忠言，管理者对这些人进行批评，就应该讲究方式方法，不宜直接进行批评；有的人思想基础好，性格开朗，乐于接受别人的批评，管理者对他们即使批评的言辞直露、激烈一些，他们也不会因此而耿耿于怀；还有的人执迷不悟，或对自己的过错矢口否认，搪塞掩饰，甚至转嫁他人，管理者对于这些人就最好进行有理有据的直接批评，促使他们尽早地认识和改正自己的错误。

　　管理者在进行批评时，对下属的错误和缺点不能"和盘托出"，而要有目的、有重点地逐步指出，由浅入深，耐心引导，一个层次接着一个层次、一个问题接着一个问题地逐步解决。这样做可以使下属对批评逐步适应，逐步接受，不至于因心理负荷过重导致心理失衡而产生抵触情绪，或者因此而背上沉重的思想包袱，从此一蹶不振。

　　愿意受表扬，不愿受批评，是人所共有的一种心理状态。这一特点在那些反应敏捷，性格倔强、暴躁，逆反、否定心理强的人身上表现得更为突出，他们对待批评的态度往往是遇批"色变"，一谈就"蹦"、一批就"跳"，致使正常的批评教育难以进行下去。但是，管理者如果换一个角度，从平等的地位，以商讨的口吻去进行批评，他们则比较容易接受。

　　管理者要针对下属的心理特点，改变那种居高临下教训人的批评方法，以商讨问题的态度，平心静气地对下属的缺点和错误进行畅所欲言、以理服人式的批评教育。这样做有利于改变被批评者可能存在的抵触情绪，提高批评意见的可接受性，使他们感到管理者的批评意见是充满诚意的，从而虚心地予以接受。

批评下属要区分对象和场合

要做到有效的批评，管理者就必须注意随着批评对象和场合的不同，改变批评的方式和语言。那种用统一的模式裁判活生生现实的做法，只会处处碰壁。

就对象而言，管理者应该着意于下属的职业、年龄、性格、水平这样一些主要因素。不同的职业有不同的批评要求，譬如说对安全性要求很高的行业，批评就应严厉一些；而对于一些要求员工自由发挥程度较高的职业，批评则应注重于启发引导。对不同年龄的人，批评也应有所差别：对年长者应用商讨的语气；对同龄人则可自由一些，毕竟彼此的共同点较多；而对年轻人则应多给予一些启发性的批评，促使其提高认识。

比如对年老者称呼前加上谦辞，显得郑重有礼。

就性格上的差别来说，瑞士心理学家卡尔·荣格曾将人的性格分为外倾型和内倾型两类。外倾型开朗活泼，善于交际；内倾型则孤僻恬静，处世谨慎。对他们管理者应采取不同的批评方法：对于前者可以直率，对于后者需要委婉；对于前者谈话要干净利落，对于后者措词要注意斟酌。至于介乎两者之间的中间性格类型的人，可以随机应变，因人而异。

知识和阅历水平也是很重要的因素，对水平高的人需要讲清道理，必要时只需蜻蜓点水，他便心领神会；对水平低的人必须讲清利害关系，他们看重的是结果如何，而不在意其中的奥秘究竟怎样；之乎者也、文绉绉的词句，只能使其如入五里云雾，辨不出东南西北。

同样，场合的不同也要求批评方法的改变。聪明的管理者往往知道根据不同的场合调整批评的方式，而鲁莽的管理者则往往不分场合，简单粗暴。一般来说，尽量不要在太公开的场合批评下属，实在不可避免时，也应注意批评的力度。这一点尤为重要。

有一位侠客，他的属下有求于人。一次朋友问他："有那么多弟子仰慕你、跟随你,你是否有什么秘诀呢?"他回答说:"我的秘诀是,当我要责备某一位犯错误的弟子时,一定叫他到我的房间里,在没有旁人的场合才提醒他,就是如此。"

对管理者而言,应该明白,你既身为管理者,无论如何你总该对企业的人和事负有责任,这是谁都推诿不掉的。喜欢将"家丑外扬",反而暴露出你的领导不力,或由你制定的领导体系有缺点、不健全。更不好的是,还会给人留下自私狭隘的印象。

批评下属要对事不对人

批评的宗旨在于减少过错,促进工作的开展,如果批评不当,伤害了对方的自尊心,就会令对方丧失进取心,起到反作用。

作为管理者,如果你知道你的员工犯了错误,你必须对他进行批评,这个时候你应该怎么办?美国著名的女企业家玫琳凯·阿什采取了"先表扬,后批评,再表扬"的做法,收到了理想的效果。

她认为:批评应对事不对人。在批评前,先设法表扬一番;在批评后,再设法表扬一番。总之,应力争用一种友好的态度开始和结束谈话。如果你能用这种方式处理问题,那你就不会把对方臭骂一顿,就不会把对方激怒。

她曾经看到过这样一些管理者,他们对某件事情大为恼火时,必将当事人臭骂一顿。主张这样做的人认为,管理者应当把怒气发泄出来,让对方吃不了兜着走,决不可手软。但是,试想一下,管理者要是把人臭骂一顿,其人必定精神紧张,决不会听到你在骂够之后才补充的那句带点鼓励的话。这是毁灭性的批评,而不是建设性的批评。我们每个人都有脆弱的自尊心,都希望受到表扬而不是批评。

管理者批评下属能使其虚心地反省,但方法不当则往往适得其反。在实际的管理中,必须采取高明的批评方法。批评要有针对性,不能无缘无故地批评下属,更不能把自己的不悦转嫁给下属。同时,管理者必须选择对方情绪平稳的时候进行批评,最好不让第三者在场。需要强调的是,你不能经常批评,要通过鼓励，启发下属改过从善。

批评是一种管理艺术，要想通过批评使被批评的人改过，往往需要开动脑筋。简单粗暴只会让下属记恨，对改善工作无济于事。人是有感情的动物，随意批评很容易伤害他人的自尊心，引起对方的不满情绪，起到相反的作用。

批评下属贵在及时到位

人有一种天性就是趋利避害，好的方面是人人都向往的，而不好的一面人们都避而远之。于是，人们的心目中形成了这样一套逻辑：甜的就好，苦的不要；容易做的为好，难做的不好；表扬就好，批评就不好。殊不知："良药苦口利于病，忠言逆耳利于行。"每种事物都有自己的两面：表扬虽好，过了头则会使人丧失前进的斗志；批评虽难尽人情，但合理及时则会使一个人及时回头。批评若运用得当，其作用不可小视。

与表扬相比，批评并不容易为人所接受。但多次的表扬却比不过一次及时的批评。被批评的下属若最终理解管理者的苦心，定会痛改前非，这是多次表扬所不及的。

但批评贵在及时到位，一发现错误就应马上批评并督促其改过。值得注意的是，首先，批评必须到位，批评之前要找到人家犯错误的关键之所在，这样在批评时才能切中要害，使人信服；其次，批评必须及时，下属有可能犯错误的倾向但还没有造成结果，管理者就不应大肆批评，而应适当地提醒指点即可；如果管理者在事后很长时间才批评下属，会使下属认为管理者是在翻陈年老账，故意找岔儿，最终批评的效果也不会好。

批评主要在于指出下属的缺点，并让他们知过就改。就下属而言，能不断地知道自己的错误并战胜它们，是自己更上一层楼的关键。过重的批评可以废掉一个人，而适当的批评则会成就一个人。有时，你会碰到一些人，只有批评才对他们有用，而给予表扬如同杯水车薪没有丝毫的作用。因此，管理者用批评来激励下属的干劲也不失为一种好的方法。

要批评得有效果，其前提条件是：要有培育人才的爱心；要抱着"定要矫正他人那种坏习惯"的强烈指导欲望。

另外，"批评"不能与"发怒"混为一谈。批评，是一件令人难以启口的事，但是为了对方的好，不得不硬着头批评，这是暂时抑制住情感，对下属有所忠告的行为。

发怒就不同了。它是愤激之下顶撞对方的失去理智的行为。批评下属时，管理者必须控制自己的感情，以免变成"怒责"。这种自戒的功夫，无论是哪一个管理者，都非有不可。

 ## 超限效应活学活用：有效批评"八项注意"

管理者要使批评的行为保持指导下属的原来面目，需要留意下列八点。

1. 批评之前，先使自己冷静

如果不先使自己冷静下来，批评就会变为"怒骂"或是"愤怒"。

2. 理由充分明确

要让下属了解何以被批评，只要批评的理由明确而且合理，受批评的人定会"心服口服"。

3. 勿伤自信

批评的目的在于"育才"，因此，必须考虑到"不伤及下属的自尊"，"不使下属的自信因而丧失殆尽"。例如，管理者应说："我相信你定能矫正这种习惯，所以才特地提醒你这件事。"

4. 使其反省

管理者应设法让下属能够"自动反省"。最高明的批评方法是能叫下属在挨骂之后，说："这的确是我的过失，以后我一定改过来"。

5. 考虑到时间、场所、状况

批评下属时，必须顾及他的面子，尽量在"一对一"的情况下冷静地批评。

6. 气氛要开朗

批评时，要保持开朗的气氛。气氛变得暗淡，双方的心情都会不好。挨骂的下属，一定更难过，甚至兴起抗拒心理，心中暗骂你："哼，你尽管骂吧！我才不是那么容易就被你驯服的货色哩。"如此一来，批评的功用未生，害处已出现，这一场斥骂不就等于毫无意义了？

7. 批评得利落

通常，挨骂的下属心中都想："糟了。"悔意已生，理由嘛，他也心里有数，因此，要批评得简洁、利落，切莫拖拖拉拉。

8. 批评之后，立刻转变气氛

下面就是一个用批评来激励下属的好例子。

吉诺·鲍洛奇悉心经营的重庆公司是从一个家庭化的小作坊一跃而成为拥有近亿元资产的大公司的。鲍洛奇对部下的严格要求是其成功的重要原因之一。

有一次，鲍洛奇决定兴建一个新厂，由于时间紧、任务重，他派了一批得力的干将去。在预定开工前的三星期，他前去检查工作。在那里，他看到了一番令他不忍目睹的景象：员工们满脸是灰，身上是泥，满脸的疲惫，满身的狼狈，电灯没有装好，用一个临时的电灯泡替用……

看到这里鲍洛奇又气愤又爱怜，本想宽慰一下他们，但又想到，新厂如不能按时开工，将会给公司造成莫大的损失。他生来脾气暴躁，遇到这种情景更是火冒三丈，他不禁厉声训斥："你们一个个无精打采，是干工作的样子吗？像你们这样的进度，公司不死在你们手里才怪呢！"他走后，员工们个个气愤激昂。你说我们不行，我们偏要做给你看看，员工们努力工作，终于如期完成任务。

虽然鲍洛奇爱批评下属，给人以暴君的印象，但正是这种独特挑剔的目光和做法促进了每个员工奋发向上，激起员工的干劲，从而促进公司的发展。

16 波特定理：
不要总盯着下属的错误

定律释义：

　　波特定理由英国行为学家莱曼·波特提出：总盯着下属的失误，是一个管理者的最大失误。再好的人也有犯错误的时候，不要总盯着下属的错误不放。重要的是，查找错误的原因，并帮助下属解决。

　　管理者应宽容地面对下属的错误，变责怪为激励，变惩罚为鼓舞，让下属怀着感激之情接受惩罚，进而达到激励的目的。指出下属错误的同时给予适当的肯定，把握好了，才能成为一名出色的管理者。

宽容对待下属的错误

　　在管理事务中，管理者要学会宽容下属的错误。但宽容并不等于是做"好好先生"，而是设身处地地替下属着想。在批评的同时不忘肯定下属的功绩，以激励其进取心，并有效避免伤害其自尊和自信。一个懂得如何顾全下属面子的管理者不仅会使批评产生预期的效果，而且还能得到下属的大力拥戴。

　　通用电气公司的杰克·韦尔奇认为：管理者过于关注员工的错误，就不会有人勇于尝试。而没有人勇于尝试比犯错误还可怕，它使员工故步自封，拘泥于现有的一切，不敢有丝毫的突破和逾越。所以评价员工重点不在于其职业生涯中是否保持不犯错误的完美记录，而在于是否勇于承担风险，并善于从错误中学习，获得教益。通用电器公司能表现出很强的企业活力，与杰克·韦尔奇的这种对待员工错误的方式有莫大的关系。

　　在这方面，值得特别提出的是世界最富创新的美国3M公司。

　　美国的3M公司不仅鼓励工程师也鼓励每个人成为"产品冠军"。公司鼓励每个人关心市场需求动态，成为关心新产品构思的人，让他们做一些家庭作业，以发现开发新产品的信息与知识、公司开发的新产品销售市场在哪里、可能的销售与利益状况等。如果新产品构思得到公司的支持，就将相应地建立一个新产品开发试验组，该组由R&D部门、生产部门、营销部门和法律部门等的代表组成。每组由"执行冠军"领导，他负责训练试验组，并且保护试验组免受官僚主义的干涉。如果一旦研制出"式样健全的产品"，试验组就一直工作下去，直到将产品成功地推向市场。有些开发组经过3～4次的努力，才使一个新产品构思最终获得成功；而在有些情况下，却十分顺利。3M公司知道千万个新产品构思可能只能成功一至二个。一个有价值的口号是"为了发现王子，你必须与无数个青蛙接吻"。"接吻青蛙"经常意味着失败，但3M公司把失败和走进死胡同作为创新工作的一部分。其哲学是"如果你不想犯错误，那么什么也别干"。

　　对研究开发的成功，实行奖励与特别奖励已是普遍的事情。但对于研究的失败，却有着较大的差别。在一些企业，对于失败的项目，不但没有认真地深度概括失败的原因，而是采取了对项目全盘否定的做法。虽然很多公司也都明白研究开发是允许失败的，但常常不能正确地对待失败。3M公司允许工程师工作时间的15%在实验室中进行自己感兴趣的研究开发，努力创造轻松自由的研究开发环境。如果你的创造性构思失败了，那也没关系，你不会因此而遭到冷嘲热讽；照常可以从事原来的工作，公司依然会支持你的新构思的试验。

在日本的一些企业，有着"败者复活制"和"失败大奖"的表彰制度，旨在给予失败者的挑战精神的激励和从失败中寻找成功的因素，把失败真正作为成功之母，从而最终获得成功。

日本富士Xerox公司从1988年就开始实施"关于事业风险投资与挑战者的纲领计划"。如果公司员工的新事业构思被公司采纳，则公司和提出人就共同出资创建新公司，并保证三年工资。假如失败了，仍可以回到公司工作。对于新创立的公司，不但给予资金的支持，还给予经营与财务等必需的人才的支持。

优秀的管理者在下属犯错的情况下，是不会一味地责怪的。他会以宽容面对他们的错误，变责怪为激励，变惩罚为鼓舞，让下属在接受惩罚时怀着感激之情，进而达到激励的目的。每个人都是需要鼓励的，有鼓励才能产生动力。指责的同时给予适当的肯定，只有把握好了，才能成为一名出色的管理者。

原谅，更能激发下属的奋进心

吴亮在一个规模不是很大的食品公司做销售主管已经四年了。在四年的销售工作中他一直勤勤恳恳，好学上进。每年他的销售业绩都是全公司第一名，是其他业务人员的榜样，深受老总的喜爱和赏识。可是一次他出差收公司的货款时，接到了家乡母亲的紧急电话，告诉他父亲不幸得了胃癌，急需手术，家里已经尽了全力，也凑不齐手术费，要他想办法筹钱救命。吴亮此时脑子一片空白，突如其来的不幸消息使这个遇事从未退缩的小伙子掉下了伤心的眼泪。他没来得及多想，狂奔到邮电局，从公司货款里拿出两万元寄回了家里，在汇款单上的留言处写下了：两万元为了救爸爸。

在公司老总的办公桌上，摆着剩余货款和一张邮电局汇款收据，吴亮和老总足足谈了一个多小时，老总始终是一副冷峻的脸，最后老总说："你先休息一下，叫刘助理通知销售部全体人员，一小时后开紧急会议。"吴亮心里想：这一下肯定完蛋了。

当全体销售人员坐在公司会议室时，会场鸦雀无声，老总在会上重申了公司严格的销售纪律和财务制度之后，向吴亮表示深深的歉意。老总检讨自己对下属的关心不够，并告诉大家张主管家里出了大事，自己拿出两万元钱借给吴亮，并让吴亮签了借条并写明从每月工资里归还的具体金额。这下由挪用公款变成了老总和吴亮私人之间的债权债务的关系，公司的货款分文未少，交到了公司的财务科。在企业工作四年之久的吴亮，被老总这种宽容的处世方法深深打动。

第二天，销售部办公室贴出了两份新的公告。一份是《某某总经理向吴亮的致歉信》，大致内容是由于老总对下属的关心不够，导致吴亮同志在很急的情况下挪用了公款，主要责任应由老总承担，并向吴亮和全体销售人员道歉，并希望大家能够吸取教训，不能再出这种事情。另一份是《销售部门新增加三条措施的规定》，第一条，从即日起每月的销售工作汇报不仅是产品的销量、客户的领导、市场信息等情况的汇报与总结，特别增加重要的一项，就是销售人员自己本身的情况，包括父母亲生活状况、身体状况，结过婚的人还要包括他们夫妻之间和子女情况的汇报。第二条，从老总开始，每个人每个月按照一定比例，从工资中拿出一定数额的钱，建立一个"爱心"互爱互助基金会，以应对销售人员本身或家庭的突发事情。基金会的会长由销售人员自己选定，老总只是一名会员而已。基金的支出需要向大家完全公开。第三条，如果有人因各种原因离开公司，可以按比例取走相应的那部分钱。

整个销售部的全体人员被老总的做法所感动，其中有一位销售人员说："我们公司不大，产品也不是很畅销，但是我们有可信的公司做依靠，有'爱心'基金做保障，我们没后顾之忧，大家团结一致全身心地投入市场一线去拼搏。"吴亮留下了，销售人员的心更齐了。

现实中，很多管理者总是习惯于对自己的错误采取一种极其宽容的态度，每每自己犯错时，他总会以失败是成功之母聊以自慰；而对于下属的错误，往往又会是另一副嘴脸，"我们追求完美！我们不允许失败！"孩子们都是通过不断地摔跟头才最终学会走路的，又都是经过说错话才学会说话的。通向成功的路上一定会布满荆棘，不犯错就达到成功的路是没有的。

有容乃大，包容多少成就有多少

不能容人，对犯过错误的下属抱有成见就不能恰当地用人。由于管理者以往的成见，也就不可能给这样的下属委以重任，长久地弃而不用是常见的事，即便对方有才有能。退一步说，即使管理者要用这人，也会总是给他挑毛病，当然在这样的环境中下属要想工作好也是极难的，而恰恰这时就是管理者要下属干事的时刻。

当一个管理者对某个下属有了"合不来"、"格格不入"的感觉时，对方一定对管理者员有类似的感觉，这是不容置疑的事实。就管理者的立场而言，一般说来，由于年龄都比下属大，应该主动与这种下属接近。

这方面的要领，可以按照下列步骤进行。

1. 改变你的观念

世上绝不可能人人都与你"投缘"，你也必须与不投缘、合不来的人共事、打交道。因此，对此类下属，你必须有下面的观念："好像与他合不来，但是，就为了这个缘故，我才有了与这种人打交道的修炼机会，在为人处世的经验来说，这不是极珍贵的机会吗？"

如此把观念做一百八十度的扭转，你对这个下属就不再有任何"偏见"，也等于冲破了你自己的"壳"，向另一种可能性挑战，意义之大，非同寻常。

2. 剖析对方

通常，与我们合不来的人，他的短处映在我们眼中会显得特别醒目。这是人性的弱点，除非你有克制的能力，否则谁也免不了。

你对合不来的下属，要养成"多看他的长处"的习惯，坦率地承认他的长处，客观对待他的短处。最重要的是从他身上找出与你共同的地方，如此一来，你对他就更有一份"亲切感"，对拉近双方的距离有极大的好处。

3. 积极地接近

以双方共通的部分为"接触点"，并以此作为共同的话题，与他交谈。例如，"听说，你很喜欢莫扎特的作品，真巧，我也是莫扎特迷呢。最近，市面上出现一套莫扎特作品集，你知道这个消息吗？……"

4. 活用他人的长处

任何人若被置于可以发挥自己长处的状况下，都会情不自禁地奋发努力。在"如鱼得水"的情况下，他的整个人都会变得开朗，能力也得以大展，人际关系也会变好。另外，他对管理者有如此"识人之明"更会怀抱"感激之心"，因而会更加努力以工作成绩回报。对他个人也好，部门也好，这都是好现象。

5. 想通彼此的关系

人与人的交往，可以深到肝胆相照，也可以浅到"只认识而不打招呼"，其间的状态真是不一而足。与你合不来的下属，你能努力接近到什么程度，难免有个"最后的界限"。只要你确实尽了心力，纵然效果有限，也不必懊恼。

要注重让员工从错误中学习

"艾玛，我还以为你很清楚应该怎么做，不会在征得我们同意之前让部门承诺下一个最后期限的。"

"我想我们应该积极地对顾客作出反应，何况我们没有任何理由不这么做……"

"你怎么想我不管。你知道，我不希望看到你们未经我的允许就作出什么承诺。明白了吗？"

从这次冲突中，艾玛学会了什么呢？先来征求经理的意见，没错。但她也学会了不要独立思考。她并没有了解为什么征求经理的意见很重要，为什么自己的行为可能会给工作群体造成损害。同时，经理也没能了解在许诺期限时，她是出于什么考虑。简而言之，没有人从中学到多少东西，而艾玛学到的，大部分具有误导性。

有的员工对规章制度漫不经心，常常我行我素。对这些员工，有时确实需要严加管束，甚至可以把他们调到更能发挥独立性的工作岗位上去。但大多数员工并非如此，他们愿意照章办事，也希望有独立进行判断的机会。

怎样才能确保员工既能按你的吩咐办事，又不变成唯唯诺诺之辈呢？上面的对话就是一个很好的例子。以下是实践的步骤：

步骤1　要让这位员工明白自己做错了，不要对自己说这只是偶然事件，以后不会再发生。越早处理，问题解决起来也就越容易。上面这位经理就是这样做的：问题在于他只做到这一步，而没有继续下两个步骤。

步骤2　了解这位员工为什么会犯这样的错误。这位员工思考问题的方式可能是正确的，动机也是好的（艾玛就是这样），但并不全面。这位经理可能注意到了你忽略的一方面问题，可能在进行同样的思考前就作出了冲动的反应，原因多种多样。

步骤3　既然已经知道这位员工行事的原因，这位经理就不仅能把自己的判断和发生的情况联系起来，还能将其与员工所采取的方法联系起来。这位经理能向其员工指出，想法是好的，但没有得到足够的信息。如果这位员工看到了这位经理忽略的问题，他需要就此向经理表示谢意，看看该做什么工作。如果这位员工忽视了这位经理的规矩，行事非常冲动，问题可能就比较严重了。但是，如果问题已清楚，处理起来就容易了。

简而言之，如果能遵循上面这三个步骤，管理者和员工就都能从这个事件中得到学习。这样，下次他们就能做得更好。说这位员工有所心得，是因为他更好地理解了这位经理的规章制度；说这位经理有所心得，是因为这位经理对这位员工的工作态度和工作方式有了更全面的深入了解。

有的员工希望能尽量晚上班，尽量少出力，然后溜之大吉——尤其是当薪水很低、工作很无聊的时候。他们对工作一无所知。管理者应该尽力使他们遵守纪律，至少使他们的工作表现达到你的最低要求。

幸运的是，这样的员工毕竟是少数。大部分员工都是真心希望能把工作做好，让自己引以为豪。作为回报，他们希望得到尊重，并能发挥工作主动性。但是，如果像对待上一段里描述的那些员工那样对待他们，他们很快就会堕落为那些员工的同类。换句话说，你既能帮助他们培养其献身工作的精神，也能毁了这种精神。

 ## 波特定理活学活用：管理者要有容人的雅量

不能容人也就难以留住人才。很多人工作追求的就是一个好的环境，如果管理者不能容人之过，对下属存在偏见，必然造成上下级合作的不愉快。而且由于管理者的原因，下属迟迟得不到任用，这样发展下去前途渺茫，下属就会顿起离开之念头。"此处不留人，自有留人处"，这样下去势必留不住人才，而人才却是发展的关键，没有足够的人才何谈事业的成功。

在国外，利伯容忍了欧文斯成为企业界所传诵的佳话。

爱德华·利伯是一家玻璃制造商，一次厂里的工人在欧文斯等人的鼓动下发动了一次罢工。这次罢工使利伯损失惨重，被迫作出迁厂的决定。迁厂时利伯带走了大批工人，其中就包括欧文斯。利伯发现欧文斯是一个难得的人才，于是就抛弃前嫌，重用欧文斯，3个月后他的改革建议也得以采纳。1898年利伯让他试验一种生产玻璃的机器，欧文斯经过努力于1903年获得成功，实现了自动生产。随后，利伯还大胆地拨出400万美元作欧文斯20年的研究之用，在欧文斯的努力下，公司又改进了平板玻璃的制造方法。

利伯的成功在于能够不计前嫌，重用有才之人。面对利伯一步一步地重用，欧文斯也定会为自己曾经对利伯的伤害感到内疚，为报知遇之恩，他就努力地工作。

之所以有容乃大，是因为容人之过太难，在以后的接触中不抱偏见更难。但管理者若是处理好了这一关，离成功就不远了。利伯因为容欧文斯之过而成功，中国的齐桓公也因容管仲之过而成就霸业。可见能容人是多么的重要。

17 酒与污水定律：
一勺污水会污染一桶酒

定律释义：

把一匙酒倒进一桶污水，得到的是一桶污水；如果把一匙污水倒进一桶酒，得到的还是一桶污水。这就是管理学上有趣的酒与污水定律。

这有点像我们中国的一句俗语：一条臭鱼坏了一锅汤。在任何组织里，几乎都存在几个难对付的人物，他们存在的目的似乎就是为了把事情搞糟，他们到处搬弄是非，传播流言，破坏组织内部的和谐。最糟糕的是，他们像果箱里的烂苹果，如果不及时处理，会迅速传染，把果箱里其他苹果也腐蚀掉。如果你的组织里有这样的一个"烂苹果"，你就应该马上把其清除掉；否则，其就会像一勺污水那样，污染一桶酒。

扔掉组织中的"烂苹果"

黄帝时，大隗是一个很有治国才能的人，黄帝听说了他的才干，就带领着方明、昌寓、张若等六人前去拜访。在具茨山下一条山沟里，七个人都迷了路，见旁边有一位牧童，就问他知不知道具茨山？

牧童说："知道。"

他们又问他知不知道有一个叫大隗的人？牧童说："知道。"然后把情况都告诉了他们。

黄帝见这牧童年纪虽小却出语不凡，就问他："你懂得治理天下的道理吗？"

牧童说："治理天下跟我这牧马的道理一样，唯去其害马者而已！"

黄帝等到访过大隗归来，忽然想起还没有问牧童的名字，十分遗憾。到了晚上梦见一人手执千钧之弩，驱赶上万群羊放牧。黄帝突然醒悟到牧马童子应该叫力牧，是一位难得的管理人才，于是就回去找到他，经过培养后任命其为管理人事的官员。后来，力牧为治理国家做出很大的贡献。

《史记》上说："黄帝举风后、力牧、常先、大鸿以治民。"其中的力牧，就是那位懂得去除害群之马的牧童。

在任何组织里，几乎都存在几个难弄的人物，他们存在的目的似乎就是为了把事情搞糟。最糟糕的是，他们像马群里的"害群之马"，使整个马群不得安宁；也像果箱里的"烂苹果"，如果不及时处理，会迅速传染，把果箱里其他苹果也弄烂。

破坏者能力非凡的原因在于，破坏总比建设容易。一个能工巧匠花费时日精心制作的陶瓷器，一头驴子一秒钟就能毁坏掉。如果一个组织里有这样的一头驴子，即使拥有再多的能工巧匠，也不会有多少像样的工作成果。

"烂苹果"的可怕之处，在于它那惊人的破坏力。一个正直能干的人进入一个混乱的部门可能会被吞没，而一个无能无才者能很快将一个高效的部门变成一盘散沙。组织系统往往是脆弱的，是建立在相互理解、妥协和容忍的基础上的，很容易被侵害、被毒化。

所以说，组织里一旦出现了"烂苹果"，就一定要把它及时地清除掉。

清除团队中的"害群之马"

诸葛亮在《将苑》中专门有一篇《逐恶》指出了五种"害群之马"的特征，值得我们今天的管理者好好的推敲研究。他说：不论是治军还是理国，有五种人需要对之注意，他们是国家、军队混乱的祸患。这五种人是：私结朋党，搞小团体，专爱讥毁、打击有才德之人的人；在衣服上奢侈、浪费、穿戴与众不同的帽子、服饰、虚荣心重、哗众取宠的人；不切实际地夸大蛊惑民众，制造谣言欺诈视听的人；专门搬弄是非，为了自己的私利而兴师动众的人；非常在意自己的个人得失，暗中与敌人勾结在一起的人。这五种虚伪奸诈、德行败坏的小人，对他们只能远离而不可亲近。

有这样一个职场寓言。四只猴子共同搬运一块正方形的石板。其中A猴兢兢业业，出力出汗，一心要完成搬运任务；D猴是从一开始就没有出力，但是装作很卖力的样子，嘴里还高喊着号子；B猴和C猴则是随大流者，它们的出力的程度完全取决于上级领导的态度。

于是，这块石板能不能正常搬运，就要看B、C究竟是学习A，还是模仿D。一般来说，由于A猴出力受累，而D猴比较悠闲，那么B、C两只猴子会本能地模仿D猴，石板当然会砸下来。

当然，如果在这个过程中加入管理者介入的因素，结果会有所不同，但是向哪个方向发展，则完全要看管理者的介入表现。

如果管理者不仅在口头上大力弘扬A的精神，而且在实际工作中重用A、提拔A，那么B、C就会向A学习，至少不会偷懒，不敢模仿D。这样，即使D不出力，那块石板也能顺利地搬运到目的地。可是如果管理者仅在口头上表扬A，而实际上重用提拔的是D，甚至连口头上也没有表扬A，而是表扬D（因为D尽管没有出力，而号子喊得最响），那么B、C就会模仿D。这样，即使A还在用力，但是B、C、D都松手了，石板仍然会砸下来了。

一个组织的管理者是否懂得"害群之马"的危害，并且在工作中加以抑制，直接关系到组织的绩效。如果组织里有D猴这样的"害群之马"，管理者应该马上把它清除掉，如果因各种因素无力这样做，就应该把它拴起来。

"烂苹果"不可留，该解雇就解雇

面对那些难以管教的下属，作为管理者必须当机立断，该解雇就解雇！

首先，管理者要确定是否要扔掉"烂苹果"。对那些厚颜无耻的背叛者，对屡教不改的员工和难以管教的下属，对个别"害群之马"，一定要扔掉。

其次，管理者还需要选择解雇地点。应该选择在什么场合解雇某个人，取决于管理者自己的想法。他的办公室，你的办公室，或者另外一个什么地方都可以，并无规矩可循。有些管理者在决定解雇下属的地点与方式时是希望将相关信息传递给其他下属。例如，有位公司主管曾当着全体员工的面解雇一位经理，目的是杀鸡给猴看。他将公司所有的100名员工召集到会议室，心里盘算好，在会议的过程中他一定可以挑出那只烂苹果，并当场炒他的鱿鱼。这是精心策划的一场戏，只是其员工不知道而已。

解雇员工需要技巧。作为企业管理者，对不称职的下属予以解雇完全是分内之事。但往往遇到此事，即使是那些以"硬汉"著称的企业管理者也难下决心，认为解雇下属是件很棘手的事，总担心会引起连锁反应，还涉及向客户解释，以及如何以此调动下属工作积极性和责任感，做好善后工作等。

解雇不称职的人，有如下几条好办法：

第一，选择适当机会。如果管理者要炒下属的鱿鱼，应选好企业最为有利的时机。在商务来往中，下属手中必然尚有未完成的生意，掌握有一定数量的客户，在未找到代替他的人之前，一切未准备就绪时，就暂时不要解雇他。有时管理者会等上几天甚至更长的时间，以便更大限度地减少解雇下属所给企业员工带来的震动和对企业带来的负面影响。在准备时，或许应及时通知客户、企业与某人之间有些矛盾，将会有另一位员工代替他的工作，并表示企业愿意与客户继续合作的愿望。另外，在企业内部可派另一位员工到其负责的部门工作，并委以重任；或让另一部门的经理同他的客户认识，并逐渐接手其业务。

第二，或许你可以由他先提出离职。对付想跳槽的员工，最好的办法是由他提出辞呈。让他体面地离开企业，总比你直接下逐客令要好。如在解雇他时，给他发放一定数额的离职费，并且给他在其他的企业找一个适合他做的工作，对你的所作所为，他会一辈子永记心中，不会到处对你解雇他而说三道四，败坏你的名声。其实安排某人主动提出辞职，并不是件复杂难做的事。但也不能太随便，应注意当时说话的场合和方式。最容易让人接受的说法是："鉴于我们企业业务的特殊性，我认为你在企业这样长期做不下去，显然对你对企业都不太合适，企业已决定，你应离开企业另找工作。但是什么时候离开？怎样离开？还没有正式决定下来，请你先考虑一下，然后我们再交换意见。"这样简单而直截了当的谈话，将会取得你预想的结果。

第三，让别人来"聘用"他。有的企业碍于当时聘用人的后台关系，或其他难以言明的因素，不便直接下令让某人离开企业，总是说服别的企业接收此人，并让这家企业主动找该人联系工作。此人被该企业"聘用"后，自认为是自己的才华被新企业的管理者看中而被挖走的，对于"聘用"之中的一切都始终蒙在鼓里，根本不知自己是被原企业体面地"开除"的。

第四，为他找到合适的位置。有些员工虽然诚实肯干，但是碍于自身文化水平较低、适应能力弱等原因，不太适应企业业务发展需要。例如，某企业公关部的某位员工对于结识发展新客户、开拓新市场有一定能力，但在其他方面却毫无办法，并且常常会把事情弄得很糟。这里就出现如何安排他为好的问题，是解雇或是降级使用？企业的管理者必须认真研究。常用的处理方法是，把他调到另一个适合他的工作岗位上去，或许到这个岗位，他会干得更好。

第五，果断处置不手软。对任何企业和管理者来说，开除或解雇员工，总是一件令人不快的事，因为这或多或少地反映了企业存在的某些缺陷或不足之处。但是如果解雇的是一个存在一天就对企业祸害无穷的"捣乱分子"，则无须手软留恋。

某企业曾经遇到过这样一位企业的背叛者A先生。这位A先生在业务额不能完成、资金无法收回的情况下，想离开企业一走了之。临走之前，企业得到情报说，他准备将公司的客户和业务，以及有关公司的商业秘密的档案资料一并带走。为了不打草惊蛇，公司营销部特地在他离开之前安排他出差，为洽谈一笔新业务拜访客户。当他离开办公室后，公司派人查封了他的办公室，取走了属于公司的一切档案资料，当他回到公司时，交给他的是一张解聘书。

这种做法并无算计员工之嫌。对于这种人只能当机立断，否则他阴谋得逞，公司将后患无穷。也只有这样，才能彻底排除纵容下属、姑息养奸的可能。

就像舞台上总会有一个两个丑角，管理者的下属里面也并不全是忠诚之辈、老实之人，肯定也会有一两个类似于丑角的人。管理者需要有一双火眼金睛将这种"丑角"辨认出来。

注意企业里的"危险人物"

一些企业管理者之所以不喜欢那些看上去野心勃勃的下属，是觉得他们的存在对自己是一种威胁。其实，这些人并不可怕，如果他们真有才能，反而可以成为管理者最可贵的伙伴，大家共同谋事，一起平步青云。真正可怕的是那些不思进取而劣迹斑斑又深深植根于个性之中的人。下面列举几种类型。

1. 大包大揽的下属

这种人俗称"侃爷"，专门爱说些管理者爱听的话，牛皮吹得震山响，曲意承诺，但事实上却不能兑现。企业正常运转时，他可以向你介绍若干暂时无用的伙伴；一旦经营出现困难，你准备去会见他的朋友时，他却找借口推三阻四，使你陷于被动。每家企业都有这种人，你可以吃一次亏，却不应该上第二次当。

2. "无所不知"的下属

他们像活动的百科全书，地球上的事好像没有不知道的。他们拥有和电脑一样快速的头脑、冠军般的自信以及灵敏直觉。在这些人的字典里，没有"我不知道"、"我搞错了"、"我需要帮忙"的字眼。他们想法很多，却常会引人误入歧途。对这种人，管理者要格外小心，不可一味地相信与依赖。

3. 唯唯诺诺的下属

这种人天生"缺钙"，对企业的所有方案都表示赞成，最爱说的话是："我同意。"而这些方案可能到此为止，再无下文。他一视同仁地答应每件事，使得他的赞同毫无意义。

4. 传播流言的人

这种人爱管闲事，喜欢说长道短，把传播流言飞语当"谈资"。他告诉你"我一定保密"，其实根本做不到。他从你这儿得到一个消息，就会把有关别人的秘闻交换回报给你。这种人的危险在于：如果他这样传播别人的隐私，那他又是怎样谈论你的事呢？

5. 执迷细节的人

管理者喜欢这种人。他们可以长时间工作，不放过所有细节，而且会设定极高的标准来要求自己。问题是，他只对无关紧要的细节执迷，而对涉及企业发展的原则问题却表现冷漠。他重视繁文缛节，并喜欢打官腔，一不留神便成了你的上司。这时他的执迷可能就变成你的执迷了，千万不能大意。

6. 故作笨拙的人

在同事面前，他们表现得很笨拙，不会操作复印机需要人帮忙，不会使用电脑需要人帮助。长此以往，他们便把自己不愿干的事一股脑儿推给了别人。这种故作笨拙的人，实则精明透顶，有好事时，他们肯定跑在你的前面；而在危急关头，你绝对找不到他们。

7. 口蜜腹剑的人

这种人最危险。他们最大的本事就是伶牙俐齿地说服你，而后在你看不见的地方嘲弄你。等你发现时，多半为时已晚。

 ## 酒与污水定律活学活用：净化"污水"为己所用

罗德曼是全NBA最叛逆的球员之一，更是令所有教练和球队头痛的人物！其实爱搞怪的罗德曼并非本性如此，而是有段沧桑的经历。罗德曼是在1986年进入

活塞队的，此后一帆风顺，在NBA崭露头角。但是，这时罗德曼的婚姻却亮起了红灯——妻子带着孩子不辞而别，给他带来了巨大的伤痛，慢慢地他变得极端叛逆爱搞怪。他常将自己打扮成女生，在身上多处部位穿了洞，戴起了耳环和鼻环。后来，当公牛队换来罗德曼时，全NBA的人都等着看好戏。特别是公牛阵中有以严谨闻名的乔丹以及和罗德曼有着"世仇"的皮蓬等人。他们如何能融洽相处，成了众人好奇的焦点。

罗德曼在报到第一天就给乔丹出了一道难题：他带了一大堆酒肉朋友到练习场，无视球队纪律和乔丹的存在。这时大家等着看乔丹如何处理这一尴尬的场面，没想到乔丹也如杰克逊一般，采取四两拨千斤、放牛吃草的方法。他告诉罗德曼："如果你真的认为练球时有必要带这些人，那么就带他们来吧！"罗德曼原本期待公牛队对他的恶作剧作出强烈反应，但是公牛队员视若无睹，这反而大出罗德曼意料，变得有点不知所措。除了对罗德曼采取宽容姑息的策略外，公牛队也不吝惜赞美和体谅罗德曼。

乔丹表示："要对付'魔术'高手格兰特，只有靠罗德曼才办得到！"让罗德曼觉得很受大家重视。此外，乔丹更主动为罗德曼的迟到辩护，并认为罗德曼并未偷懒，而是因为在家里做重量训练和练球，因而耽误了出门的时间。公牛队感动了罗德曼，而罗德曼也拼了老命。

在1996年1月对费城76人队的比赛中，罗德曼竟然创下了加入NBA以来个人第一次"大三元"(指得分、助攻、篮板球均超过10)，罗德曼兴奋得不得了。

在随后的三年中，公牛队连夺三次总冠军，罗德曼也立下赫赫战功。

在团队中，存在这样一些员工，他们不是能力不够，而是性格暴躁，桀骜不驯，专门破坏现有的工作成果，涣散军心，破坏工作氛围，不守规章制度等。与其剔除，倒不如趁那些污水还没发臭之前，像变魔术一样把他悄悄地净化，即使倒进了芳香甘醇的美酒里也不会坏了口味，反而增添了雅兴。使"污水"净化，为我所用，增强组织的战斗力和凝聚力。

18 布里丹毛驴效应：
犹豫不决是决策的大忌

定律释义：

14世纪，法国经院哲学家布利丹在一次议论自由问题时讲了这样一个寓言故事："一头饥饿至极的毛驴站在两捆完全相同的草料中间，可是它却始终犹豫不决，不知道应该先吃哪一捆才好，结果活活被饿死了。"由这个寓言故事形成的成语"布利丹驴"，被人们用来喻指那些优柔寡断的人。后来，人们常把决策中犹豫不决、难作决定的现象称为"布利丹效应"。

"布里丹毛驴效应"是决策之大忌。在企业经营管理中，机会往往稍纵即逝，如果管理者在机会面前犹豫不决，无所适从，难下决策，必将错过良机，后悔都来不及。决策贵在果断、及时，当机立断，才能抓住机遇，取得最大成效。

犹豫不决，只能一败涂地

那些成功人士，他们的成功得益于在机遇面前有果敢决断和雷厉风行的魄力。他们有时难免犯错误，但是，比那些在机遇面前犹豫不决的人能力强得多，因而他们成功的机会也大得多。因为不敢决断而失去成功机遇的事例在我国古代历史上层出不穷，比如韩信就是一例。

楚汉相争的时候，作为第三方的韩信实力最大，他完全能左右楚汉的胜败之局。辩士蒯通便对韩信说："当今楚汉二王的命运在你的手中，你投靠汉，汉就会胜利；投靠楚，楚就会胜利。我愿对你推心置腹，贡献计谋，对你有极大的好处。眼下，你占据齐国的地盘，如果你从燕赵两地空虚的地方出击，就可以控制楚汉的后方。此时，你满足人民的希望、人民的要求，天下自能闻风而起，都来响应你。顺者则昌，逆者则亡，机遇来了不去把握，自己反而会遭祸殃。希望你慎重考虑！"

依照时局，韩信的势力，足以有称霸的资本，但他对此犹豫不决。几天后蒯通又劝谏说："计谋大事在于时机，错过了时机而能永久处于安稳的地位，少见。在机遇面前要迅速作出决断。犹豫不决，是事业的大害。只看到小小的计谋，却失去了天下的大局面，已看清楚了，却不敢去做，是百事的祸害。猛虎的犹豫，还不如蜂虿的致螫；骏马局促不前，还不如驽马的安步。虽然有舜禹的智慧，默默不言，还不如聋哑人的手势指点。"

"唉！功劳难成，却容易毁败；时机难得，却容易失去。时机呀，时机！不会再来了，但愿你细致考虑吧！"

然而韩信仍然在犹豫，他不能下决心背叛刘邦，最后终被刘邦杀害。

如果韩信当时听从了蒯通的劝告，鼎足而立，再招揽天下的贤人哲士，收服天下民心，汉室江山就会易主了。韩信的悲剧在于他对机遇没有充分的认识能力，更没有决断和驾驭机遇的能力。兵家常说："用兵之害，犹豫最大也。"犹豫不决，当断不断的祸害，不仅仅表现于打仗方面，在现代的商业战略上又何尝不是如此呢？商战之中，机不可失，时不再来，如果犹豫不决，当断不断，那你在商场上只会一败涂地，无立身之处。因此，斩钉截铁，坚决果断，已成当代企业管理者的成功秘诀之一。

果断拍板，抓住机遇

一个企业面临无数次的危机和转折，随之有无数的决策出台。无论决策如何，在这样一个瞬息万变的时代里，找寻一个恰当的突破口至关重要，而寻找突破口最重要的就是选择恰当的时机和对象。

经营有一个机遇问题，在这个问题上强调一点勇敢是必要的，凡是看中了的，就要果断行动。

拿破仑也有类似的说法："无论从事何事，2/3应预先计划，1/3由机会决定，加重前者是懦怯，过于依靠后者属鲁莽。"以上是军事上的说法，我们讨论经营，举一个经营者的话作说明。土光敏夫是日本经营大师，他也讲了与上述的同样意思的话："一味追求完善，那就会坐失良机。""即使只能得60分，也要速办速决，决断就是要不失时机。该决定时不决定是最大失策"。

企业的管理者在工作中要担起重要决策的职能，而成功的决策往往与时机紧密联系在一起。管理者要善于在实践中发现机遇、寻找机遇、把握机遇，同时，也要善于发挥聪明才智，当机立断，果断拍板，确保决策的及时、有效和准确。只有大胆抓住时机，及时予以决断，才能使决策赢得优势，取得成功。掌握不好时机，当断不断，徘徊观望，犹豫不决，或不当断时匆忙去断，都会造成决策失误。可以说，掌握良好时机，有助于管理者运筹帷幄、决胜千里。

提高管理者决断能力，要运用把握决策时机的管理者艺术。时机是在管理者活动中随时间而变化的机遇、机会、契机、转机等。时机的特点在于变，但这种变是有规律可循的。高明的管理者把握时机的艺术是能审时度势，发现时机，分析时机，寻找可乘之机，敏捷地抓住时机，快人半拍地把事情干成，形成先发优势，占得发展的先机。高明的管理者的时机艺术还表现为善于抓住时机的变化，以变制变。能够观察到竞争对手错失的机会，乘虚而入，使形势朝着有利于自己的方向转化，虽不是先发优势，但由于能够寻找出超越的时机，往往能够形成后发优势。决策的时机不可失，紧紧抓住决策时机当断则断，是管理者的职务责任。

能够多谋善断就是管理者必须善于和勇于不失时机地选定决策方案，迅速实施。谋而不断是决策之大忌。即使是最好的方案，如果久拖不决，时过境迁，就会失去可行性和可靠性。因此，管理者必须具备当机立断的魄力。一个管理者如果具有干脆利落的作风，还可以激励下属充满信心和热情去实施决策。

如何捕捉决策的最佳时机

既然成功决策的时机选择如此重要，那么，作为管理者该如何捕捉决策时机呢？以下几点是需要注意的：

首先，要看大气候环境。这里指的是国际、国内、本地的政治、经济、科技、文化等形势动态。重大事件影响、新的政策出台、法规制度公布是这种气候的具体表现，这个大气候是我们决策的客观依据。充分利用大气候这个良好的环境条件，积极发展自己，就能获得成功。

其次，要看自身条件优势。大气候有利，还要从自身的实际出发，抓住本地的优势。这个优势主要是指地理环境、物质特产、土地资源，以及人们的精神状态、社会秩序、人才技术、水电交通、资金等。管理者要抓住自己优势特点，果断决策；否则，也会坐失良机。优势也是在不断变化的。现在的优势不抓住，将来就会变成劣势。

再次，要看对方弱点。人类社会是在竞争中发展的。在战争中，避其锋芒，抓住弱点，可克敌制胜。在经济竞争中，要取得胜利，不仅要充分发挥自己的优势，还要抓住对方的薄弱环节，突然袭击，取得主动权，夺得胜利。

美国克莱斯勒公司是美国三大汽车公司之一，在1979年世界石油危机时处于绝境，但新任董事长亚科卡抓住市场缺油弱点，大胆进行产品换型决策，生产节油的K型车，大受消费者欢迎。公司亏损三年后便转为盈利，仅1982年就获利1.7亿美元，1983年就还清315亿美元货款。

第四，要看苗头趋势。事物发展往往由萌芽到弱小，由弱小到强大。我们应在新生事物刚刚出现苗头的时候，当机立断、下力气抓。号称股票之王的沃伦·巴菲特靠证券交易而逐渐发展积累了44亿美元财产，成了美国第八大富翁。他的经验归纳为：寻求被市场低估了价值的股票，毫不犹豫地买下它，再等待股价上升。被"低估了的股票"是一种假象，势必要上升，在处于萌芽苗头，巴菲特慧眼识货，抓住了它，发了大财。高明的管理者会在别人狂热时寻找冷门，当别人醒悟时他已把事情干成了。

最后，要看风险程度。捕捉决策时机时，要充分估计到风险程度。要把效益值同损失值综合起来考虑，既不要单纯看效益值盲目蛮干，也不要单纯看损失值而畏缩不前，两者要最佳地结合在一起。在决策时要留有余地，保留一定的弹性，把风险降到最低。

决策需要听取各方声音

在企业管理过程中，很多决策是通过管理者向下属发布的，但决策的过程必须号召下属参与进来，提供更多解决方案。所谓"智者千虑，必有一失"，即便管理者经验再丰富、头脑再灵活、考虑再周到，都难免有"马失前蹄"的时候。这时候，号召下属站在各自立场提出不同的意见，然后融会贯通，横向比较，进行决策，不仅可以提高决策的科学性和决策效率，而且可以促使下属更加拥护和执行决策。

某店的张店长为树立自己的权威推行了多种制度革新，修正了门店的各种规章制度，但并未向员工征求意见。员工曾向他提出了多种合理化建议，但他全未采纳。

结果，新的管理制度出台后，大多店员都无所适从。而且张店长太独断专行，平时的各种决策基本上都是他"一锤定音"，不考虑其他人的意见，虽然他很有魄力，但是失误率也很高。

这个案例中张店长独断专行，不听取店员的各种建议，完全凭借个人情绪和意志进行决策，结果造成了店员对决策结果的无所适从。其实个人的认识总是有局限的，博采众人之长方可成事。

因此，企业的管理者在进行决策时，尤其是制定企业规章制度时，一定要多听取员工的意见。同时要广开言路，围绕决策内容寻找各种可能的解决方案，然后在可供选择的方案中进行利弊比较，选择最优方案实施。这样做出来的决策，才能"得民心，顺民意"，才能得到员工的拥护，企业才能更好地发展。

综观各行各业的竞争，从产业始发期的先入为主到乱"市"出英雄，直至产业优化后的各行其道、一统天下，企业家能随势而上的关键要素不仅要体现在业务能力上，而且也要体现在业界内外资源和能力整合的战略手段上。松下幸之助说过："当我的企业只有10个人时，我最能干；当我的企业有100人时，我和他们一起干；而当我的企业有1 000人时，我只能站在后面感谢他们，同时，信任来自责任，我会更加负责地看好松下电器公司的未来。"目标决定作为，沉迷于企业经营的企业家往往只能在业务层面奋战，在产业变革和企业创新时，缺乏战略思维的企业家会处处被动，隐入迷茫和恐惧。

日本尼西奇公司的发展就是一个典型的例子。

第二次世界大战后初期，日本经济萧条，尼西奇公司仅有30余名职工，生产雨衣、游泳帽、卫生带、尿布等橡胶制品，订货不足，经营不稳，企业有朝不保夕之虑。公司董事长多川博从人口普查中得知，日本每年大约出生250万婴儿，如果每个婴儿用两条尿布，一年就需要500万条，这是一个相当可观的尿布市场。多川博抓住时机，当机立断，放弃尿布以外的产品，把尼西奇公司变成尿布专业公司，集中力量，创立名牌，成了"尿布大王"。公司资本仅1亿日元，年销售额却高达70亿日元。

在我们每个人的生活中也经常面临着种种抉择，因而人们都希望得到最佳的抉择，常常在抉择之前反复权衡利弊，再三仔细斟酌，甚至犹豫不决，举棋不定。但是，在很多情况下，机会稍纵即逝，并没有留下足够的时间让我们去反复思考，反而要求我们当机立断，迅速决策。如果我们犹豫不决，就会两手空空，一无所获。

只听到掌声的决策不是好决策

管理学家杜拉克强调："需要有不同的意见。"一个管理者，如果不考虑可供选择的各种方案，他的思想就是闭塞的。卓有成效的管理者往往不求意见的一致，而是十分喜欢听取不同的意见。因为有效的决策绝非是一片欢呼声中做出来的，只有通过对立观点的交锋，不同看法的对话，以及从各种不同的判断标准中作出一种选择以后，管理者才能作出有效的决策。

前哈佛商学院教授、目前担任决策顾问的约翰·汉蒙的建议，在寻求别人的意见或是参考资料之前自己先想清楚问题，以免受影响。同样的，如果你是管理者，在下属提出意见之前，尽量少开口，以免影响他们的判断。

每个人看待事情都有特定的角度或是思考模式，这就是认知架构。每个人都是依据不同的特定观点看待这世界，因此，每个人看到的都是部分的事实，不是全部。但是，遗憾的是我们很少意识到这点，我们常常忘记自己其实也是限制在某个框架里，误以为自己掌握所有的事实。

要知道，做决策时，对于问题所采取的不同认知架构，会产生不同的结果。决策的有效性并不取决于"意见一致"，而是建立在不同观点的冲突、协商上和对不同判断的选择基础上的。

作为企业的管理者，要时刻铭记这样的道理，拥有了独断权的同时，就拥有了最大的决策错误的机会。当大家意见取得一致时，得出的结论却往往适合最差的人。"一致同意"、"一致支持"是对管理者决策虚幻的认同，是决策的最大陷阱。有效的争论对于组织本身来说具有许多积极意义。当下属敢于提出不同意见并为之争论时，企业本身就变得更加健康。意见分歧会让下属对不同的选择进行更加深入的研究并得出更好地决定和方向。彼得·布劳克在《授权经理人：工作中的建设性政治技巧》一书中指出：如果你不愿参与机构中的政治与争论，你永远也无法在工作中实现对你来说重要的事情。

 ## 布里丹毛驴效应活学活用：随时完善决策

追踪完善决策，是企业决策者在初始决策的基础上对已从事的活动的决策方向、目标、方针及方案的重新调整。如果在原决策执行过程中已经发现了错误，管理者却拒绝进行任何修改，依旧一意孤行地执行下去，这必然会直接危及决策目标的达成，导致原决策彻底失败。因此，追踪决策对于任何决策来说都是相当重要的环节。

对决策进行完善修改是在原有方案的执行过程中情况发生了重大变化，致使原有决策面临失败或者失效的危险的情形下展开。因此，完善决策的分析过程，应先从回溯分析开始。回溯分析是对原来决策的产生机制、内容、环境进行客观、冷静的思索，分析产生失误的原因、性质及程度，从而为制定有效的对策提供依据。回溯分析必须以充分的事实为依据，应注重原有决策事实，而不是去追究原有决策的个人责任。当然，回溯分析本身也包含寻找原有计划中的合理因素，为制订新的决策计划提供参考和依据。

一般的决策是从头开始，即以"零"为起点，因为通常决策选择的方案尚未付诸实施，客观对象与环境尚未受到决策的干扰与影响。追踪决策则不同，它并不是以原决策的起点为起点，而是以已经发生了变化的主客观条件为起点。它所面临的问题，已经不是问题的初始状态。因为原有决策已经执行了或长或短的一段时间，这种执行不仅伴随着人力、财力、物力和资源的消耗，而且这样消耗的结果已经对周围环境产生了实际影响。原决策执行的时间越久，执行的面越广，影响就越大，偏离的目标就越远。

追踪决策不是对原有决策的简单改变或重复，而是对原有决策的"扬弃"，只有比原决策更加完善和圆满，才能体现其意义所在。此外，追踪决策也意味着要在多个替代方案中比较选优，必须是新的备选方案中的优化方案。在主客观情况发生了变化的情形下，在诸多新的方案中，选择出一个最优方案，从而获取最佳效益。有时候，追踪决策只能从小损或大损中选择，尽可能获得更多的收益。

对决策的完善修改要有强烈的超前意识。这就要提高管理者的洞察力，准确地预测事物发展变化的趋势，深刻地认识事物发展的未来走向，切实把握事物发展的规律性，这是做好决策和追踪决策的基本功。此外，要有多种预备方案。在拟订工作方案时，要力争全面，除了必须实施的方案外，还要持有多种预备方案，不是留一手，而是力争多留几手，以应付不测情况的发生。情况一旦发生变化，可以按预定方案迅速转移目标，按照新方案重新实施。追踪决策最主要的是"两害相权取其轻"。欲思其成，必虑其败。虑败，才能在意外情况出现之时，沉着冷静、遇事不慌、败而不乱，为转败为胜创造契机。

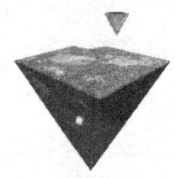

19 目标管理法则：
目标是管理的方向盘

定律释义：

目标管理法则由美国马里兰大学管理学兼心理学教授洛克提出：目标本身就具有激励作用，目标能把人的需要转变为动机，使人们的行为朝着一定的方向努力，并将自己的行为结果与既定的目标相对照，及时进行调整和修正，从而能实现目标。

洛克还指出，设置目标时必须具备两个条件：一是让员工必须觉察目标和知道用什么行动去达到目标；二是让员工自觉接受目标，即他愿意用必要的行动去完成目标。

目标管理是现代企业管理必具的管理方法之一。目标管理是首先由公司各级员工根据本部门和其他部门的工作要求，制定出各自具体的努力目标；其次根据各人的目标实现公司的经营目标。目标管理在实行当中的具体表现包括指导和制订企业内部责任的书面计划；协调工作，相互配合，达到一体化；共同认可为之努力的工作计划和目标等。

明确的目标是企业前进的方向

企业目标明确了，执行力才有了前进的方向，而不是像盲人骑马，走到哪算哪；企业目标明确了，不同的职能部门、不同的员工在工作中才能形成一股合力，从而更好地发挥知识与技能的聚合作用，更好地促进目标的达成。

明确的企业远景规划是制定战略的前提条件，如果企业前进的方向尚不明确，也不明确为在竞争中获得成功需要建立哪些能力，那么企业战略制定及经营决策便缺乏明确的指导，就像在黑暗的大海中航行的轮船缺乏灯塔一样，因而根本不可能取得成功。

企业的远景规划描述的往往是一段较长时间后企业的理想状态，要达到这种理想状态需要企业的管理者和员工付出持久、积极的努力。在这个过程中，需要不断地对企业的运营状况进行评估与监控，衡量企业的现实运营是否保持正确的方向，前进的速度是否足够快。建立目标体系就是要将企业的远景规划和业务使命转换成明确具体的业绩目标，从而使企业的发展过程有一个可以衡量的标准。明确一致的目标是高效率企业共同的特征之一。好的目标体系使企业的各级执行者在采取行动时方向更加明确，努力更加有成效。同时，好的目标体系具有一定的挑战性，具有挑战性的目标往往能使企业更具创造力，使员工的紧迫感和自豪感更强烈。也就是说，如果你想获得卓越的结果，就应该制定卓越的目标。

一个有成就的管理者，总是能够为他领导的组织选准前进方向，确立明确的目标。众所周知，人类的实践活动都是在自觉的目标指导下进行的，人们在行动之前都要自觉地预先提出目标。所以，管理者对目标的决断至关重要。

一个管理者能不能作出英明决断，主要体现在他能不能为其组织找对前进的方向，特别体现在发展战略目标决断上是否正确。因此，成功的管理者不仅要有创造美好未来、争取做成盖世无双的大事业的雄心壮志，而且更要有远见卓识、把握趋势、洞察先机的过人能力。

在成功的企业中，领导层必须设计一个明确的远景目标，这个目标明确了整个组织前进的方向，不论对客户、股东还是员工都有很强的吸引力。基于理性的分析和思考，再加上一部分梦想的成分，一个清晰、明确的远景蓝图就会产生，相应地，赖以实现这个远景的行动战略和执行精神都将水到渠成，使企业全体向着一个方向前进。

在顺驰公司就是这样，他们制定的是一种追求第一的企业战略目标，他们称之为高目标。他们认为：只有第一，才具有在市场风险中最强大的抗击打能力；只有第一，才能在市场份额中最有效率地生存；只有第一，才是最能激发员工激情的企业远景；也只有第一，才能够十分清晰明确地指引公司的全体员工向着同一个方向努力，指导公司前进的方向。

如果一个企业的战略目标不明确，那么它的管理活动就会迷失方向。对那些目标不清晰的企业来说，展开管理也会一团糟，因为没有人知道前进的方向是否正确，没有人知道自己的目标是否能够达成，也没有人知道自己的努力是在加速成功还是在加速失败，更没有人知道企业明天会怎样。所以，企业要想真正获得前进的方向和动力的前提，就是要有明确的企业战略目标。

目标设置要遵循五原则

指向目标的工作意向是工作激励的一个主要源泉。也就是说，目标本身就可以告诉员工需要做什么以及需要作出多大的努力。但仅仅是设立一个目标并不能保证在员工中产生高水平的激励效果。要使目标能够有效地影响组织成员的行为，目标设置要遵循以下五条原则。

1. 目标应当是具体的

具体的目标比一般的含混不清的目标更能激发人的行为，达到更好的工作绩效。例如，制定每小时、每天或每月应完成的产量和质量的具体指标比只含糊其辞的"你们好好干"的号召，会取得更好的效果。

2. 目标应当是难度适中的

研究表明，有一定难度的目标比容易的、唾手可得的目标更能激发人的工作行为，达到更好的工作绩效。但目标的难度必须适中，过于困难，无法达到的目标会使人受到挫折、丧失信心。在这种情况下，工作的绩效甚至会低于比较容易的目标的绩效。此外，人们对目标难度的认识会受到个人对自己能力的估计、任务的性质以及个人完成该项任务经验的影响，所以在设置目标时也要考虑个体的差异。

3. 目标应当被个人所接受

目标可能是个人自己设置的，但在多数情况下，尤其是在工作情境中，目标往往是由组织、上级提出的。这时，个人必须接受这种目标，把组织对个人提出的目标转化为个人的目标，才能对个人的行为起激励作用，这就是目标的内在化。被迫接受的目标和自觉接受的目标对于激励人的工作行为有不同的影响。只有自觉接受的目标才能最大限度地激发人的工作动机，调动人的工作积极性。而目标的内在化显然是指自觉地接受目标，即把组织的目标变成个人自愿努力要达到的目标。影响个人接受目标的因素也是多方面的，如提出目标的管理者的威信、同事的影响、奖励制度、竞争以及个人达到目标的信心等。

4. 必须对达到目标的进程有及时、客观的反馈信息

一般来说，在通向目标的进程中，有及时、客观的反馈信息比没有这种信息更能激励人的行为。反馈是对行为结果的了解。它可以帮助员工认清已做的和要做的之间的差距，保证行为向目标前进。反馈的效果取决于一系列因素：反馈的次数和时间；反馈的信息具有肯定的性质还是否定的性质（一般来说，肯定性质的反馈更为有效）；反馈的信息是否具体（具体的反馈往往比一般的反馈更有效）；反馈与设置目标的联系程度；接受反馈者的个别差异等。

5. 某些时候个人参与设置的目标更为有效

研究表明，除最简单的工作情境外，几乎在各种工作情境中参与目标设置过程都有助于个人更清楚地了解组织对他的期望，而对目标了解得更清楚也使个人更有可能达到目标。此外，一些研究表明，个人参与设置的目标在难度上可能高于别人为他设置的目标，而这种较难的目标在其他条件相同的情况下往往会取得更好的绩效。

目标只有切实可行才会有效

关于目标与企业的关系，中国有句古语叫"人无远虑，必有近忧"。作为企业来说，切实可行、高瞻远瞩的企业战略目标是必不可少的。目标管理是企业为了实现自身的任务与目的，根据企业所处的环境，从全局出发，在一定时期内，为企业组织各层面从上至下制定切实可行的目标，并且企业各层级人员必须在规定时间内完成的一种管理方法。目标管理作为现代化管理方法之一，在实践中不断发展，现已成为企业管理的重要组成部分，被誉为"现代企业之导航"和使企业起死回生的有效手段。

目标应该不是伸手可及，但也不可好高骛远。许多人在读过成功励志的书籍以后，往往会因一时激动而立刻拟定无法达成的大目标，结果却大都是踌躇不前。这种情形等于是把挫折当成了目标。做事情一定要量力而行、一步步来，设立目标也是同样的道理，目标只有切实可行才会有效。

管理者在为企业拟定目标时，首先要切合实际，兼顾理想与现实；其次要尽量减少定为目标的事项。确定目标之前，要确信目标有利可图，了解行情之后确信企业有足够的竞争力与对手抗衡，员工有能力及潜质并能够齐心协力实现公司目标，所需资金能够获得，时间进度表安排合理等等一切相关因素。切实可行的目标是可以量化与测量的，是服从于切实可行的战略指导，是结合具体的方法以取得预期的效果。切实可行的目标是由管理者与员工一起制定与实现的，管理者不是单单制定奖罚机制督促员工采取措施，而是与员工并肩作战，向他们解释目标设定的依据以及实现的途径。

每个企业的成员包括管理者自身都要根据自己的情况来设定可行的目标，不能定得太高，也不能定得过低，要切实可行。只要你能定下切实可行的目标，然后按照这个目标去努力，目标就可以实现。

在当今社会，有的人过于急功近利，因此往往事与愿违，很难达到自己的目的。企业与人生一样，有许多成长发展的阶段，必须量力而行以做到循序渐进。

人的成长要先学会翻身、坐立、爬行；然后才学会走路、跑步。每一步骤都十分重要，而且需要时间，没有一步可以省略。同样，企业的各个发展阶段也莫不如此。管理者了解了这一原则，根据企业每个不同时期的情况制订相应的目标计划，才能少受挫折，最大限度地去实现企业利润的最大化。不是谴责当前本企业管理上的某些不合理问题。以往，因为员工没有参与企业决策，经常有这样的评论"这又不是我的决定"、"这是谁的聪明主意？"、"一百年这也无法实行"。

总之，管理者在为企业设立目标的时候要循序渐进，逐步实现目标，才能避免许多无谓的挫折。

有目标，还要善于管理

管理者要实现管理目标就必须对目标进行管理。管理者在对目标进行管理的时候必须明确以下几个事实：

一是目标是分层次、分等级的。管理队伍要想生存下去，必须有目标，但管理的整体目标有总目标和辅助目标之分。从结构上管理队伍是分层次、分等级的系统组织，因此其制定的目标也应层层分解，构成一个系统。

二是管理队伍中各级、各类目标要构成一个网络。管理队伍的整体目标通常是通过各种活动的相互联系、相互促进来实现的，因而目标和具体的计划通常构成为一个网络。要使一个网络具有效果，就必须使各个目标彼此协调，互相支援，互相连接。

三是管理队伍的目标必须是多样的。管理队伍整体目标具有多样性，即使是主要目标一般也是多种多样的。目标的多样性，并不是意味着目标越多越好，而是说目标不可能唯一。

四是主要目标与次要目标必须分清。主要目标和次要目标是按照目标的重要程度来划分的。确定目标的优先次序是极为重要的，因为管理队伍必须通过合理的方法来分配其资源。

五是长期目标与短期目标要统一起来。长期目标和短期目标是按照目标的实现期限来划分的。要使计划工作收到成效，就必须把长期目标和短期目标统一起来。

六是定量目标与定性目标要互相配合。定量目标和定性目标是按照考核目标的性质来划分的。要使目标有意义就必须使得目标变得可以考核，使目标能够考核的唯一方法就是定量化。在很多情况下，许多目标是用数量表示的。不过，在管理队伍的整体目标中也有许多目标是不宜于用数量表示的，因此在管理队伍的目标制订过程中，定性目标是不可缺少的。二者相辅相成，互为补充。

目标管理法则活学活用：方向比努力更重要

企业界流传一句话：董事长因为需要打高尔夫所以没有时间休息，总经理因为需要休息所以打高尔夫。意思是说，董事长的大多数时间都是在维护高层次的人脉网络并从中寻求经营契机和决策的依据，总经理的大多数时间都是在将决策转化为经营目标并负责一一实现。因此，前者打球是工作，后者打球则是休息。

决策者和执行者的分工在产生了效率的同时也产生了不同的责任：决策者参与制定主要的经营目标，而执行者负责将各个经营目标实现到位。

对于没有航向的船来说，任何方向的风都是逆风。

航向就是做事情的目标，做任何事情都必须有明确的目标，然后才能够将事情做好。对于管理者来说，正确地做事情固然重要，但必须先做正确的事情，必须明确目标。不但是为自己，而且是为全体员工。

许多管理者做工作没有明确的方向，他们不知道自己该何去何从，一会儿向东，一会儿西，一下子试试这个办法，一下子用用那个办法。做得不如意，就马上换一个方向，运气好时就能收到一些成效，运气不好就会有损工作业绩。他们往往一听说谁怎么做好，就立马学着人家做，他们的一生都似乎永远没有固定的方向，因此工作业绩自然不尽如人意。其实，在旁人看来，他们的问题很简单，这就是他们根本不知道什么是应该追求的。

诚如一位成功学大师所说："人的头脑具有一种像飞弹一样的自动导航功能，一旦人有了明确清楚的目标后，头脑就会自动地发挥它无限的能量，产生强大的推动力，并且能够不断地瞄准目标并修正你的行为，自然地把我们引到朝向目标的方向前进。"对于管理者来说，在头脑进行这种运作的过程中，最重要的不仅只是设定一个明确的目标，而是要十分明确达成这个目标的"原因"，毕竟原因主导一切，也只有这个原因才是让人持续朝目标前进的原动力。

20 修路理论：
用制度管人，按制度办事

定律释义：

当一个人在同一个地方出现两次以上同样的差错，或者两个以上不同的人在同一个地方出现同一差错，那一定不是人有问题，而是这条让他们出差错的"路"有问题。现代管理学对此称为修路理论。

世界上没有完美的制度，也没有完美的管理，任何一家先进的企业管理中都会存在问题。管理进步最快的方法之一就是：每次完善一点点，每天进步一点点，每个人每次都能因不断修"路"而进步一点点。这里所讲的"路"就是制度和规范，"修路"就是指制度建设。作为管理者，最重要的工作不是"管"——惩罚犯错的下属并要求他不要重犯错误，而是修"路"。

修路理论与制度建设

著名管理咨询专家刘光起先生说："管理就是管出道理，道理就是规则规范。"这里所讲的规则规范，指的就是管理中的各项规章制度。中国传统文化中"没有规矩不成方圆"的思想，也阐释了规章制度的基础性作用。

约翰和亨利到一家公司联系业务。这家公司的办公室在一幢豪华写字楼里，落地玻璃门窗，非常气派。可是，由于玻璃过于透明，许多来访客人因不留意，头撞在高大明亮的玻璃大门上。不到一刻钟，竟然有两位客人在同一个地方头撞玻璃。

亨利忍不住笑了，对约翰说："这些人也真是的。走起路来，这么大的玻璃居然看不见。眼睛到哪里去了？"

约翰并不赞同亨利的说法，他说："真正愚蠢的不是撞玻璃门的客人，而是设计者。如果不同的人在同一个地方犯错误，那就证明这个地方确实存在缺陷。应该考虑怎么修正缺陷，而不是嘲笑那些犯错误的人。"

亨利于是向该家公司的经理提了意见，在这扇门上贴上一根横向标志线。

从此再没有来访客人撞到玻璃门了。

这个故事涉及修路理论，即当一个人在同一个地方出现两次以上同样的差错，或者两个以上不同的人在同一个地方出现同一差错，那一定不是人有问题，而是这条让他们出差错的"路"有问题。此时，人作为问题的领导，最重要的工作不是管人——要求他不要重犯错误，而是"修路"。

管理进步最快的方法之一就是：每次完善一点点，每天进步一点点。每个人每次都能因不断"修路"而进步一点点。这里所讲的"路"就是制度和规范，"修路"就是指制度建设。

修路理论告诉我们，管理工作最重要的不是直接去管人，而是去制定让人各司其职的制度——修筑让人各行其道的路。

制定管理制度的依据和程序

制定管理制度的主要依据有以下三个方面：

（1）实际生产力水平，即要把生产经营的具体情况和条件作为制定管理制度最重要的依据。同时，还应考虑随着科学技术的发展而带来的生产力发展。制定的管理制度要切合实际，既反映出生产过程的客观规律，又反映生产力发展的客观要求。

（2）成功的经验和失败的教训。成功的经验（包括企业内部的和企业外部的）用制度加以肯定，让人们照着做；失败的教训（包括企业内部的和外部的）用制度加以否定，禁止人们重蹈覆辙，保证事故不再重演。

（3）国家的方针、政策、法令、法规。管理制度既反映生产过程的客观规律，又适应生产关系的客观要求。因此，制定管理制度，必须以国家的方针、政策、法令、法规为依据，使制定的制度符合国家有关法令、法规。

制定管理制度的过程，是管理者同员工相结合，反复进行调查研究的过程；是总结本企业的经验，总结历史的经验与学习成功企业的先进经验，探索企业管理的新方法，提高管理水平的过程；同时也是从员工中来，到员工中去，发动员工进行自我教育，参加民主管理，提高企业素质的过程。制定规章制度应该遵循的基本程序是：

调查—分析—起草；

讨论—修改—会签；

审定—试行—修订—全面推行。

也就是说，管理制度的制定，要经过充分调查、认真研究，才能起稿。草稿形成以后，要发到有关职能部门的基层单位反复讨论，斟词酌句，缜密修改，并经过有关部门会签和管理者审定，然后在小范围内试行检验。对试行中暴露出的问题和破绽，要认真进行修改。重要的规章制度，还要提交总经理或者董事会通过。只有遵循上述基本程序，制定出的管理制度才能切合实际，具有权威性和合法性，才能顺利贯彻执行。

制定管理制度的八条戒律

　　企业规章制度是管理现代化企业的重要手段，这一手段运用的好坏直接影响到企业生存与发展，同时会直接关系到企业的经济效益。如何避免制度管理的失误，不妨牢记制定管理制度的八条戒律，或许会从中受到启示。

　　这八条戒律是：

　　一戒草率从事。为了应付上级草草订出一份管理规章，根本不向干部职工宣布，当然更谈不上执行。

　　二戒抵触法规。有的规章制度条文与现行政策、法令和政府的规定相抵触，自行失效。当然，企业在改革中有些新的规章制度超越于现行政策界线，但有利于发展生产和国家利益，则另当别论。

　　三戒自相矛盾。上下条文不衔接、自相矛盾，使企业内的此规定与彼规定有冲突，让人无所适从。

　　四戒咬文嚼字。文字冗长，语言生硬，表意不清，令人无法领会。如《安全守则》中有这样一条："在禁区内不得燃烧可燃物或促使致燃之器具。"其实，只需"禁区内严禁烟火"七个字就可概括其意。

　　五戒舍本逐末。列举大量无关紧要的条文，喧宾夺主，降低了重要条文的分量。细枝末节的条文过多，不便记忆，当然会影响执行。

　　六戒违背常理。过于苛严，大都难以做到，惩罚措施过火，职工动辄得咎，导致抗拒心理。

　　七戒不切实际。过于细密，实际执行中难以行得通，或执行起来反而降低效率，而条文过宽，又起不到约束作用。

　　八戒形同虚设。有而不用，对违规者不按规定处理，姑息纵容或在执行中因人而异，亲疏有别，会导致制度自行废弛，成为一纸空文。

优秀制度创造优秀企业

在管理实践中，许多企业的管理者遗憾地发现，除非企业已经做到了一定年限以上，否则如果完全按照某些书中的原则行事，很可能遭到迎头重创。因此，对于一些中小企业管理者来说，在研读此书的同时，很有必要针对自己的现实情况对书中宣扬的企业行为模式加以批判分析，最终使其为我所用。

成功企业未必一定拥有一个能力超强、魅力非凡的管理者，而是需要建立起一个自我发展、创新的团队，同时需要一个深谋远虑使企业能不断进步的管理者。

简而言之，管理者成败的关键在于能否"建立起一种长而持久的制度"。对于成功企业来说，赚钱只是一组目标中的一个。在现实中，追求多元目标的企业，往往能够比纯粹以营利为目的的企业赚更多的钱。

这种追求多元目标，平衡理想与现实之间关系的"务实理想主义"思路，对于小企业也是十分必要的。但是为了生存，企业必须将追求利润作为首要目标。

如果企业希望长期生存，就必须考虑如何合理地分配资源，为自己规划健康的生存状态。不过这一点却很少有企业能够真正做到。

一家分销商所面临的困难，使得他们不得不关注利润。首先，销售的毛利日益菲薄，二级代理和客户拖欠款的周期越来越长，而供货商催款的通知天天不断，同时一些正在运行的项目收款也很不顺利，还需要从可怜的利润中留出一些钱来以备万一。在这种情况下，管理者还要拿出一部分现金来应付日常开销，维系各种关系。如果他上面有上级，还需要做一些假账来充点业绩门面，当然也要给总部回一些货款，以配合上层战略的需要。

所有伟大的企业拥有的价值观并不相同，对于企业来说，核心的价值观念并不是一开始就有的，企业要经过一个摸索的过程，才能最终确定可以成为自己企业的精神箴言。如果企业能够缩短这一过程，企业就可能更快地走向成熟。如果不能迅速确定企业的价值观念，那么尽快确定企业的"性格"，可能会给管理者带来更大的收益。

很多企业的性格带有其管理者的鲜明痕迹，久而久之，企业里员工的行为模式和判断标准，几乎与其管理者一般无二。于是形成了许多不成文的"潜规则"。这些"潜规则"在很大程度上就是企业实际运行过程中的价值观念。

一家民营企业，由于老板本人带有浓厚的政治家情结，于是整个企业在企业文化和价值观念方面都带有鲜明的政治色彩。具体表现为：重视对和国家以及地方政府政策方针的研究（该企业给自己的定位也是"政策导向型"企业）；重视企业内部的地位和晋升，并且以此为最高奋斗目标；员工普遍具有政治敏感度，既重视工作业绩，又具备高强的处理各种复杂关系的能力；核心员工具有很高的忠诚度，用该企业一位中层干部的话说："能做到中层干部位置上的人，都是三起三落、经受过无数次考验的人。"

综上所述，企业如果没有成熟的价值观，也一定要有符合自己"性格"的实用潜规则。

企业应当推出振奋人心的优秀制度，优秀的制度要具有持续刺激企业进步的能力，它的目标必须符合企业的核心理念。此外，企业必须比竞争对手更快地发现和把握机会，更灵敏地作出反应，否则就不可能赢得先机。

制度面前人人平等

联想集团有个规矩，凡开会迟到者都要罚站。在媒体的一次采访中，柳传志表示："我也被罚过三次"。

他描述说：企业规定，如果不请假而迟到就一定要罚站。但是这三次，都是我在无法请假的情况下发生的。比如：有一次被关在电梯里边。罚站是挺严肃，而且是很尴尬的一件事情，因为这并不是随便站着就可以敷衍了事的。在20个人开会的时候，迟到的人进来以后会议要停一下，静默看他站1分钟，有点儿像默哀，真是挺难受的一件事情，尤其是在大的会场，会采用通报的方式。第一个罚站的人是我的一个老领导。他罚站的时候，站了一身汗，我坐了一身汗。后来我跟他说："今天晚上我到你们家去，给你站1分钟。"不好做，但是也就这么硬做下来了。

　　在制定和执行制度的时候要始终坚持制度面前人人平等的原则，特别是在执行制度时要一视同仁，谁都必须遵守，尤其是企业的管理者必须率先贯彻执行。如果在制定和执行制度的时候，忽略了公平、公正这项基本原则，那么企业的管理制度将成为"一纸空文"，成为粉饰自己的"花瓶"。要做到制度面前人人平等，就要做到以下几点：

1. 制度要全面细致

　　制度面前人人平等，就是要保证企业在制度执行上的公正性与严格性。但是，如果制度本身制定得过于严格、苛刻，不近人情，在执行中往往就会暴露出很多问题，并严重影响员工的士气和工作积极性。因此，在制度的制定过程中，要充分考虑到员工的心理承受力，使制度本身保持适度的弹性。这是人本管理中最关键的问题。记住，制度面前人人平等，是严格而不是苛刻。

2. 制度需要保证执行

　　制度建立后，关键在于执行。被严格执行的制度才有生命力。但在执行制度的过程中，总会有一些人只看到了规章制度对自身的约束性，而没有看到规章制度的保护性。他们利用种种手段，想方设法去逃避制度，或者根本视制度为无物，我行我素。更为严重的是，在违反制度的同时，因为违纪者的职位，或者与其他相关人员的关系，使得违纪的行为不仅难以制止，而且难以得到应有的处罚。

　　制度面前人人平等。企业内不允许有不受制度约束的特殊人、关系人。如要在企业内超越工作关系，超越规章制度办事，只能让其选择离开。我们经常可以看到这样的情况：企业的管理者有很好的悟性，一些好的规章制度制定的也非常科学严密，但执行起来却像是一拳打在棉花上，软弱无力。执行力不是一个表象问题，要达成"提高执行力"的目标，需要先找出执行体系中的关键要素——那些起到特别作用的要素，制定相应的法则，才能保证执行力的健康发展。

　　如今已不仅仅是策略的时代，也是策略执行的时代。希望通过发掘执行力的基因，可以帮助管理者认识问题产生的根源，形成一种正确的管理思维方式。

3. 导入竞争机制，实现优胜劣汰

当局者迷，旁观者清。在繁忙的企业日常运营中，企业管理者往往无法从具体事务中脱身而出，缺乏全局观点，考虑问题都是从自身位置出发，容易就事论事，而无法跳出问题看问题。他们并没有意识到，最好的制度早就隐藏在他们的工作中：创造竞争，就是创造财富。因此，站在企业整体发展的角度看问题就会发现，需要解决的问题并不复杂。就像人体自身的免疫细胞一样，竞争机制的导入必将实现更高层次上的平等。

4. 有责任一同分担

当员工之间发生利益冲突时，问题常常很难得到解决。要打破这种僵局，就要坚持制度面前人人平等的原则，只有如此，才能解决不同层次人员间的冲突。在解决内部矛盾时，应平等地对待各方，仔细地权衡各方的利益，并与当事各方一起寻找一个大家都能接受的解决方案。当责任随同分工分给了企业中的每个人时，每个人都要开始他的责任之旅。有责任一起分担，不光是员工，更是中层主管甚至高层主管都应该认识到的问题。谁出了问题就找谁，管理者自己也一样。

修路理论活学活用：松下电器公司的"事业部制度"

20世纪30年代，松下电器公司在面临世界性的经济大萧条的局势下通过"生产减半，绝不裁员"的举措成功渡过难关，随后顶住压力在门真街建设了厂房，此时的松下电器公司已经发展成为一个大企业。由此也可以看出松下幸之助对时局的把握和过人的谋略。

任何企业在规模较小时，企业管理者能单枪匹马、有效地驾驭整个企业的大小事务；然而随着企业的扩大、员工的增多，企业管理者就会逐步感到力不从心，从而造成企业整体或局部处于失控状态。松下幸之助也在不断思索关于管理体制的问题，后来他做出惊人之举，大刀阔斧地推行"事业部制度"。

"事业部制度"将松下电器公司制造厂现有的分厂和所有的从业人员重新划分为三个部门：第一部为收音机部，任命井植岁男为部长；第二部为脚踏车

车灯及4电池部，井植薰担任部长；第三部为配电线器具及电热器的制造与销售部，松下幸之助自己兼任部长。

松下幸之助认为："事业部制度"这种管理方式，可以使公司的经营吸收小企业的长处，特别是灵活性。每个部门的部长都是独立的负责者，由他全权负责本部门产品的制造和销售；每个部门都采取独立核算，绝不允许以某部门的盈利来弥补另一部门的亏损，也就是废止从前各部门相互间的盈亏相抵的办法。各部门要负起责任凭自己的努力和创造争取营业利润，并以此利润为公司的成长和壮大作出贡献。

此后，松下幸之助又将这种"事业部制度"写入了《松下电器公司史资料》第七卷中："此种制度的本质，照现在的定论，就是松下电器公司硬件组织制度最突出的一项。这项制度实施于1932年，是松下电器公司长足发展时期的产物。事业部制度的直接动因，是公司规模的扩大。松下幸之助创业伊始，摊子小，一切都由他自己一人操持，虽说辛苦，尚可应付。事业的发展，导致事物纷繁，千头万绪，松下幸之助自己已经感受到了其中的繁杂。他想把事情分给别人负责，而他一贯的观念又是委任即要放权，于是就有了设立事业部的分权组织设想。他将公司分为三个部门：一是收音机部，二是脚踏车车灯及干电池部，三是配电线器具及电热器的制造与销售部。这一次的分设，销售部是隶属于第三事业部的，其他部则没有专门的销售机构，各部门的销售其实还是公司一手包揽的。松下幸之助觉得上述的分权制度还不够彻底，不能算是名副其实，因此效果也就差一些。基于这样的认识，1934年3月，又进行了进一步的改组。这一次，把原来第三部的电热器具制造独立为第四部门。更重要的是，在各部门都设了营业科，专门负责各部门的销售业务。"由此，松下电器公司相当长时间采用的硬件组织制度就这样形成了。

这个制度的特点，就是从研究、开发至制造、销售、宣传，全部严格地实施公司内部各组织单位的全权责任制。这些事业部的部长，都以自己的名义设立户头，经济实行内部核算；当然工作也由自己全权决断。这样，每个事业部实质上和一家独立机构相差无几。

松下幸之助当初分权而设立事业部，有两项基本用意，这其实也就是分权制度的作用。其一是事业经营责任划分清楚。分权以后，权力是各事业部的，经营绩效也是事业部的。这样，哪一个事业部情形如何，一目了然，再也不是过去各部门损益互补的情形了。这也就是现在所说的责任权益分明。其二是可以锻炼、培养经理人才。各部门自负其责，不能依赖公司，也不能依赖其他部门，一切都要靠自己，经营人员的才干必然得到培养和锻炼。这种制度，也确实为松下电器公司培养了不少经营人才。

21 破窗理论:
修好第一扇被打碎的窗户玻璃

定律释义:

破窗理论由美国政治学家威尔逊和犯罪学家凯琳提出,他们认为:如果有人打坏了一个建筑物的窗户玻璃,而这扇窗户又得不到及时的维修,别人就可能受到某些暗示和纵容去打烂更多的窗户玻璃。久而久之,这些窗户玻璃就给人造成一种无序的感觉。结果在这种公众麻木不仁的情况下,犯罪就会滋生、繁荣。

破窗理论在社会管理和企业管理中都有着重要的借鉴意义,它给我们的启示是:对于那些看起来是偶然的、个别的、轻微的"过错",如果熟视无睹或纠正不力,就会纵容更多的人"去打烂更多的窗户玻璃"。必须及时修好"第一扇被打碎的窗户玻璃",对犯有过错者给予必要惩罚,这样才能有效阻止"破窗现象"于萌芽状态。

预防每个"破窗"行为的发生

在日本，有一种称作"红牌作战"的质量管理活动：

（1）清理：清楚地区分要与不要的东西，找出需要改善的事、地、物。

（2）整顿：将不要的东西贴上"红牌"。将需要改善的事、地、物以"红牌"标示。

（3）清扫：有油污、不清洁的设备贴上"红牌"。藏污纳垢的办公室死角贴上"红牌"。办公室、生产现场不该出现的东西贴上红牌。

（4）清洁：减少"红牌"的数量。

（5）修养：有人继续增加"红牌"；有人努力减少"红牌"。

"红牌作战"的目的是：借助这一活动，让工作场所得以整齐清洁，打造舒爽的工作环境，并进而养成企业内成员做事有讲究的心，久而久之成了习惯，大家遵守规则，认真工作。

许多人认为，这样做太简单，芝麻小事，没什么意义，而且兴师动众，没有必要。但是，一个企业产品质量是否有保障的一个重要标志，就是生产现场是否整洁。这应该是"破窗理论"比较直观的一个体现。

企业对员工中发生的"小奸小恶"行为，要引起充分的重视，小题大做，加重处罚力度，严肃企业法纪，这样才能防止有人效仿，积重难返。特别是对违犯企业核心理念的行为要严肃查处，绝不姑息养奸。

美国有一家以极少炒员工著称的公司，一天，资深熟手车工杰瑞为了赶在中午休息之前完成三分之二的零件，在切割台上工作了一会儿之后，就把切割刀前的防护挡板卸下放在一旁，没有防护挡板安放收取起加工零件来更方便更快捷一点。大约过了一个多小时，杰瑞的举动被无意间走进车间巡视的主管逮了个正着。主管雷霆大怒，除了目视着杰瑞立即将防护板装上之外，又站在那里控制不住地大声训斥了半天，并声称要作废杰瑞一整天的工作量。事到此时，杰瑞以为结束了，没想到，第二天一上班，有人通知杰瑞去见老板。在那间杰瑞受过好多次鼓励和表彰的不规则形状的总裁室，杰瑞听到了要将他辞退的处罚通知。总裁说："身为老员工，你应该比任何人都明白安全对与公司意味着什么。你今天少完成了零件，少实现了利润，公司可以换个人换个时间把它们补起来，可你一旦发生事故失去健康乃至生命，那是公司永远都补偿不起的……"离开公司那天，杰瑞流泪了，工作了几年时间，杰瑞有过风光，也有过不尽如人意的地方，但公司从没有人对他说不行。可这一次不同，杰瑞知道，他这次碰到的是公司不可碰触的东西。

这个案例告诉我们，对于影响深远的"小过错"，"小题大做"去处理，以防止"千里之堤，溃于蚁穴"，正是及时修好"第一个把打碎的窗户玻璃"的明智之举。

另外，企业要鼓励、奖励"补窗"行为。不以"破窗"为理由而同流合污，反以"补窗"为善举而亡羊补牢，这体现了员工高尚的道德情操和自觉的成本意识。企业要提倡这种善举，通过表扬、奖励措施使之发扬光大。

让责任心贯穿在制度之中

人光有责任心是不够的，还要让责任心贯穿在制度之中，使之千百年流传下去。

在管理中，划清每个员工和每个小团队的责任界限是非常重要的。大家都有责任，就等于大家都没有责任。

优秀企业的管理经验证明，责任是一个最需要明确的问题。2005年的一则新闻报道：当某国驻A国前大使被暴徒刺杀时，A国家公安委员长引咎辞职。如果他真是引"咎"辞职的话，这是有一点不合逻辑的。不能因为他是国家公安委员长就可以防守得了暴徒。他之所以辞职是从政治责任的立场来考虑表示歉意的。

当富士银行的19亿日元被诈骗事件发生时，岩佐董事长受到人们的批评攻击，报纸也发表了是不是应该引咎辞职的社论。到底这件事的责任属于谁？其实在企业内，责任应集中为"遵守的责任"与"结果的责任"两种。

所谓"遵守的责任"，是对上至法律下至公司的规则、规定、内规等决策事项的负责。富士银行事件中破坏"遵守的责任"的犯人之一是营沼，他不可能免除这个责任。再者对于"结果的责任"可说是应由分行行长负责。因为19亿日元如果被诈骗的话，那家分店的业绩很明白的无法达到所期待的结果。富士银行全体员工所期待的结果，虽然的确由于此次事件受到影响，但是并没有大到足可动摇全体的影响（富士银行昭和45年期的利益为834亿7千余万日元）。因此，就企业来说，我们可以认为董事长对于事情的结果没有责任。当然对于社会是有影响的，所以不得不一再地表示歉意。这样可以了解日本企业的个人负责制了，照这样把责任集中成两种，责之所在就清楚了，发生事情时，就可将负责人的数目止于1~2人。以这样的方式来提高责任意识其效果更好。

提高员工遵守纪律的自觉性

企业制定出来的各种规章制度不能成为摆设。作为管理者，就应当以有效的手段保证其得以贯彻落实，一旦发现有人违规，必须加以惩治，绝不能手软。

为了促成遵守纪律自觉性的好风气，管理者应该采取以下几个明确的措施。

1. 广泛宣传

许多管理者都想当然地认为："这些规定谁都知道。"但是，新来的员工，甚至有些老员工，直到他们违反了某条规定时才听说有这么个规定。

国外有些企业的管理者按惯例给每个员工发一份公司规章，并让他们签署一份声明，表示已经收到、阅读并理解了公司的规章。这种做法很值得效仿。

2. 保持镇定

无论违规行为有多么严重，管理者都应该保持镇定，不能失控。如果你觉得自己正在失去冷静，那你就应该等一等，直到自己冷静下来时再去采取行动。

怎样才能镇定下来呢？闭上嘴巴，待会儿再开口，做些拖延时间的事情。切记千万千万不要对员工大发雷霆。

3. 调查了解

管理者不应无视违反企业规定的行为。如果你这样做，那你就是在向其他员工表明你不打算执行企业的规章与条例。你也不应该草率地惩罚或处分员工。在你行动之前，在你作出处理决定之前，你必须搞清楚发生了什么问题，以及员工为什么这样做。

4. 私下处分

如果公开进行惩治，那么受处分的员工会因当众受批评而产生怨恨。

关于私下处理的规则仅有一个例外，那就是员工在其他人面前公开与你作对。在这种情况下，你必须当众迅速而果断地采取行动，否则就有失去控制的风险。如果你不能果断地行动，你就会失去员工的尊重。

5. 一视同仁

制定出的规章是让大家遵守的。管理者、员工都要遵守，若有违规行为，都会受到处罚。

6. 坚决公正

坚决不是指粗暴或仗势欺人，不是指滥施压力和保住自己的地位，而是对员工和企业都要公道。对员工要公道是指有充分的根据。它包括解释清楚企业为什么要制定这条规章，为什么要采取这样一个纪律处分，以及你希望这个处分产生什么效果。

7. 消除怨恨

记住，处分的目的在于教育，而不是惩罚。因此，管理者应该向自己的员工表示你相信他会改正错误。在执行纪律处分后以积极的调子跟员工谈话，将有助于消除员工的苦恼和怨恨的情感。

建设一个“窗明几净”的企业

在日常生活和工作中，经常可以发现这样一些现象：一个人带头摘取商店门口摆放的鲜花，其他人就群起而效仿，将数个花篮中的鲜花一抢而空；桌上的财物、敞开的大门等可能使本无贪念的人心生贪念；有的员工工作中违反程序，还称"××都是这样干的！"或者"上次就是这样做的！"；对于违反企业程序或廉政规定的行为，有关组织没有进行严肃处理，没有引起员工的重视，从而使类似行为再次发生甚至多次重复发生；对于工作不讲求成本效益的行为，有关管理者不以为然，使员工的浪费行为得不到纠正，反而日趋严重……

"破窗理论"在社会管理和企业管理中给我们的启示是：必须及时修好"第一扇被打碎的窗户玻璃"。我们中国有句成语叫"防微杜渐"，说的正是这个道理。

纽约市交通警察局长布拉顿受到"破窗理论"的启发。他在给《法律与政策》杂志写的一篇文章中谈到："地铁无序和地铁犯罪在20世纪80年代后期开始蔓延。那些长期逃票的、违反交通规则的、无家可归骂街的、站台上非法推销的、墙壁上涂鸦的……所有这些加在一起，使得整个地铁里弥漫着一种无序的空气。我相信，这种无序就是不断上升的抢劫犯罪率的一个关键动因。因为那些偶然性的犯罪，包括一些躁动的青少年，把地铁完全看成可以为所欲为、无法无天的场所。"

布拉顿采取的措施是号召所有的交警认真推进有关"生活质量"的法律，他以"破窗理论"为师，虽然地铁站的重大刑案不断增加，他却全力打击逃票。结果发现，每七名逃票嫌疑犯中，就有一名是通缉犯；每二十名逃票嫌疑犯中，就有一名携带武器。结果，从抓逃票开始，地铁站的犯罪率竟然开始下降，治安大幅好转。

1994年1月，布拉顿被任命为纽约市的警察局局长，就是因为他对"破窗理论"的出色阐释。而布拉顿开始把这一理论推广到纽约的每条街道、每个角落。他指出，这些小奸小恶正是暴力犯罪的引爆点。因为针对这些看来微小，却有象征意义的犯罪行动大力整顿，结果带来很大的效果。

"警局的最高领导居然要关心街头那些'毛毛雨'犯罪，这在纽约市是史无前例的，甚至在整个美国绝大多数警察局也是史无前例的。"马里兰大学政策研究专家沙尔曼感慨地说。

在"破窗理论"的指导下，纽约市的治安大幅好转，甚至成为全美大都会中，治安最好的城市之一。人们把这个庞大的都市几十年来从没有过的崭新气象都归功于布拉顿，功高震主，1997年3月，布拉顿被当初任命他的纽约市长朱利安尼请出了警察局。

"破窗理论"在社会治安综合治理以及反腐败中的应用意义是显而易见的，在企业管理中也有重要的借鉴意义。管理者应当加强培养员工的责任意识，让员工明确自己的职责，不做"破窗"的第一人，养成工作遵守程序的习惯，自觉遵守企业的规章制度，按程序办事，并使其成为个人的道德水平的体现。

作为一种行为规范、价值取向的企业文化，其形成的过程需要每位以企业为家、"厂荣我荣"的成员的自觉的行动，需要企业各部门、各级领导的表率和支持。在企业所有成员的共同努力下，企业才能永远"窗明几净"，无"破窗"之忧！

破窗理论活学活用：春兰公司的"三铁"法则

地处江苏泰州的春兰公司，在几年以前还是个连年亏损的镇办企业，但今天它已成为我国最大的空调生产基地之一，曾经连续三年被评为全国500家最佳经济效益企业、全国500家工业企业和全国最大300家外资企业之一，其销售收入、实现利税、全员劳动生产率、人均创税等主要经济指标均居全国同行业之首。面对春兰公司的崛起和迅猛发展，人们不禁要问：春兰公司的成功靠什么？

在春兰公司，员工迟到一分钟就罚款50元，为此有人认为春兰公司的管理太严。

然而，春兰公司一举成为中国最大的"春天工程"靠的正是"铁的条例、铁的纪律、铁的管理"。这就是春兰公司成功的答案。

其一，铁的条例。

春兰公司的决策者认为，生产力在松松散散中耗费，是许多企业的致命弱点，要建世界一流的企业、出世界一流的产品、创世界一流的效益，就必须从人的初级行为开始进行严格管理，以法治厂。为此，春兰公司先后制定了干部职工行为规范、劳动管理等18项管理规章制度，对职工在企业内外的行为规范做了详尽的规定。同时，公司成立了总监察室，有权对各类违纪行为予以处罚，并建立公司、部、科三级监察网络，实施违纪监督；还建立了三级逐层考核机制，考核结果记入本人档案。在春兰公司的许多条例中，以严著称。以迟到为例，迟到一分钟罚款50元，第一次迟到给以劝告处分，第二次迟到给予警告处分，三次以上给以开除处分。受一次劝告处分，年底评选先进、晋级、分房都受到影响。铁的条例使春兰公司员工养成了遵守纪律的习惯，有些职工为了按时上班，不惜坐出租车赶时间。

其二，铁的纪律。

在春兰公司，从总公司、中层干部到车间工人都有目标管理责任制，各司其职、各负其责。在规章制度面前人人平等，如有违反，不管是谁，一律按章办事。例如，按规定，春兰公司职工进入公司必须佩戴身份卡。一次，一位高级职员忘了带身份卡，被拒之门外，他只好回家取卡，只因迟到4分钟而受到劝告处分，并扣除了当月全部奖金，一年的所有评比资格全部取消。尽管春兰公司对罚一丝不苟，但绝大多数人心情舒畅，因为大家已形成了一个共识："对犯规者有情，就是对企业无情。"铁的纪律严出了效果，近年来全公司旷工为零、犯罪为零、偷拿公物为零、暗干私活为零。

其三，铁的管理。

春兰公司的教育、劳动、技术质量等数十项现代管理都是铁的，尤其是铁的质量管理。公司将质量意识渗透到全公司每个部门、每个人。每个上岗的一线工人都要经过严格的技术业务培训，考试合格后才可上岗操作。春兰公司的所有质量管理全部纳入了法制轨道，公司颁布了《技术管理条例》、《技术管理违纪处罚分类细则》等质量法规，一切违反技术操作规程、工艺流程要求的行为都要视情节轻重受到劝告、警告直到除名处分。同时，公司还加强了质量的外延管理，派遣质量管理人员进驻协作厂家，现场监督配套零部件产品的质量。

可以说没有这"三铁"，就没有春兰公司今天的成功。

22 格瑞斯特定理：
没有执行一切都是空谈

定律释义：

美国企业家格瑞斯特提出一句著名的名言：杰出的策略必须加上杰出的执行才能奏效。这后来被确定为管理学上著名的格瑞斯特定理。

执行力决定企业的生存力和发展力，决定企业的兴衰与成败。因为只有被执行的思路才有出路，只有被执行的战略决策才能结出果实。优秀的企业、成功的企业一定是执行型的企业。

企业发展的原动力来自于市场，但企业目标能否实现，则要取决于内部管理的执行环节。企业提升执行力，维系着企业能否持续发展。执行难、缺乏执行力能够使一个企业从鼎盛滑向衰败。作为企业管理者，一定要杜绝企业执行难的弊病，彻底改善执行能力，才能实现企业长足发展的可能。

执行力决定企业成败

拿破仑有一句名言："一只狮子带领的一百只绵羊可以打败由一只绵羊带领的一百只狮子。"这句话强调的就是执行力的重要性。

执行力的概念最早由美国资深企业家保罗·托马斯和企业管理学家大卫·伯恩提出的，他们认为，执行力在企业竞争中具有举足轻重的地位。可以说"三分战略，七分执行"。如果没有牢固的执行理念和强劲的执行力，任何的决策和计划都不可能贯彻落实到底。

怎样切实改进企业的执行力，如何把工作落到实处，任何管理者都认为是一件特别难的事情。第一次海湾战争结束时，美国的一位将军写了一本书《坐在扶手椅上的战略家》，嘲笑那些纸上谈兵的人。其实内行关心的不是战略，因为战略是不言自明的。内行打仗真正靠的是后勤，即执行。战争中最难的不是制定战略，而是把武器、人员、弹药按照原定的计划在准确的时间运送到准确的地点。企业也是如此。企业成败的关键在战略设定的情况下就在于执行。执行是什么？一句话，执行讲的是管理。企业从管人的角度可分两个层面：一是领导，管的是定位、方向；二是管理，管理的定位是执行，是战略目标设定后如何做好。执行力的好坏关系到企业的兴衰成败。

卓越的公司尤其是"世界最受推崇企业"，并不一定在战略规划上花费更多的时间或努力，但却表现出卓越的执行力。

满街的咖啡店，为什么星巴克一枝独秀；同是做PC，为什么戴尔独占鳌头；都是做超市，为什么沃尔玛雄居零售业榜首？造成这些不同的原因，是各个企业的执行力的差异，那些在激烈竞争中能够最终胜出的企业无疑都是具有很强的执行力的。像通用电气、IBM、微软、戴尔等公司皆是如此，他们的成功皆与其杰出的执行能力有着直接的关系。

Cisco是全世界做网络设备最大的公司，曾任Cisco全球副总裁林正刚来中国时，他竟然不认为Cisco的成功在于技术，而在于执行力。由此可见，"执行力"在世界级大公司被看得有多重。只有执行力才能使企业创造出实质的价值，失去执行力，就失去了企业长久生存和成功的必要条件。

企业经营要想成功，战略与执行力缺一不可。许多企业虽有好的战略，却因缺少执行力，最终失败。在企业的经营与管理中，建立企业的愿景、战略与计划，以及强调对人力资源、财务资源和实物资源的管理固然重要，但如何将这些管理的重要方面有效地连结和整合起来，可能才是企业真正在竞争中取胜的根本保证。这种整合的能力就是目前许多优秀企业家和学者所强调的"执行力"。市场竞争日益激烈，在大多数情况下，企业与竞争对手的差别就在于双方的执行力。如果对手在执行方面比你做得更好，那么它就会在各方面领先。如果不能执行的话，管理者的所有其他工作都会变成一纸空文或一场空谈。

执行力缺乏，再好的战略也是空谈

在现实中，每个企业都会被种种导致执行力低下的问题所困扰。执行力不强是全球企业界乃至政府职能部门都必须面对的问题。因为战略的正确不能保证政府和企业的成功，成功的政府和企业一定是在战略方向和战术执行力上都到位的。就连微软公司总裁比尔·盖茨也坦言："微软公司在未来十年内，所面临的挑战就是执行力。"

某大型国有企业因为经营不善导致破产，后来被日本一家企业收购。厂里的人都在翘首盼望日本人能带来不错的先进技术和管理经验。可出乎意料的是，日本只派了几个人来，也只提出了一个要求：把先前制定的制度坚定不移地执行下去。结果不到一年，这家企业就扭亏为盈了。日本企业的绝招是什么？仍然是执行力。曾经有人断言，企业间过招，比拼的就是执行力，而中国企业缺的恰恰也是执行力。执行力缺乏，再好的战略也是空谈。

在中国，执行力弱和执行难是一个通病，也是一个顽症。从政府部门到企业单位，有令不行、有禁不止的现象十分普遍。"执行难"在企业有各种表现形式：

（1）管理者常怀哗众取宠、邀功请赏之心，喜欢恭维和吹捧。

（2）管理者高高在上、自以为是，听不进不同意见。

（3）企业管理者不能以身作则，言行不一。

（4）企业的战略、目标、计划等脱离实际，"宏大而空洞"，抽象不具体，缺乏操作性。

（5）企业内部各部门各行其是，缺乏沟通与协作。

（6）把决策与执行割裂开来，"头"、"手"分离。

（7）作风漂浮，华而不实等。

企业发展的原动力来自于市场，但企业目标能否实现，则要取决于内部管理的执行环节。企业提升执行力，维系着企业能否持续发展。执行难，缺乏执行力能够使一个企业从鼎盛滑向衰败。作为企业的管理者，一定要杜绝企业执行难的弊病，彻底改善执行能力，才能实现长足发展的可能。

总之，提升企业执行力，是企业建立现代企业制度中需要努力把握的重点，在实现企业改革与未来发展战略上，强化企业执行力将是一项持续工程，需要在企业改革和管理创新中不断完善。

管理者要努力提升自身执行力

管理者本身的角色就是以教练者的身份指导下属进行工作和达成工作目标的，而管理者的执行力如果不到位，管理思想与指导方法没有尽可能的运用于实际的管理要求，导致的后果就会使下属以至于更基层的工作人员不能认真对待和落实上面的执行目标与工作方案。

美国ABB公司原董事长巴尼维克曾说过："一位经理人的成功，5％在战略，95％在执行。"因此，提高执行力对管理者来说非常重要。只有参与到企业运营当中的管理者，才能拥有把握全局的视角，并且作出正确的决策。要做个"服众"的主管，就要提升自己的执行力，具体包括以下八项能力。

1. 领悟能力

做任何一件事以前，一定要先弄清楚管理者希望你怎么做，然后以此为目标来把握做事的方向，这一点很重要，千万不要一知半解就开始埋头苦干，到头来力没少出、活没少干，但结果是事倍功半，甚至前功尽弃。

2. 计划能力

执行任何任务都要制订计划，把各项任务按照轻、重、缓、急列出计划表，一一分配下属来承担。把眼光放在部门未来的发展上，放在不断理清明天、后天、下周、下月，甚至明年的计划上。

3. 指挥能力

指挥下属，先要考量工作分配，要检测下属与工作的对应关系，也要考虑指挥的方式。好的指挥可以激发下属的意愿，而且能够提升其责任感与使命感。

4. 监控能力

监控就是追踪考核，确保目标达到、计划落实。虽然谈到控制会令人产生不舒服的感觉，然而企业的经营有其十分现实的一面，有些事情不及时加以监控，就会给企业造成直接或间接的损失。

5. 协调能力

任何工作，如能照上述所说的要求，制订完善的计划，再下达适当的命令、采取必要的控制，工作理应顺利完成。但事实上，管理者的大部分时间都必须花在协调工作上，既包括内部上下级、部门与部门之间的共识协调，也包括工作与生活之间的利益协调，任何一方协调不好都会影响执行计划的完成。

6. 授权能力

任何人的能力都是有限的，作为高级管理者不能像基层员工那样事事亲力亲为，而要明确自己的职责就是培养下属共同成长，给自己机会，更要为下属的成长创造机会。

7. 判断能力

判断对于一个管理者来说非常重要，企业经营错综复杂，常常需要管理者去了解事情的来龙去脉、因果关系，从而找到问题的真正症结所在，并提出解决方案。这就要求洞察先机，未雨绸缪。要清楚这样才能化危机为转机，最后变成良机。

8. 创新能力

要提高执行力，除了要具备以上这些能力外，更重要的还要时时、事事都有强烈的创新意识，这就需要不断地学习，要求管理者把工作的过程本身当做一个系统的学习过程，要清楚创新无极限，唯有创新，才能生存。

管理者作为企业的中坚和脊梁，其重要性是不容置疑的。现代企业制度条件下对管理者在观念、能力、作风、品行、绩效、结构等素质上的要求更高，管理者必须努力寻找执行力的途径，使决策者、管理者、执行者、推动者赋于一身，真正成为企业的"中流砥柱"。

让执行力为企业管理开道

有效执行作为一种思考方法和操作技巧已经风靡全世界管理界。对于任何组织来说，有效执行不仅仅是管理者的事，也不仅仅是员工的事，而是整个组织的核心任务。

执行力，就个人而言，就是把想干的事干成功的能力；对于企业来说，则是将长期战略一步步落到实处的能力。执行力是企业成功的一个必要条件，企业的成功离不开优秀的执行能力，当企业的战略方向已经或基本确定，这时候执行力就变得尤为关键。

而在实践中，经常是企业高端的愿景往往非常美好，但是却大多缺乏层层解码的环境和机制，也就是缺乏执行力。戴尔公司总裁理查德·斯科德尔曾说过："对于一个组织来说，制定正确的战略是必要的，但更重要的是战略的执行，能否将制定的战略有力地执行到位非常重要，这是一个组织生存、发展及卓越的关键所在。"

汪中求先生在《细节决定成败》一书的前言中也曾写道："中国绝不缺少雄韬伟略的战略家，缺少的是精益求精的执行者；绝不缺少各类管理制度，缺少的是对规章条款不折不扣地执行。"

红蜻蜓公司的老总钱金波也这样认为：要强化一个企业的执行力，必须从制度的制定者到制度本身都进行加强，还要充分考虑到环境对执行者意识、心态的影响，最终还要对执行者进行正确的引导，才能使一个规定得以顺利地贯彻执行。靠制度约束可以让执行者做到60分，你也说不出什么来，但，假如注重了执行力的强化，同样的人、同样的条件、同样的方法，可能会取得80分、90分的效果。企业文化的力量体现在两个方面：一是监督力；二是止滑力。文化是一种认同，假如一个企业已经形成了良好的风气，假如有员工的行为和企业文化不符，就会有人提醒他，告诉他应该怎么做，这种善意的提醒就是一种融入日常生活中的监督。止滑力就像人，身体好的时候没有任何区别。但假如大家感冒了，有的人可能三天就好了，有的人可能要七天才好。有良好企业文化的员工，绝对不会在企业业绩下滑的时候说："老板，现在你有困难，我要走了"。像海尔公司，员工理解认同了企业"真诚到永远"的文化。所以，在为消费者提供服务的时候觉得很应该，会很自觉地去执行公司的规定。这从一个侧面反映出了企业文化对人的行为也就是执行力的影响。

执行力说到底，其实质是一种企业文化——执行力文化，要想有效提高执行力水平，只有把执行力工作提升到企业文化建设的高度，要按照企业文化建设的特性、模式和方法去构建企业的执行力。

在大多数情况下，一家企业和它的竞争对手之间的差别就在于双方执行的能力。因此，我们要把提升执行能力看做是提升企业整体竞争力和构建企业竞争优势的一个突破口，从而慎重对待，并为之付出一定的时间、人力和资金投入，执行人对每个阶段、每个环节都一丝不苟。管理者应当善于培养下属的执行力，从而不断提高企业的综合实力，让执行力为企业的管理开道。

 **格瑞斯特定理活学活用：推进执行力建设**

众所周知，企业文化建设或者说执行力建设主要有以下特征：设立目标，建立系统；管理者重视，从上到下推行；发动员工，全员参与；循序渐进，稳步推进；针对目标，定期督查。

了解了执行力建设的特征，我们就可以按照这种特征展开工作：

第一，企业要成立以主要管理者为负责人的工作小组。工作小组要对企业急需解决的执行力问题进行梳理，整理出企业执行力改善的近期、中期、远期目标，建立执行力规划体系。

第二，管理者要高度重视，带头按照企业的执行力要求去做。管理者要带头进行广泛宣传，把这些要求传递到中层，再由中层传递到员工，一级带动一级，一级负责一级，从上到下，层层推进。

第三，树典型，创建"品牌团队"。要充分认识抓典型的重要性，善于深入实际发现典型，把那些体现企业文化、反映企业精神、代表企业形象的先进个人和群体树立起来，作为学习的榜样。通过广泛开展"争先进，创一流"活动，树立一个蓬勃向上的良好风气。充分发挥典型的示范作用和带动效应。

第四，抓培训，提高执行能力。必须把培训工作当成兴企方略的重要举措来抓，要坚持从实际出发的原则，既要立足当前，又要考虑长远；既要看到一般员工的岗位需要，又要想到专业人员的知识更新。做到有计划、分层次进行。

第五，建制度，保证执行力的有效行使。搞好制度建设是做好一切工作的重要保证。要建立有效的考核评价体系，切实把执行率和执行结果作为对个人、集体的考核评价及奖惩的主要依据。同时，还要建立起有效的监督机制，通过稽核检查、宣传舆论等渠道的监督，确保政令畅通、执行无误。

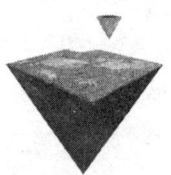

23 金鱼缸法则：
管理要建立在透明公正之上

定律释义：

金鱼缸法则是由日本最佳电器株式会社社长北田光男先生始创的。金鱼缸是玻璃做的，透明度很高，不论从哪个角度去看，都可以一目了然地观察到缸内金鱼的活动情况。金鱼缸法则是一种比喻，也就是极高透明度的民主管理模式。

金鱼缸法则作为现代管理制度的一项基本原则，在各个领域都有很好的运用。运用到企业管理中，就是要求管理者必须增加规章制度和各项工作的透明度。鱼缸透明的前提是鱼缸缸体采用的透明材料，此外就是要有清澈、通透的水质。所以，企业的管理者要不断提升自身的综合素质和职业道德，为管理工作的公开透明提供"透明的鱼缸和清澈的水质"，而管理工作的公平、公正正是透明的鱼缸和清澈的水质。

管理要做到公平、公正、公开

鱼缸透明的前提是鱼缸缸体采用的透明材料，此外就是要有清澈、通透的水质，所以，企业的管理者要不断提升自身的综合素质和职业道德，为管理工作的公开、透明提供"透明的鱼缸和清澈的水质"，而管理工作的公平、公正正是透明的鱼缸和清澈的水质。因此，在企业管理工作中要始终遵循和执行"公平、公正、公开"的原则去开展各项工作。做到了公平、公正，我们就不怕公开，而企业管理的公开、透明又会对企业管理本身起到巨大的推动作用，使企业得到持续、良性的发展。

用一个形象的比喻来解释金鱼缸效应。金鱼缸是透明的，不论从哪个角度去观察，都可以一目了然地观察到缸内金鱼的活动情况。

金鱼缸效应作为现代管理制度的一项基本原则，在各个领域都有很好的运用。

政务公开是金鱼缸效应在政府管理领域的运用。政务公开主要的要求是使政府的工作内容公开化，对于政府筹划或正准备进行的各项工作，如城市建设、道路规划、医疗保健措施、事务处理等分类进行公开，并对各项工作内容及进程予以公开，任何公民都可以通过特定途径，如政务公开栏、政务公开网络等进行查询、监督。政务信息本身就是政府信息的一部分，政务公开有利于政府信息公开的进一步透明化。我国政府政务公开的实行，对于反腐倡廉和提高政党的执政能力都起到了很大的推动作用。

金鱼缸效应运用到企业管理中，就是要求管理者必须增加规章制度和各项工作的透明度。各项规章制度和工作有了透明度，管理者的行为就会置于员工的监督之下，就会有效地防止管理者滥用权力，从而强化管理者的自我约束机制。同时，员工在履行监督义务的同时，自身的主人翁意识和责任感得到极大的提升，而敬业、爱岗和创新的精神也将得到升华。

目前，企业界常采用"开诚布公管理法"，其哲学基础与"金鱼缸法则"一样，就是"开诚布公"。

史塔克是业界施行"开诚布公管理法"的先驱之一，他因道德表现杰出，堪为众人表率，而获得"企业信用奖"。史塔克接掌"春田重整公司"（SRC）时，SRC刚从母公司"国际丰收公司"脱离出来，整个公司的经营状况可说是摇摇欲坠。史塔克认为，唯一能使公司长久维持正常经营的方法，就是以真相为基础。他决定让公司里的每位员工都了解公司整体的经营状况。他亲自教员工看懂、了解公司的财务报表，而且定期公布公司的账册与各项财务资料，让全公司上上下下都知道公司目前的状况及未来的目标。

最后，要记住：管理制度和各项工作的透明、公开是提升管理水平、防止不正之风的法宝之一。

处理事务要公私分明

公私不分、假公济私或欠缺公正的管理者在下属的心目中是不会具有威信的。因此，切忌假公济私。公私分明是一名管理者用权的标准。唯有如此，才能正己立身，才能管好下属，否则就会完全掉进私欲的陷阱之中不能自拔，造成毁灭性结果。

公私分明，为古已有之的用权戒律。

对一位管理者而言，公与私是不能同时满足的，因私必然害公。因私害公的管理者，在下属眼中就会毫无威信可言。人一旦做了管理者，自尊心就会随之提高，常常会莫名其妙地感到自己被忽视，别人一说悄悄话，或在暗中商讨事情，就会觉得不是滋味。管理者也大可不必因此心怀恨意，如此阻碍工作进行，于己何利？

作为管理者，"不知道"和"不了解"是自己的过错，不应责怪下属。在平时，管理者就应该多作调查，听取下属报告；或巡视各部门的工作现况，以了解他们实际的工作情形。不能掌握下属行事的管理者，是一个差劲的管理者。同样，作为管理者，像这种因私害公的情形最好不要在自己身上出现。

作为一个现代企业的管理者，同样只有无私才能无畏。他们在工作岗位上都应对下属采取公平的处理。但是，什么是"公平"呢？如何判断自己对待下属是否公平呢？下判断的要诀是无私，即不可考虑自己的利益所在。

比如说分配任务。当遇到困难的工作，不要想任用之人成功完成任务后自己将得到的奖励或赞誉，也不要因为工作轻松又可获得利益，便想掠夺过来，企图自己做。这样的念头，都会使下属对你的信心大减。因为你的企图很容易被下属看穿。不论何时，由上往下看，往往不能知道实情。然而，由下往上看，却往往能正确地了解一切。

就企业的利益而言，管理者必须从工作的重要性、紧急性综合判断。在判断的过程中，绝不可掺杂丝毫的自我利益。从工作大局，从企业的未来发展情况而进行考虑，就可以光明磊落地着手去做。一个善于指导下属的管理者，是应该经常关怀下属的。然而，付出过多的关怀有时反而于事无补，最好的要诀是做个无私的管理者。

让下属看到"飞出的木片"

有人认为，下属对工作如何看无关紧要，工作本身才是最最重要的。管理者们也曾经天真地认为，让下属去完成任务是一个简单的过程。他们认为，只要给下属指出他该做什么，并施以强制、晋升等手段就可让其顺利地达到既定的目标。然而，实践表明激励并非如此简单。管理者的工作不仅仅是让下属完成任务，而是要在符合下属意愿的情况下完成任务。符合意愿，就意味着让下属看到自己的工作成果而明白工作的意义。

有位心理学家曾经做了这么一个实验，为证实成果对人的激励作用，雇了一名伐木工人，要他用斧头的背来砍一根圆木，心理学家告诉伐木工人，干活的时间照旧，但报酬加倍，他唯一的任务就是用斧头背砍圆木。干了半天之后，伐木工人不干了。"我要看到木片飞出来。"伐木工人说。

其实，谁不希望看到"飞出的木片"呢？

"飞出的木片"即下属工作的成果，是每位下属证实自我价值的直接体现，亦可理解为每项工作的外在有效价值，是劳动的最直接的成果。所以，看到"飞出的木片"——成为每位下属努力的最真实自然的动机，任何看不到"木片"的工作，只能是机械地重复，它意味着对工作成果和工作价值的埋没和湮灭。而机械的重复与成果的埋没具有100%、甚至200%的负面作用和巨大杀伤力，它可将一个人的工作积极性和原动力降至零，抑或最终使其"无力而不为"。

看不到"飞出的木片"这是产生工作压力的主要原因。当下属看不到木片时，不确定的心理会降低他们集中精神做事的能力，从而使工作表现大打折扣。当下属不知道干得怎样时，他就无法对他的工作表现作出效的修正，进而无法朝着目标有效地努力。面对迷茫的"前方"，他就想当然地去猜，觉得自己的工作毫无意义。因此，管理者如果要激励下属，特别是负责大工程的某个部分的管理者，一定要用"工作成果"从神上满足他们，使他们在精神上有所收获。这对下属不仅仅是一种精上的激励，还是每个人获得他人认可的最有效的手段。

实实在在的工作成果，是下属自我价值的体现。让下属看到自己的成果，他们就能体验到深层的自我满足，获得由衷的自豪感。譬如，汽车工人喜欢看着装配好的汽车开出去；大厨师想凭他的手艺使宴会成功；给航天飞机铆铆钉的工人看到航天飞机发射上天就会满足，这些出自同一种精神的需要——工作成果。这种精神上的满足可极大地调动起下属的工作热情，使其尽心尽力，主动致力于企业业绩的提高。

乔的秘书每月要做一份相当复杂的报告。多年来，每当秘书将该报告送给他时，乔总是只看了一眼便说："放在那儿吧。"然后就让秘书出去了。结果，秘书所写的报告质量忽高忽低，让乔十分苦恼。一次，秘书又送来一份月报告，这份月报告写得十分完美。在秘书的面前，乔很仔细地阅读了一遍，然后极力称赞这份报告的工整以及内容的完整，并对秘书说："真希望以后的月报告都能这么完美。"听了这句提示性的话，秘的反应让乔非常惊讶。她兴奋地说："谢谢你告诉我这些。"接下来的时间里，秘书都以此为底线制定月报告。乔满意极了。

所以当下属执行一项任务时，作为管理者，一定要确保让下属看到"飞出的木片"，永远不要让下属自己去猜想干得如何。记住他们需要！他们可能不会像伐木工人那样主动要求得到它。但是，身为管理者，你有责任告诉他们。

纠正员工认为不公平的地方

作为卓有成效的管理者，你应学会主观地评价员工，但完全主观也会导致评价不公。原因显而易见，完全进行主观评价在员工面前缺乏说服力。

管理者会设计出种种考核手段，来确保能够客观地反映员工表现、评定一个人所作的贡献有多大并将这种结果同工资报酬之类的密切联系。所有的迹象表明，这种客观的设计是绝对不可能公平的。当评定一个人时，你尽管做到了客观地评判，但又往往被认为结果是不公平的。比如，你想通过"出勤率"指标反映出一个人的工作态度，可有时出勤率高的人未必比出勤率低的人贡献大、效率高。这是因为指标体系设计的本身存在固有的限制，而这种限制又可能会导致你不能公平地评价你的员工。

完满的评价方法应是客观与主观相结合的办法。即管理者以客观的评价指标为基础，结合自我的主观评价，来公平地看待每位员工的表现。

平等待人对企业的重要性不言而喻。不公平便会导致员工内部分裂、消极怠工以及达不到员工希望完成的工作目标。对管理者而言，则会损伤其在员工中的权威形象，从而削弱管理者的灵魂地位。

事实上，当与员工谈心时，管理者便会发现困扰员工的最大问题就是不公平问题。员工认为不公平的地方有：

（1）没有机会提升。

（2）所涨薪水并非如想象一般的好。

（3）个别员工与管理者打成一片，而其他员工被冷落。

（4）未被允许参加某项工作，而有人从中受益。

（5）个人认为自己工作出色，但管理者评价却不高。

（6）管理者太忙而很少接见员工。

（7）管理者只会不断挑错，而不会鼓励与表扬。

（8）管理者未对自己努力工作的行为作出反应，但对其他人的小小进步却大加褒扬。

（9）不合理的福利分配制度。

当然，人们对公平都有自己独特的见解。员工很少谈及其他事情，他们常关心的是对自己不公平的待遇。不得不工作在不合理的限制中，以及接受缺乏民主的决策，是他们常常抱怨的问题所在。

公平是直觉的合并，个人价值观念的集中，共同信念的分享，相互尊重的继续，是对大家都同样重要的东西的解释。作为一名优秀的管理者，你应该使手下的员工以近似的观点来看待相同的问题。如果做到这点，员工就会认为你很公平；否则，就会认为你不公平。

公平并不需要复杂的解释，只需要在重要的决定背后指明信念与原因即可。平等待人的目的，就是要产生共同的、有益于沟通的理解，以确保企业目标的实现。

平等待人是对每位管理者的重要考验。员工则本能地了解管理者公平地对待每个人，使每个人均有同等机会发表自我见解，每个人均处于同一起跑线上竞争，对每个人的规定与要求都是相同的，每个人都很清楚企业将要发生的事情。管理者只有处理好公平问题，才能真正调动起每个人的工作热情与渴望。

 **金鱼缸法则活学活用：对待下属一视同仁**

为人公正，办事公平，这是一个管理者的基本素质。贾谊在《新书·道术》中说："无私谓之公，不公为私。"宋代大文学家韩愈说："物不得其平则鸣。"可见，公平之说，古已有之。公平之人，公平之事，在史籍典册中，更是不计其数。

唐代的大理寺少卿戴胄，堪称公平的典范。一次，唐太宗李世民的妻舅、长孙皇后之兄长孙无忌带刀进入皇宫，在宫门口站岗的监门校尉未发现。按照唐律，长孙无忌和监门校尉都违犯了法律。可是，当朝宰相封德却说，长孙无忌是一时疏忽，不能视为犯法；校尉麻痹大意，应该杀头。唐太宗居然点头同意这么办。这时，戴胄挺身而出，明确表示：这样量刑不公平。他说，无忌带刀入宫，校尉没有发现，这两方面都是由于一时疏忽，如果量刑，应一视同仁，怎么能重此轻彼呢？戴胄说得理直气壮，有根有据，唐太宗只好答应重新商议。而再次商议时，封德仍是力主原判，戴胄便据理辩驳，寸步不让，指出：无忌和校尉，论其过误，情况相同，而校尉是由无忌带刀入宫的缘故而致罪的，"于法当轻"。现在，轻罪反而重判，重罪反而轻判，"生死顿殊"，很不合理，坚决要求据法重新判决。唐太宗觉得戴胄说得有理，终于接受了他的意见，把无忌和校尉都免罪了。

这里的几个人物，长孙无忌是"国舅"，又是有卓著功劳的开国元勋；封德是当朝宰相，大权在握，更有皇帝偏袒。监门校尉则不过是在宫门口站岗放哨的小官；戴胄自己也不过相当于今天的最高法院院长。可是他居然秉公力争，坚持公平断案，这是很不容易的。然而，唯其公平合理，才得到了李世民的首肯。除了戴胄，像包拯、海瑞这些历史上有名的"清官"，都因秉公办事而深得人心。

可见，自古以来，公平一直是管理者处理与下属关系的原则。因为下属最忌管理者偏心。因为种种原因，管理者并不能公平对待每个人的成绩，或不能公平地处理每个人的错误，这实际上起到了一种离间的作用，孤立了被偏袒的部分下属。因此会导致下属之间相互猜忌，矛盾重重。群体的凝聚力就会大大降低，这显然会给管理工作设下重重障碍。

历览古今多少事，公平之心不可缺，这不仅是处世、做人的起码道德，更是一个管理者搞好上下级关系、做好工作的一个起码的前提条件。

春秋战国时，燕昭王为报被齐国打败的仇恨，重振国威，便千方百计招揽人才。他找大臣郭隗商讨对策，郭隗向他说出了这样的道理：竭诚礼待他人，虚心求教，可聚集比自己强几百倍的人才；向人表示敬意，能够听取别人的意见，可以聚集比自己强几十倍的人才；以平等方式待人，可以招来与自己能力差不多的人才；而如果自恃权势，对人呼来唤去，则只会有一些小人投奔自己；昏庸无道，随意骂人，则只能剩下身边的奴仆。

对下属一视同仁，公平合理，是管理者处理与下属关系的一条重要原则，也是赢得下属信任的重中之重。如果你的下属发现你能公平公正地对待他，他定会心情舒畅，干起活儿来，也必是斗志昂扬，对你自然也会更加拥护。

24 飞轮效应：
让企业"飞轮"越转越快

定律释义：

如果你想使静止的飞轮转动起来，一开始必须使很大的力气，一圈一圈反复地推，每转一圈都很费力，但是每一圈的努力都不会白费，飞轮会转动得越来越快。达到某一临界点后，飞轮的重力和冲力会成为推动力的一部分。这时，你无须再费更大的力气，飞轮依旧会快速转动，而且不停地转动。这就是管理学上著名的飞轮效应。

成功之路，贵在坚持。企业要成功，就要一步一个脚印，慢慢地、坚持不懈地转动"飞轮"。当飞轮真的被转动起来后，许多人就会参与并给其加力。团队中的每个人只要使一点力，飞轮就会加速。

打好根基，让"飞轮"转起来

1965年，纽可公司开始推动飞轮，起初只试图避免踏上破产的命运，后来则因为找不到可靠的供应商，而开始建立起第一座自己的钢铁厂。

纽可公司的员工发现，他们有办法把钢铁炼制得比别人好，也比别人便宜，因此两年后又建了两座迷你炼钢厂，接着又建了三座厂。开始有客户向他们采购，然后又有更多的客户上门！一圈又一圈，年复一年，飞轮累积了充足的动力。

后来，纽可人猛然醒悟，如果他们一直推动飞轮，纽可公司将可成为美国排名第一、获利率最高的钢铁公司。波尔曼解释：还记得1975年有一次我和艾佛森谈话的时候，他说："波尔曼，我想我们应该可以成为美国排名第一的钢铁公司。"我问他："那么，你打算什么时候成为全美第一？"他说："我不知道。但是只要我们继续做我们目前在做的事情，我看不出有什么理由我们不能成为全美第一？"尽管花了20年才达到这个目标，但是纽可一直努力不懈地推动飞轮，终于成为《财星》一千大企业排行榜上最会赚钱的钢铁公司。

我们必须要脚踏实地地做好基础工作，打好根基，才能够为以后的发展提供有效的保障。就像我们不管用什么方面，都必须让飞轮主受力方向与想它转动的方向一致才可以达到它转动的目的。当做好所有准备后，获得的将是很好的发展，在发展的背后，将是许多许多的认同，认可与依赖。

克罗格公司的总裁、著名管理专家吉姆·柯林斯就是运用飞轮效应让公司的5万员工接受他的改革方案的。他没有试图一蹴而就，也没有打算用煽情的演讲打动员工。他的做法是组建了一个高效的团队来"慢慢地但坚持不懈地转动飞轮"———用实实在在的业绩来证明他的方案是可行的，也是会带来效益的。

员工看到了吉姆的成绩，越来越多的人对改革充满信心，他们以实实在在的行动为改革做贡献，到了某一时刻，公司这个飞轮就基本上能自己转动了。

此后，吉姆·柯林斯调查了1 435家大企业的名单，经过调查、比较、研究，吉姆吃惊地发现：在从优秀公司到伟大公司的转变过程中，根本没有什么"神奇时刻"，成功的唯一道路就是清晰的思路、坚定的行动，而不是所谓的灵感。

飞轮效应告诉我们一个企业从优秀到卓越的转变过程。对于一家企业来说，一切成绩的取得离不开长期的积累和坚持不懈的努力。成功需要我们每个人排除一切干扰，把精力集中在最重要的事情上，全力以赴去实现目标。因此，在奋斗的路上要坚持不懈，成功一定会属于你。

坚持不懈地转动"飞轮"

飞轮效应告诉我们，在每件事情的开始都必须付出艰巨的努力，才能使你的事业之轮转动起来，而一当你的事业走上平稳发展的快车道之后，一切都会好起来。万事开头难，努力再努力，坚持再坚持，光明就在前头。

神州数码公司在尝试向IT服务业的战略转型的过程中，在最初阶段也是遇到了重重磨难，员工思想观念难以转变、利益难以平衡等问题都难以解决，2002年甚至发生了严重的管理团队流失现象，连神州数码公司的总裁郭为都曾经动摇过，怀疑自己的战略转型方向是否正确，但是，是坚持让公司熬过了一次又一次的危机，并最终取得了阶段性的胜利。如今，神州数码公司销售总额突破200亿元、利润翻番、成为中国IT服务的领先品牌、业务流程基本实现电子化。在深度概括成功的经验时，神州数码公司的总裁郭为说："对于战略转型，我有两点体会：其一，转型能否成功，最终取决于企业是否真的看清楚了所选的方向，这是决心和信心的来源。其二，要坚持。在遇到各种困难和挑战时，唯有坚持才能笑到最后。"

飞轮效应的反面是"死亡循环"，陷入死亡循环的企业同样想实现战略变革，但是它们缺乏足够的执著去产生飞轮效应。它们以一种狂躁的热情去推动变革，想一口吃成个大胖子。它们的战略只有一个方向，一旦遭遇到预料之外的挫折，马上转向另一个方向——失败之后不是进行很好的反思，而是换个新的CEO，换一种策略，开始新的改革运动——继续失败。于是，这个企业就进入了"死亡循环"。

20世纪80年代早期的华纳兰博特公司就是一个典型的"死亡循环"的例子。

1979年，华纳兰博特公司告诉《商业周刊》，它们要做消费产品的领导性厂商。仅一年之后，它的目光就转向了医疗保健行业。到1981年，它开始多元化。不久，它的主业又转回到消费品。在1987年，它开始宣称要和默克制药竞争。90年代早期，由于政府医疗改革方案迟迟没有通过，它又开始了多元化。在1979年到1998年期间，华纳兰博特公司换了三位CEO，每位CEO都实行一个新的战略，而不是继承前任的战略。最终到2000年，这家公司被兼并了。

俗话说："坚持就是胜利"，要取得胜利就要坚持不懈地努力，飞轮效应对于一个企业或者一个人来说，它的借鉴意义在于：所有的梦想和希望都初现端倪，只要能够加一把力，再坚持一会儿就好了。原始的积累是艰辛的，但是前途是光明的。

成功不是结果，是新的起点

企业的成功，是由一个个目标的实现达成的，所以，当一个目标实现了，不要因此而沾沾自喜，因为这时需要重新确定下一个目标，再次去工作；否则，就可能因为停步不前而倒闭。只有那些永远朝前走，不为一点点成绩而自满的企业才能保持持久旺盛的生命力。

隆力奇公司的前身是常熟市蛇业公司，于1986年成立，专门进行蛇类保健品的研制和销售。1992年，该公司面向市场推出隆力奇（long life的音译）纯蛇粉，很快成为中国蛇类保健品第一品牌。此时，中国保健品行业正处在鼎盛时期，如何扩大销售渠道，更快地发展，隆力奇公司从三株药业公司中获得了启迪，它借鉴"三株"口服液的销售方式，不遗余力地建设终端销售网点，隆力奇纯蛇粉成为当时销量最好的保健品。

20世纪90年代末，中国的保健品行业开始走下坡路。隆力奇公司经过调查发现，消费者非常喜欢赠品蛇油蜜。所以，隆力奇公司紧盯这一商机，开始试水日化产品行业，与江南大学和上海医科大学合作研制蛇生物酶制造化妆品。

隆力奇公司日化品的销售渠道在借助保健品销售渠道的同时，进行其他方式的探索，随着中国加入WTO后，外国产品涌入中国，给中国日化产品带来了很大压力，隆力奇公司开始发展建设农村的销售渠道。

在一线城市，隆力奇公司是在大品牌的夹缝中勉强生存，在二、三、四级市场，隆力奇公司销售情况不错。隆力奇公司当时可以做到一个星期之内，把产品铺货到全国所有城市乡村的每个终端店，这是非常难得的。隆力奇公司定位于中国老百姓"买得起，买得到"的市场领域，更有销售保健品积累下来的销售网络，使得隆力奇公司顺利地转型为化妆品品牌。

在日化品市场运营初期，隆力奇公司采用的是代理式运营模式，借助区域代理商自身资源迅速在全国建立了销售网络，其推行的"小区域独家经销制"被省级代理商全面复制，使销售网络深入到了县级城市，从而使产品顺利地切入了市场并形成覆盖率。但随着化妆品销售额增长，市场运营中出现同一级别的代理商相互冲货、渠道终端执行不力、信息滞后等现象。

代理商式的销售终端不再适应隆力奇公司的快速发展，于是，隆力奇公司开始改变销售方式，在各地组建自己的销售分公司。从1998年开始，隆力奇公司利用自身资源，建立垂直行销体系，随着垂直网络的扩大和终端网点的开辟，垂直销售的优势越来越强过代理商销售。于是，隆力奇公司决定在保健品销售的空白区域派出分公司直做，重新整合已经失去优势的一些市场。

到2003年年底，几乎国内的每个省、自治区、直辖市都有隆力奇公司系列保健品、化妆品的销售，网络纵横交错、覆盖密布。2000年后，隆力奇公司在全国共组建了260多家销售分公司。

随着隆力奇公司销售渠道的稳健，产品种类开始增加，基本覆盖膏霜类、洗涤类等小日化产品。2000年，公司开始进军大日化（如洗衣粉、洗洁精等）领域，继续沿用原有销售渠道。

2003年11月，隆力奇公司为降低销售成本，适应公司的发展变化，将设立营销分公司的终端销售模式转为经理承包的独立公司经营模式，双方变成了一种客户关系和买卖关系。这样，从一方面保证企业有足够的资金回收，降低了经营风险；从另一方面也给予分公司更多经营自主权。

2006年，隆力奇公司针对低端市场业务增长空间有限，决定试水高端日化品，寻求新的利润增长点。同年，隆力奇公司在美国成立护肤品研究院，在日本成立美建创新中心，借鉴倩碧、雅诗兰黛等品牌的成功技术，研发高端护肤品和日化产品，此部分产品直接走直销路线。

如今，隆力奇公司还在探索中前进，随着市场的变化，它将会寻找下一个目标，继续稳居变化中的市场。

隆力奇的成功给我们的启发是，一个个阶段性的目标实现后，不要满足，还要继续前进，把成功当成下一个目标的起点，用归零的心态，重新走向下一个目标。

关注意外的成功或失败

不论是意外成功还是意外失败，都是我们所没有预料到的，但如果追究一下我们没有预料到的这些事情，可能从中会发现成功的商机，也可能从中吸取教训，悬崖勒马。总之，这些细微的没有预料到的东西，是管理者应该注意的。

出乎意料的成功，总是让我们不敢去把握，想着自己已经拥有了很好的发展，不必去冒险，结果，正是这种一成不变的思维，导致企业与机遇失之交臂。用变化的眼光去看问题，只有摒弃惯性的思维才有可能对意外事件作出理智而正确的判断。往往意外的成功，究其内在原因，可能就有规律可循，就能把握其发展方向，这样再作出决定，就不是冒险行动了。由此可见，一定要有敏锐的市场感觉。

同样，意外的失败也需要我们去研究，"失败是成功之母"，只有认识到自己的失误，才能更好地走好下面的路。但如果不能重视失败，可能会走向下坡路。

一家进出口公司经营的业务是对出口挂锁。这种挂锁不是很牢固，用别针一挑就能够打开，于是老板认真做了改进，结果反而滞销了。另一家小的竞争对手注意到同样的事情后，生产了两类挂锁：一种是样子锁；另一种是安全性更高的挂锁，前者卖给农村的客人；后者卖给城里人，他们成功了。

像这家进出口公司意外的失败，虽然给公司带去了一定的麻烦，但如果能找到滞销原因，发掘更好的产品设计方法，那么，他们一定能发现新的销售市场。

比如，可能是产品或服务设计或营销战略不再符合现实状况；也可能是客户的价值和认识已经发生了改变，尽管他们仍然购买同一种"东西"，但他们实际所购买的是截然不同的"价值"；还可能是原来的同一市场或同一最终用途，现在分裂成了两个或者更多的市场，而且每个市场所要求的东西都完全不同了。总之，细细研究，定能找到失败的原因，就可以避免以后走错路，也能从中发现公司发展的新途径。当然，许多失败都是失误，是贪婪、愚昧、盲目追求，或是设计与执行不得力的结果。但是如果经过精心设计、规划及小心执行后，仍然失败，那么这种失败常常反映了隐藏的变化，以及随变化而来的机遇。

总之，留意意外成功和意外失败，其中蕴含着机遇，当机遇闪现和来临的时候，不失时机地、主动地捕捉它和驾驭它，定能取得更好的业绩。

飞轮效应活学活用：警惕成长速度过快

管理大理德鲁克说过："快速发展是组织的经营之道出现危机的另一个可靠征兆。对于任何在相当短的时间内规模翻一番或两番的组织来说，它的经营之道必定跟不上它的发展。"企业增长过快就是脱离实际，脱离了客观规律，特别是如今市场经济的环境下，经营一定充分考虑到风险；否则，陷入危机甚至破产就成了必然。

以吴炳新为首的济南大陆拓销公司和其子吴思伟的南京克立公司合并，于1994年8月，成立了济南三株实业有限公司（以下简称"三株公司"），同年，三株公司销售额达到了1.25亿元，1995年销售额增长到23亿元，1996年更是达到80亿元，成长速度可谓快得惊人，而企业刚开始的实际注册资金只有30万元，在短短的三年时间里，竟然增长了16万倍，并且资金负债率为零，这可以说是缔造了现代企业营销的奇迹。

三株公司之所以能够有如此快速的增长，是销售网络和生产能力的扩大导致的。三株公司在短短的1~2年的时间内在全国所有的大城市、省会城市和绝大多数地级城市注册了600个子公司，在县、乡、镇建立了2 000个办事处，吸纳了15

万销售人员。仅1997年三株公司一口气投资5亿元兼并了全国20多个制药厂。

但随着企业的发展，三株公司在管理上的问题逐渐凸显了出来，并掩盖住了它辉煌的销售业绩。吴炳新的弟弟下到农村去检查当时销售情况，发现销售现场一片乱哄哄，没有管理制度，全都是在哄消费者，哄上级。他顿时气得中了风，打电话给吴炳新说："不得了了，尽哄人啊。"1997年"常德事件"发生，组织内部已经相当脆弱，组织内部层级过多、总部的指令在层层下达中被歪曲或变形，上级对下级的内部控制乏力。结果，在这个事件中三株公司表现是反应迟缓，没有形成有机的抵抗力，最终致使企业失败。

三株公司的失败启发我们深思，在企业快速增长，规模增大的情况下，正是因为管理制度没有跟上，使得三株巨人倒下。所以，企业要想从做大向做强转变，就必须在完成市场资源和资本的原始积累之后，进行规范化的管理制度建设，只有这样，才能保证有坚实的后盾，为企业可能面临的危机保驾护航。

所以，机构迅速膨胀并不一定是好现象，要时刻保持警惕，放慢脚步，注意观察企业存在的隐患，及时排除。在通常情况下，企业的快速发展都会遇到如下的问题。

1. 管理问题

随着企业的快速发展，业务范围的扩大、经营地点的增多、人员大幅扩增，管理跨度就需要变大、管理层次需要加深、管理结构也变得更为复杂。所以，管理难度也大大增加了。原来的管理力度就会大大地削弱，管理思想和精神也就很难贯彻到底。即便被贯彻到底，也难免会出现完全走样的情况。企业管理出现问题，员工工作涣散、效率低下、竞争力减弱就成为必然。

2. 文化问题

随着机构的扩张，企业员工数量急剧增加，人员成分也变得越来越复杂，企业就会出现不同的各种文化和价值观。这些文化很可能引起企业文化的变形。企业文化由此面临着严峻的考验和巨大的挑战。

3. 人才问题

企业发展过快，人才储备就会出现明显不足情况，主要表现在严重缺乏受过本企业文化熏陶的所需人才，特别是中高级管理人才。因为在企业小时，你无法储备大量高素质的管理人才，即使你有心去做，但由于企业本身缺乏足够的事业吸引力，也吸引不了更好的人才；而随着企业的发展，人才缺乏现象就会显现。

　　针对这些情况，企业就该提高警惕，放满速度，尽快完善管理，强化企业文化，尽快聘请优秀人才补缺。当着一切都完成后，再图发展，不仅不会耽误企业的发展，还会使企业发展得更加坚实有力。

25 特里法则：
承认错误比拒绝错误更伟大

定律释义：

特里法则是由美国田纳西银行前总经理特里提出的。它的意思是，承认错误是一个人最大的力量源泉，因为正视错误的人将得到错误以外的东西。

特里法则告诉我们，错误虽是世界的一部分，人类不得不接受与错误共生的命运，但只要我们能够正视错误，懂得从错误中汲取经验教训，就可以获得成功。

勇于承认错误和失败也是企业生存的法则。市场不是两军对垒的战场，企业不是军队。承认错误和失败，企业可以避免更大的市场损失，可以重新调整自己的市场策略，也就可以重新取得市场机会。

承认错误是成长的契机

勇于承认错误和失败也是企业生存的法则。市场不是两军对垒的战场，企业不是军队。承认失败，企业可以避免更大的市场损失，可以重新调整自己的市场策略，也就可以重新取得市场机会。

2001年11月17日，TCL公司总裁李东生在"企业家理论与企业成长国际研讨会"上反思TCL公司六年成长中的"两大失误、五大不足"。两大失误是指多元化准备不足，战线拉得过长，真正形成有竞争力的行业不多；国内通讯产业的发展机遇没有抓住。五大明显不足分别是综合规模实力不足、研发能力不足、国际经营管理经验的不足、营销能力不足、企业体制不足。

但是，事隔不到两年，我们就看到，在中国通讯市场上，TCL公司已经成为中国移动通讯制造商中位居前列的本土企业。这靠的是什么？就是勇于承认自己的错误并对症下药。

再看看世界那些百年企业的发展历史，它们没有一个没有经历过失败，重要的是他们都能够从失败中重新站起来。2001年，沃尔玛公司首次位列世界500强榜首。但据德国《商报》2002年3月报道，这个世界最大的连锁商进入德国市场四年来却连遭败绩，不仅损失超过1亿美元，而且它在财务上遮遮掩掩的做法，无法蒙混过德国法律这一道关，它将不得不对外公开2000年和2001两年度的财务情况。沃尔玛公司在德国拥有17万职工，设有95家分店，但是，沃尔玛公司并没有因为在德国的受挫而灰心丧气，而是勇敢承认错误，采取整顿措施，在德国市场上再搏一次，后来终于取得了成功。

肯德基公司是个成功的企业。殊不知肯德基公司在进军香港时也经历过惨重的失败。1973年，肯德基公司将目光瞄准了香港，同年6月，第一家肯德基公司店在香港开业，1974年，肯德基店的数量已达到11家。声势浩大的广告宣传，加上独特的烹调方法和配方，使得顾客们都很乐于一试，可以说肯德基公司在香港前途光明。但是，到了1974年9月，肯德基公司公司突然主动宣布多家快餐店停业，到1975年2月，首批进入香港的肯德基店全军覆没，纷纷停业关门。肯德基公司承认了贸然进入香港市场的策略是失败的。

并不是失败了，它们就不成功。正是因为勇于承认失败和错误，它们才能历经百年而不倒。达尔文曾经说过："任何改正都是进步。"歌德也说过："最大的幸福在于我们的缺点得到纠正和我们的错误得到补救。"敢于承认错误，汲取教训，才能以崭新的面貌去迎接更加激烈的竞争和挑战！

认识问题是解决问题的第一步

承认问题是解决问题的第一步，你愈是躲着问题，问题愈会揪住你不放。

食用油行业三大知名品牌金龙鱼、福临门、金象对于问题的不同处理方式就说明这个道理。

2005年12月27日，国家卫生部发布"2004年度食用植物油监督抽检情况通报"，判定部分食用油品牌抽检产品不合格，令人吃惊的是，食用油行业三大知名品牌金龙鱼、福临门、金象赫然在榜。此消息一经媒体披露，即引起众多消费者关注："连最知名的品牌都出问题了，我还敢买什么油啊"。的确，如果食用油第一品牌金龙鱼的产品都不合格了，还有哪个品牌值得信赖呢？

从三大企业应对危机事件的举措来看，能使人感觉出其策略有高有下。

27日，媒体披露国家卫生部食用油检查结果。28日，三大品牌同时对检查结果发表声明，中间只经历了一天时间，过程之短，可谓"反应迅速"，三大品牌企业危机公关意识之强，由此可见一斑。

但是，如果把三大企业声明的内容进行系统比较的话，却发现其境界、策略、效果有天壤之别。

先看金龙鱼的声明。该声明分为三大部分：第一部分：简单回顾了一下事件基本情况。第二部分：陈述企业采取的行动及措施——对所有八家生产企业的产品全面复查；对于被卫生部判定有问题的产品实施追查并招回。第三部分：公布检查结果影印件及国家标准。意在让消费者自己看实际检查结果是否符合国家标准。整个声明层次清晰，表述完整，心平气和。再看福临门的声明。福临门的声明与金龙鱼基本相似，就国家卫生部抽检情况简单回顾，然后表述企业对此事件高度重视，并招回被认为有问题的产品等。但是，福临门声明的一个显著特点是，特别强调此前关于媒体所谓"福临门要与国家卫生部对簿公堂"作出澄清，说："福临门从没有说过这样的话"。

但是，金象的声明与前两者大相径庭。金象前后发表了两个声明，第一个针对国家卫生部。声明要点如下：第一，抽查检测程序不合法，依据是：抽查前没有知会金象，因此，无法确认是否被抽查、在何时何地抽查、抽查油样是真是假、检测结果是否准确等。金象由此认定，国家质量监督和新闻发布程序有问题。第二，鉴于自行检测结果与国家抽查结果差别较大，作为ISO9000质量认证通过单位，金象对国家抽查结果感到莫名其妙。第三，金象是国家免检产品，其他部门没有随便抽查的权力。第四，金象认为，国家部门不应该只关心大型超市和大型企业，而应该多检查和管理地沟油、掺假油、劣质油。第五，金象要求有关部门采取行动消除影响，给金象一个合理、公正的生存环境。第六，金象特别强调，对于不负责任的报道，金象保留使用法律手段的权利。紧随这一声明，金象又发表了一封致消费者的公开信。公开信内容和金龙鱼、福临门声明大致相似，所不同的是，金象再次强调国家卫生部检测程序不合法，作为国家免检产品，金象保证自己的产品是安全合格的。

专业研究人士倾向认为金龙鱼表现最好，福临门次之，金象最差。应该说，金龙鱼的声明很成功。无怪乎有消费者看到这个声明之后称，他不会因为新闻报道而放弃对金龙鱼的选择。

企业要勇敢地面对问题而不是逃避问题。当企业出现问题时，应正视问题，解决问题，承担责任，知错就改，这样才有利于问题的解决，有利于企业的进一步发展。

知错能改，才利于事业的发展

人非圣贤、孰能无过；知错能改、善莫大焉。人不怕犯错误，可怕的是一辈子做错事。犯了错误如果能及时悔悟，及时改正，对自己今后的发展会起到很大的作用。《世说新语》中有则周处知错就改的故事。

周处年轻时，为人蛮横强悍，任侠使气，是当地一大祸害。义兴的河中有条蛟龙，山上有只白额虎，一起祸害百姓。义兴的百姓称他们是三大祸害，三害当中周处最为厉害。有人劝说周处去杀死猛虎和蛟龙，实际上是希望三个祸害相互拼杀后只剩下一个。周处立即杀死了老虎，又下河斩杀蛟龙。蛟龙在水里有时浮起有时沉没，漂游了几十里远，周处始终同蛟龙一起搏斗。

经过了三天三夜，当地的百姓们都认为周处已经死了，轮流着对此表示庆贺。结果周处杀死了蛟龙从水中出来了。他听说乡里人以为自己已死而对此庆贺的事情，才知道大家实际上也把自己当做一大祸害。于是，周处有了悔改的心意。他到吴郡去找陆机和陆云两位有修养的名人。当时陆机不在，只见到了陆云，他就把全部情况告诉了陆云，并说："自己想要改正错误，可是岁月已经荒废了，怕终于没有什么成就"。陆云说："古人珍视道义，认为'哪怕是早晨明白了道理，晚上就死去也甘心'，况且你的前途还是有希望的。再说人就怕立不下志向，只要能立志，又何必担忧好名声不能传扬呢？"周处听后就改过自新，终于成为一名忠臣。

周处能够改过自新，对他今后的发展起到了很大的作用，成为了一名忠臣。我们都知道"金无足赤，人无完人"，每个人都会或多或少犯错误，犯了错误，首要任务不是隐瞒，因为纸里是包不住火的，迟早会被人知道，关键是要找到原因，更多的要找自身原因。对于不愿意承认错误的人，往往会影响其职业生涯发展。对于管理者来说，只有把自己所犯的错误说出来，才能意识到所犯错误带来的影响，从而减少或者避免企业少走弯路。

作为个人，常常会因为不愿意承认自己的错误，从而影响了职业生涯发展。把自己所犯的错误说出来，你的心理压力将大大降低，会有一种解脱的感觉。承认错误是认识的开始，改正错误是需要的结果。犯错误难免，只要立即认错，果断纠正，大家是可以理解和接受的。就怕嘴上认错，行动不改，或不情愿改，或没当回事，忘了改，最后倒霉的还是你自己。

脆弱的管理者把承认错误视为有弱点的象征、失败的承认和不正确的暴露。承认错误会使他们难堪。他们担心会在下属的眼中丧失信用。因顾及面子，通常会采取隐瞒的错误做法，但这个错误会影响到企业全局的发展。其实，坦率承认错误不仅有益于完善管理者的心灵，这种勇气也会使管理者备受下属的尊重。勇于承认错误才是明智的选择。

下属对管理者的评价，往往要看管理者是否有责任感，是否勇于承认错误。如果管理者有这样的品质，那么不仅会使下属有安全感，而且也会带动下属多反思自己的错误，从而增强下属的责任感。

管理者要有认错的勇气

任何人在工作和生活中都会犯错，唯一不同的是我们对待错误的态度各有千秋。而一个人能否取得大的进步和成长，在很大程度上看他如何对待失败和错误的。

下属对管理者的评价，往往要看管理者是否有责任感，是否勇于承认错误。如果管理者有这样的品质，那么不仅会使下属有安全感，而且也会带动下属多反思自己的错误，从而增强下属的责任感。

吃五谷生百病，人不是神，总有自己的缺点，谁都难免会犯一些错误。当我们犯错误的时候，脑子里往往会出现想隐瞒自己错误的想法，害怕承认之后会很没面子。其实，承认错误并不是什丢脸的事。反之，在某种意义上，它还是一种具有"英雄色彩"的行为。因为错误承认得越及时，就越容易得到改正和补救。而且，由自己主动认错也比别人提出批评后再认错更能得到别人的谅解。更何况一次错误并不会毁掉你今后的道路，真正会阻碍的，是那不愿承担责任、不愿改正错误的态度。

新墨西哥州阿布库克市的布鲁士·哈威错误地核准付给一位请病假的员工全薪。在他发现这项错误之后，就告诉这位员工并且解释说必须纠正这项错误，他要在下次薪水支票中减去多付的薪水金额。这位员工说这样做会给他带来严重的财务问题，因此请求分期扣回多领的薪水。但这样哈威必须先获得他上级的核准。"我知道这样做"，哈威说，"一定会使老板大为不满。在我考虑如何以更好的方式来处理这种状况的时候，我了解到这一切的混乱都是我的错误，我必须在老板面前承认。"

于是，哈威找到老板，说了详情并承认了错误。老板听后大发脾气，先是指责人事部门和会计部门的疏忽，后又责怪办公室的另外两个同事，这期间，哈威则反复解释说这是他的错误，不干别人的事。最后老板看着他说："好吧，这是你的错误。现在把这个问题解决吧。"这项错误改正过来，没有给任何人带来麻烦。自那以后，老板就更加看重哈威了。

勇于承认错误，为哈威带来了老板的信任。其实，一个人有勇气承认自己的错误，也可以获得某种程度的满足感。这不只可以清除罪恶感和自我卫护的气氛，而且有助于解决这项错误所制造的问题。作为管理者，应当有自我认错的勇气，勇于承认错误，不仅可以纠正自己的过失，使自己今后少犯错误，也可以赢下属的尊重，提升自己的形象，有利于日后更好地开展工作。

特里法则活学活用：一切责任在我

在营救驻伊朗的美国大使馆人质的作战计划失败后，当时美国总统吉米·卡特即在电视里郑重声明："一切责任在我。"仅仅因为上面那句话，卡特总统的支持率骤然上升了10%以上。

卡特总统的例子说明：下属对一个管理者的评价，往往决定于他是否有责任感，勇于承担责任不仅使下属有安全感，而且也会使下属进行反思，反思过后会发现自己的缺陷，从而在大家面前主动道歉，并承担责任。

做下属的最担心的就是做错事，特别是花了很多精力又出了错，而在这个时候，管理者来了句"一切责任在我"，那对这个下属又会是何种心境？

管理者这样做，表面上看是把责任揽在了自己身上，使自己成为受谴责的对象，实质上不过是把下属的责任提到上级管理者身上，从而使问题解决起来容易一些。假如你是个中级管理者，你为你的下属承担了责任，那么你的上司是否也会反思，他也有某些责任呢？一旦企业里上行下效，形成勇于承担责任的风气，便会杜绝互相推诿、上下不团结的局面，使企业有更强的凝聚力，从而更有竞争力。

当人们犯错误的时候，脑子里往往会出现想隐瞒自己错误的想法，害怕承认之后会很没面子。其实，承认错误并不是什么丢脸的事；反之，在某种意义上，它还是一种具有"英雄色彩"的行为。因为错误承认得越及时，就越容易得到改正和补救。而且，由自己主动认错也比别人提出批评后再认错更能得到别人的谅解。更何况一次错误并不会毁掉你今后的道路，真正会阻碍的，是那些不愿承担责任、不愿改正错误的态度。

26 皮诺曹效应：
经营企业就是经营信誉

定律释义：

皮诺曹是一个意大利家喻户晓的童话故事中的可爱的小木偶，他是一个张扬个性，缺乏自我约束，对什么都好奇，又聪明，又很贪玩的令全世界儿童都喜欢的小男孩。皮诺曹一说谎，鼻子就会变长，他的鼻子成了诚实的象征，只要他的鼻子不变，任何人都愿意和他交易。用谎言处世，能获得暂时利益，但从长远看必将失败。在管理学中，这种现象被称为皮诺曹效应。

皮诺曹效应启发我们，需要用诚信来搭建事业的基石，诚挚待人，这是成就事业的根本。诚信是本，无信不兴。在市场竞争环境日趋复杂的今天，诚实守信是企业生存与发展的重要法宝。

经商必须先做人

乔治·伊士曼是柯达公司的创始人。闻名世界的广告语"你按快门，剩下的交给我们"，就是乔治·伊士曼在一个世纪前创造的著名口号，直到今天该口号依然还为广大群众所熟知。它表现了柯达照相机简练、为顾客着想的风格。

作为一个有着100多年历史的优良品牌，"柯达"在我们的生活中占有着不可替代的作用。

1881年，乔治·伊士曼正式注册了伊士曼干版公司。

1882年以前，伊士曼干版公司经营一帆风顺，但突然间出了次品，伊士曼做了大约500次试验寻找错误，但无功而返。后来发现是由明胶中的杂质引起的。这个时候，他的大部分产品都已发出去，许多客户不知道次品的事，因为那个年代照片的冲洗受很多因素影响，如果他不说，客户也未必发现那是乳胶的问题。可是伊士曼认为，信誉与责任是一个商人成本的保证，他毅然决然地决定收回那些产品。

伊士曼后来对此回忆道："赔偿这些顾客花掉了我们的最后一块钱。

"但我们留下了更重要的东西——信誉。"

伊士曼本着诚信为原则不断地努力发展，1888年6月诞生了一个新名词——"柯达"照相机。最初人们一头雾水，但是很快这个词就让全美国人朗朗上口，每个人都知道它是什么意思。

新型柯达照相机轻巧、简洁，几乎不会出错。摄影者拉线控制快门，卷动胶片，按动按钮——伊士曼成功地把摄影术减少到仅仅三个步骤！他还为柯达相机设计了极富吸引力的推销口号："你按快门，剩下的交给我们！"

柯达照相机的设计光彩照人，但这只是使其大获成功的一部分。1888年，也就是柯达照相机诞生后不到1年，共卖出13 000架照相机——而当时大多数照相机制造商的销售量是以十计算而非以百计算的。伊士曼的事业如日中天。1889年，伊士曼摄影材料有限公司在英国伦敦成立。

1892年，伊士曼意识到他特别宠爱的名字——柯达至少已和自己的名字一样显赫，他把公司改名为伊士曼柯达公司。

伊士曼以信誉为基础，不断地努力发展，让广大的客户所信赖，最终拥有了事业上的成功。

讲究信誉，是关系到商业经营成败的大问题。它不仅是个经营作风问题，而且是个经营道德问题，影响着企业经营的发展盛衰，应成为每个经营者必须重视的事情。

诚信是本，无信不兴

所谓诚信，即诚实与守信，它是一种美德、一种品质，为我们中华民族世代所信奉。诚信是立身处世的准则，是人格的体现，是衡量个人品行优劣的道德标准之一。它对民族文化、民族精神的塑造起着不可缺少的作用。诚信不仅是一个人最基本的道德品质，更是我国经济建设的精神基础与思想保障。

在长期的社会实践中，中华民族形成了重承诺、守信义、以诚立业、以信取人的道德传统，形成比较稳定的社会结构、凝聚力强大的传统文化和延绵不绝的中华文明，"千金一诺"、"一言既出，驷马难追"之类的美谈佳话永留史册。一个人，如果做到了诚信，那么，他也就做到了一个人的基本准则。

撒谎可能给了你暂时的利益，但那却严重地损害了你的人格。别总以为你的谎言"天衣无缝"，鸡蛋再密也有缝，总有一天，你将会露出马脚，到那时，就是你信用的丧失、人格的毁灭。到了以后的日常生活中，你就别想渴求到别人的信任，即使到时你是真心的。在日常生活中，常常也是需要用点"善意的谎言"去鼓励，安慰他人，这种谎言跟损害人格是不能相提并论的。

诚信是一轮回，这一轮的行为，或者构成下一轮的信用代价，或者构成下一轮的信用财富，这种轮回是以诚信引导诚信，构成循环。因而，我们需要用诚信来搭建企业的大厦，诚信经营，这是成就百年企业的根本。

诚信是本，无信不兴。在市场竞争环境日趋复杂的今天，诚实守信无疑是企业生存与发展的重要法宝。

小商做事，中商做市，大商做人

商人分三种：只贪图利益的，充其量一辈子做一个小商人；能够看清市场的，只能做一个中商人；而一个能把做人的原则放在首位的人，才能成为一代大商人。做人之道与经商之道其实并不矛盾，相反，它们是紧密相连的。天下最聪明的生意经是"做人重于经商"，也就是说，要经商必须先做人。那些眼睛只看到钱，甚至企图靠坑蒙拐骗做生意的人，只可能赚一把是一把，永远都不可能把生意做大。而那些心明眼亮，懂得把做人的利害关系放在第一位，能够以诚待人的人，则会树立起自己的人格品牌，把人格转化为无形的资产，最后成就一番大的事业。

人最重要的素质就是"信"。一个生意的开始意味着一个良好信誉的开始，有了信誉，自然就会有财路，这是必须具备的商业道德。就像做人一样，忠诚、有义气，对于自己说出的每句话、做出的每个承诺，一定要牢牢记在心里，并且一定要能够做到。在这一点上，华人巨商李嘉诚不仅把这个"信"字体现在生意场上，也把它体现在生活的方方面面。有一件小事最能说明他的不失信于人。

在20世纪50年代，李嘉诚初做塑料花的时候，香港皇后大道中有间公爵行，他常去那里接洽生意，并且经常看到一个四五十岁很斯文的外省妇女在那里乞讨，虽是个乞丐，但她从不伸手要钱。李嘉诚每次都会拿钱给她。有一次，天很冷，李嘉诚看见人们都快步走过并不理睬她，便和她交谈，问她会不会卖报纸，她说，她有同乡也干这行，于是，李嘉诚便让她带同乡一起来见他，想帮她做份小生意。

时间约在后天的同一地点，而客户偏偏在前一天提出要到李嘉诚的工厂参观，客户至上，李嘉诚也没有办法。于是在交谈时，他突然说了声'Excuse me'，便匆匆跑开。客人以为李嘉诚上洗手间，其实他跑出工厂，飞车来到约定的地点，途中，超速和危险驾驶的事都做了，但好在没有失约，见到那妇人和卖报纸的同乡，问了一些问题后，就把钱交给她，她问李嘉诚姓名，李嘉诚没说，只要她答应自己一件事，就是要勤奋工作，不要再让他看见她在香港任何一处伸手要钱。事毕后，李嘉诚又飞车回到工厂，客户正在着急，问道："为什么在洗手间找不到你？"李嘉诚笑一笑，这事就过去了。

李嘉诚对事业的"信"与他对人的"诚"是分不开的，诚信相合，即为"义"。

对人要守信用，对朋友要有义气，今日而言，也许很多人未必相信，但综观那些事业上有成就的大商人，对他们来说，"义"字，实在是终身受用。

青年时的李嘉诚为了独立创业，拥有一方属于自己的商业天地，他满怀愧疚之情离开了对他有知遇之恩的塑胶公司。老板是个善人，非但没有怪他，还设宴为他饯行，这更让李嘉诚感动。20多年后，由于1973年世界经济危机的冲击，香港塑胶业出现了史无前例的原料大危机。已经是潮联塑胶业商会主席的李嘉诚，挂帅救业，同时，把自己公司的库存原料拨给以前自己打工的那家塑料公司，把自己的恩公从倒闭的边缘挽救回来。年过花甲的翅胶公司老板噙着热泪说："我没有看走眼阿诚的为人。"

也许有人认为，传统道德与商业文化大相径庭，水火不容。但成为商界巨子的李嘉诚，却能将这两者很好地融为一体。在香港这个物欲横流的商业社会中，他体现出了一个中国商人应有的传统美德，确实难能可贵。

能把生意做大的人，他们都深通"小商做事，中商做市，大商做人"的道理。

真诚到永远，服务到万家

在市场竞争日益激烈的今天，要想始终抓住用户的心，就必须解放思想，不断创新，敢于否定自我，海尔集团恰恰做到了这一点。也正是因为做到了这些，海尔集团的服务才得到了消费者的最高评价，海尔集团的销售和生产才提升到了一个新的高度。

"一站到位"、"零距离服务"、"差别化服务"、"星级服务"、"海尔全程管家365"，海尔集团的全方位服务内容不断创新提升，也使得"用户永远是对的"、"真诚到永远"的服务宗旨牢牢地根植于客户的心中。

海尔人信奉：世界上并不一定有十全十美的产品，但能通过百分之百的服务让用户满意。真诚到永远的海尔宗旨，是靠海尔人的实际努力拼打出来的，是靠海尔人的诚心来打动客户的；"真诚到永远"不是靠口号喊出来的，而是依赖于海尔人成千上万次行动一点一滴地积累起来的承诺，是靠海尔人的辛勤付出换来的。

"诚"字怎样写？海尔集团的领导做了一个很好的解释：一个"言"字加一个成功的"成"字，就是"诚"，要让说出的承诺兑现，付诸实施，并要见成效。海尔集团以诚取信，以诚取胜，诚心诚意地尽自己所要尽的义务，诚心诚意地承担所承诺的责任。

海尔集团的高级经理层们把服务问题当做"实事"问题来处理，也就是说服务是值得他们立即躬亲过问的问题。对外，他们真正把服务作为开拓市场的中心工作；对内，他们要把海尔集团在服务上的理念和内部发生的生动的服务故事传扬开去，激励和感染员工为用户奉献真诚。

早在1989年，海尔集团就对所有维修人员规定，上门维修不许抽烟、喝酒、吃饭，任何人不许收受用户礼物。后来干脆规定，连用户的水也不准喝。所以就有了海尔集团维修人员自带矿泉水的佳话。

为了实现用户满意度最大化的服务宗旨，海尔集团在服务环节不考虑成本概念，考虑的只是坚定不移地、不折不扣地贯彻执行既定的服务规范和服务标准。海尔集团售后服务中心规定：发往全国各地维修点的配件必须以最快的速度送达，无论是上门送货、上门安装，还是上门维修，必须讲究速度，即使出现意想不到的困难也要努力克服。在这方面，令人感动和称许的事例不胜枚举。福州有位用户的海尔冰箱出了故障，给海尔集团售后服务部打电话，希望能在半个月内上门维修。岂料第二天，一位胸前佩戴海尔集团徽章的服务人员就出现在用户的家中。当用户得知他是连夜乘飞机赶来之时，含泪在维修回执上写下了这样两句话："我要告诉所有的人，我买的是海尔冰箱"。

海尔人有一个共识，即"用户是衣食父母"，只有不断给用户提供最满意的产品和服务，用户才会给企业回报最好的效益，员工的收益才会水涨船高，因此，海尔人在服务中坚持"用户永远是对的"。当你走进海尔集团的售后服务中心，最先映入眼帘的就是"如果你满意，请告诉你的亲朋好友；如果你不满意，请你告诉总经理"，而海尔集团总经理的回答是"用户永远是对的"。

服务机制的完善与否直接代表着企业体制的先进程度，服务环节的完善与否直接反映着企业的经营水平和经营能力。可以说，服务是企业全部经营活动的出发点和归宿。服务决定消费，并由此决定生产，这是一个积极的双重因果循环关系。坚持"用户永远是对的"服务宗旨，才能赢得消费者的信任与青睐。

 **皮诺曹效应活学活用：企业应拥有正确的价值观**

企业应该在正确的价值观的指引下发展。尤其在市场经济社会中，正确的价值观对企业的顺利发展发挥着巨大的作用。这个价值观应该是所有管理人员的共识，没有共同价值观的企业就如同一盘散沙。

美菱公司自从提出"服务营销"发展战略后，就一直注重价值观内涵的传递。美菱冰箱确立了"冰箱品质服务，美菱追求公平"的品牌主张，就是把企业公平价值观和先进的服务营销理念结合在一起，用优秀的品质服务实现核心价值观和核心竞争力的统一。

综观目前国内冰箱市场，各种品牌的服务并没有和产品的品质联系在一起，这样，它的服务价值很难被量化，无法给消费者提供比较的依据。

美菱公司提出品质服务，将品质服务直接和产品品质相关联，使服务核心内容得以扩展。

美菱公司的每个服务动作都是与产品品质相关联的，都是对产品服务内容的拓展，都是为了给消费者提供更高品质的产品所提供的服务。相较于现阶段售后服务行业对服务形式的追求，美菱公司品质服务更注重对消费者所提供服务内容的创新，旨在为消费者提供更多实实在在的服务。拥有这样的观念和意识，美菱公司已经具备"从优秀到卓越"的基础。

品牌是我们对消费者的责任和承诺。美菱公司的品牌承诺是什么？价值观是美菱公司的灵魂，诚信、责任、公开、公平是美菱公司价值观的核心。美菱公司公平的价值观体现在关心所有美菱公司的消费者。所以说，以后很长一段时间里，通过对家电行业提供的售后服务能力分析，美菱公司提供家电下乡冰箱十年免费保修和"冰箱开机不制冷，美菱免费送给您"服务，都是基于国家"三包"基础上的，把国家"三包"没有明确规定的一系列问题进行规范、服务，所以，美菱公司的每项服务都是建立在产品的坚实品质上，都是为了给消费者提供更高品质所提供的服务，这一切高质量的产品和服务就是美菱公司的品牌。

每个企业就和人一样，都有自己的个性特征。拥有一个正确的价值观，能够指引企业朝着正确的发展方向发展，做出正确的决策。

如果企业只是一味为了追求利润，不惜采取假冒仿制、欺诈行骗、商业贿赂、行业垄断等不道德手段，不仅会损害诚实的经营者和广大消费者的权益，也会使企业掉入万劫不复的火坑。

曾经风靡一时的胡师傅无烟锅，曾大肆宣称他们使用了宇宙飞船所使用的锰钛合金和紫砂合金，能把锅体的温度控制在油烟挥发的临界点240℃以内，从而达到无油烟的效果。但实际上，消费者购买该产品后发现，不仅油烟缭绕，还出现了脱落现象。经调查，该产品是铝合金制造，没有通过国家权威部门检测。后来，其发明人胡金高承认，所谓"紫砂陶瓷合金"不过是自己空想出来的名字。最终，胡师傅无烟锅在一片怒骂批评的声音中销声匿迹了。

一时的利欲熏心，最终导致的是企业迅速垮台。这不是一个企业长久的经营之道。如果企业在创立之初能形成正确的价值观并长期坚持，企业必然会长盛不衰。

27 海因里希法则：
成与败都是一种量的积累

定律释义：

"在1件重大灾害的背后，有29件轻度灾害，还有300件有惊无险的体验。"这是美国人海因里希通过分析工伤事故的发生概率，为保险公司的经营提出的法则，被称为海因里希法则。海因里西法则的另一个名字是"1：29：300法则"；也可以是"300：29：1法则"。这一法则完全可以用于企业的安全管理上，即在1件重大的事故背后必有29件轻度的事故，还有300件潜在的隐患。

海因里西法则从另一个角度告诉我们同样的道理，在一次成功的背后，往往也有无数次失败的积累，这是被无数成功者的经历所证明过的。而大凡成功的企业都是非常注重"失败教训"的。企业管理者应该认真对待差错事件，以免再一次发生类似的差错。

1%的失误会导致100%的失败

用生命和鲜血写成的案例无不警示着每个人，安全生产无小事。不经意间一个小小的疏忽、一次小小的违章就是1%，可能导致100%的重大事故的发生。这个小小的失误对我们不是一次考试，也不是填写一张增值税专用发票，小的过失或许会给本人、家庭和企业造成不可弥补的损失。

《细节决定成败》这本书作者曾写道：在学校的考试中，100分的题如果你错了一点点，那么你可以得到99分，其计算公式为100-1=99分；在实践中，所做的事情如果你错了一点，那么你只能得到零分，其计算公式为：100-1=0分。在购销业务中，你在填写增值税专用发票时，无意将其中一项填错了，那么，这张发票就作废，在财务上核销了。这种事例在现实中时有发生，应该说还是比较幸运的，因损失的只是一张发票。如果是涉及生命安全的差错，那么1%的错误会导致100%的失败。

在很多企业管理者的传统观念里，企业应该是为盈利而存在的，而盈利也应该是企业的唯一目的和最终的追求目标。然而，事实上随着社会的进步，由于现代社会企业所具有的特征。企业已不单单是经济组织，也已成为社会组织；不仅具有经济职能，也具有社会责任。企业的生产不能仅仅成为企业追求利润最大化的工具。社会中频频发生的煤矿事故、有毒食品事件、产品质量缺陷问题，以及企业生产对环境造成的严重污染等，使得企业的生产安全问题、企业在生产过程中的伦理问题成为社会关注的焦点，即人们关注的不是企业生产什么，而是企业如何生产的一连串的问题：生产的产品应该是安全的，不会对使用这些产品的消费者造成伤害；生产的过程应该是安全的，不会对那些从事生产的员工造成伤害，并在生产过程中把对环境的破坏降低到最低限度；企业的生产对人负有不伤害责任；企业对环境安全的责任是实行绿色经营，与自然和谐共处。

安全生产责任重于泰山，企业应该承担起必要的社会责任与人道责任，社会的发展不能以牺牲精神文明为代价，不能以牺牲生态环境为代价，更不能以牺牲人的生命为代价。企业是独立承担民事责任的法人实体，也是安全生产的责任主体。企业管理者必须自觉遵守安全生产法律、法规，落实责任制，加强安全管理，注重职工培训，从而实现安全生产稳定好转，承担起安全生产责任主体的职责。

总之，安全生产教育和管理工作要求我们不能存有一丝一毫的麻痹心态和侥幸心理，在追求产品质量和企业利润的同时，万不可忽视质量安全的保障，企业管理者一定要牢记1%的错误会导致100%的失败。

别让管理毁在细节上

有一家乳品企业在某城市做了一个大型的促销活动，他们的营销副总信誓旦旦地说："我们的推广非常注重实效，每天在全市穿行的100辆崭新的送奶车，醒目的品牌标志，还有统一的车型颜色，本身就是流动的广告，即使没有送奶任务，我们的送奶车也要在街上开着转，多好的宣传方式，别的厂家根本没重视这一点。"

刚开始的时候，这一招的确奏效，市民纷纷购买这家企业的乳制品，很多家庭都喝这个，品牌效应越来越明显。可是过了不久，很多家庭便不再坚持喝这个品牌的产品，购买量大幅度回落，甚至有的人称，坚决不喝了。这家乳品企业很是纳闷，就派了几个人明察暗访才知道，恰恰是送奶车惹的祸，让原本名声很好的品牌一下子威信扫地。原来，这些送奶车用了一段时间后，由于忽略了维护清洗，车身甩满了泥污，甚至有些车厢已经明显破损，但照样每天在大街上招摇。

"简直受不了这种视觉污染。每天都受这样的刺激，我们还能喝这种奶吗?"不少用户抱怨说。该乳品企业立即意识到问题的严重性，于是重新整顿送奶车队，做到车队整洁明亮、产品新鲜卫生、服务热情周到，并向用户表示了道歉和改进的决心。而且销售人员还诚挚热情，虚心听取用户的建议和意见，还对提出优秀建议的用户予以回赠活动。这样一来，往日的美好形象又重新树立起来，人们纷纷订购他们的产品。

就是这样一个细节问题，差一点弄巧成拙、导致推销失败。同样的问题越来越多地出现在各个企业的营销过程之中。很多企业在营销的时候，本身策划的活动并没有什么战略失误，但往往在细节上处理不当，很容易造成白玉微瑕甚至更严重的后果。可见，让自己在成功的道路上少一点波折、多一些顺畅，细节上下工夫绝对是不容忽视。

海因里希法则告诉我们，成与败都是一种量的积累，管理只有在细节上下工夫，才能防微杜渐，防止量变到质变，影响企业以后的发展。

市场不相信眼泪

"市场"实际上是企业自己设计规划出来的。市场经济是买方市场，消费者能自由选择卖主。谁的产品性价比最优，谁的产品就能抓住顾客，谁就赢得了市场。企业将不合格的产品投放到市场中，损害了消费者的利益，消费者就会不买账，结果企业的形象会一落千丈，产品滞销、市场萎缩在所难免。失去顾客，失去市场，企业也就失去了生存的基石。

海尔集团总裁张瑞敏说："在新经济时代，什么是克敌制胜的法宝？第一是质量，第二是质量，第三还是质量。"

当年，张瑞敏第一个抢起铁锤，砸烂质量有问题的冰箱，轰然砸醒了员工：有缺陷的产品就是废品。

1985年，张瑞敏刚到海尔集团（时称青岛电冰箱总厂）不久。一天，他的一位朋友要买一台冰箱，结果挑了很多台都有毛病，最后勉强拉走一台。朋友走后，张瑞敏派人把库房里的400多台冰箱全部检查了一遍，发现共有76台存在各种各样的缺陷。之后，张瑞敏说了一句话——有缺陷的产品就是废品。结果他宣布，这些冰箱要全部砸掉，谁干的谁来砸，并抢起大锤亲手砸了第一锤！

从此，海尔集团的质量意识树立起来了。在1989年全国冰箱降价的时候，海尔集团的冰箱因有质量保证，尽管维持在高价，但并没有失去市场。这对张瑞敏影响很大，"酒香不怕巷子深"，只要真心付出就会得到消费者的厚爱。三年以后，海尔人捧回了我国冰箱行业的第一块国家质量金奖。

质量是企业生存的奠基石。市场竞争实质上就是质量竞争。谁的产品能抓住顾客，谁就赢得了市场。市场不相信眼泪，产品质量不过硬的企业终究会被无情的市场淘汰。

质量是企业的生命力

质量是企业的生命。美国现代质量管理协会主席哈林顿这样描写过：现在世界上进行着一场第三次世界大战，这不是一场使用枪炮的流血战争，而是一场商业战，这场战争的主要武器就是质量。谁的质量好，谁就能赢得这场战争。

一个企业要在竞争中乘风破浪，立于不败之地，靠什么呢？靠的就是优良的产品质量。2007年世界质量大会的主题是："质量第一、永远第一"。社会发展到今天，质量成了热点，成了追求，是衡量和鉴定一切的总标准。

产品质量是企业的生命力，众多商家在推销其产品的时候，想尽了各种办法，用尽了各种手段，上门推销、召开订货会、借助明星代言，耗资不菲的资金在媒体广告上大肆宣传，如此等等，时间久了，经得起市场考验的，仍旧是用户的口碑——那就是产品的质量。

很多企业在市场竞争中被迫倒闭停产，其中最为主要的因素就是产品质量差，不能满足用户需求，在激烈的市场竞争中惨遭淘汰。而怎样才能保证产品质量，怎样才能在市场竞争中立于不败之地，这就需要企业上下团结一心，共同进取，按部就班地完成好每一项工作，消除每个环节的隐患，时刻切记产品质量就是企业的生命，在心中有数的情况下把产品生产下线，再利用科学技术进行有效的鉴定，应先做到在企业内部把好质量关。而在一些企业中，部分员工总误认为产品质量是质量保证部的事情，是销售部门的事、是企业管理者的事，而正是这一错误观念在侵害着企业，在葬送企业的明天。企业内部导入市场化是提高和控制质量的手段之一。在企业内部供应链之间、部门协作之间、内部上下序之间实现完全市场化运作，一个员工就是一个市场，就是一个用户，上序质量有问题，下序可以拒绝接收，每个员工都有权对不合格产品说"不"。不接收不良品，不发出不良品。树立市场意识，按市场规则办事，生产优质产品，才能使企业永远保持旺盛的生命力。

如果说水是生命之源，那么质量又何尝不是企业的生命呢？企业以质量谋生存。任何企业，若想在星罗棋布的同行中立足，若不讲求质量，注重信誉，那么后果不堪设想。千里之堤，溃于蚁穴，试想，如果企业质量把关不严格，那么，就会生产出不合格的产品，投入市场中，损害了消费者的利益，那么，企业的形象将会一落千丈，产品滞销在所难免。

振兴质量，人人有责。企业以质量求发展。机不可失，时不再来，企业要发展，就是要抓住机遇，而能够抓住机遇的那一只强有力的手——就是质量。

总之，质量是企业生存的奠基石，质量是企业发展的"金钥匙"，换句话说，质量就是企业的生命。

推进全面质量管理与改进

日月经天，江河行地，企业若想在竞争中生命不息，发展不殆，就必须使全体职工增强质量意识，加强生产现场管理，进行质量攻关，才能够促进企业的更大发展。

产品质量，说起来很简单，但真正把产品做好，做成一流的产品，把企业做成一个品牌，一个在市场上响当当的金字招牌，一定是渗透着企业管理者和企业员工的无数心血。

《商界》上刊登了这样一则故事，仔细品来很是让人感慨：

一家国内的啤酒企业在濒临倒闭的关头，该企业一名经理向老板这样建议，学习日本一家知名啤酒品牌的制作工艺。老板不由犯难：日本的这家企业对员工的保密要求非常严格，根本无从下手。后来这名经理在日本这家企业老板外出时，佯装了一起车祸，以一条腿的代价当上了这家啤酒企业的一名门卫工人，经过种种困难，终于窃取了其啤酒制作工艺，后来国内的这家企业一跃而成为上榜品牌！

此案例读罢让人不由掩卷深思：可敬！这名经理！那是一种视企业如生命，视企业产品如其双眼的敬业精神！但从另一个角度来看，一条腿换来了企业发展崭新的篇章，一条腿换来了企业长久的生命力，换来了企业在激烈的市场竞争中立于不败之地的法宝——产品质量！啤酒工艺改进了，酿出的啤酒质量提高了，市场认可了，企业便是一个品牌，企业便是同行业中的一棵常青之树！

如果你的企业是这样的情况：运行正常，工资和奖金按时发到你手中；客户不断前来要求增加订货；没有人退货或撤销订单；负责顾客投诉的部门工作愉快而轻松；管理层和工人友好相处；利润不会比上一年少，今年的市场份额预计会提高5%。

如果你的企业又是另外一番情况：这里，凡是可能出问题的地方都出了问题。加薪遭拒绝，顾客对企业产品质量屡屡投诉，生产效率在行业中地位每况愈下，管理人员忙于救火并相互推诿、指责。

以上两种情况，要使质量发生翻天覆地的变化都是十分困难而艰辛的。在前者，你必须唤醒那些不愿承认自己已"沉睡"的人们；在后者，你则需要摆脱"梦魇"的困扰。

顾客、竞争对手、成本和危机，是威胁企业生存发展的四个因素。企业必须时刻准备应付各种逆境。产品就是我们需要应战的头一张牌，如何出好第一张牌？除了全面的质量管理与持续的质量改进，别无他法。

海因里希法则活学活用：品质就是硬道理

"只有拿出更好的产品来击败自己的原有产品"，这是所有企业共同的生存之道。注重精细化的管理，加强每个管理环节数据化的科学管理，千流百川，汇聚一统，凝聚科学发展观、知识观，提升企业产品品质，企业就会有更广阔的发展，才能傲立于世界的前沿。

品质是产品的基础。在对一个产品的品质都产生不信任的前提下，无论你的品牌建设怎么搞，都仿佛在沙滩上建大厦，根基不牢。

有一流的品质，才会有广阔的市场。企业如何才能提高产品品质，是每个企业永恒的话题，也是每个管理者的责任和任务。

品质的认知度不仅仅是某个单一品牌的问题，消费者往往还会形成对某个国家整体品牌的"国别"品质认知度。例如，大家往往认为，日本的产品"精细实惠"，美国的产品"时尚高档"，德国的产品"稳重严谨"等。那么，在国外，中国品牌的整体认知是怎样的？几乎无品牌可言，仅仅是价廉而已。从其他国家不断对中国产品的反倾销中很容易地就理解这一点。因此，站在中国品牌整体提升的角度，中国企业也更应该加强品质的建设。这一点中国乳业之王伊利集团就做得很好。

哈佛商学院高级副院长麦伟略教授，最喜爱伊利牛奶，通过长期以来对于伊利集团案例的深入研究，麦伟略教授几乎已经变成了伊利集团的"粉丝"，伊利集团对于流程管理、质量控制、生产安全等环节的标准化、精确化管理，令他直到今天依然记忆犹新。而"平衡为主，责任为先"的伊利法则，则被他称为是具有东方文化精髓的新型企业管理理念。在被问到会如何向美国消费者介绍伊利集团时，他毫不犹豫地答道："我能说的，除了品质，品质，还是品质。"

"伊利"是中国食品行业第一个进入哈佛商学院案例库的民族品牌。哈佛商学院对其格外重视，前后用了将近一年的时间对伊利集团案例进行研讨，并在正常的案例课程之外特别增加了一倍课时，用于对伊利集团案例的解读，这在中国企业中尚属首次。

"我们坚持用世界最高的标准，为消费者生产最好的产品。这是伊利集团赢得一切认可最重要的理由，也是伊利集团发展的核心驱动力之一。"伊利集团总裁潘刚这样说道，"'中国制造'绝不廉价。我们欢迎每个人品尝我们的产品——用你们最挑剔的标准！"

产品品质是企业生存的命脉，只有产品品质了保证，企业才能放心大胆地去运作。

28 波特竞争战略：
要敢于竞争，更要善于竞争

定律释义：

波特竞争战略是由当今全球第一战略权威，被誉为"竞争战略之父"的美国学者迈克尔·波特于1980年在其出版的《竞争战略》一书中提出，波特为商界人士提供了三种卓有成效的竞争战略，它们是总成本领先战略、差别化战略和专一化战略。波特竞争战略属于企业战略的一种，它是指企业在同一使用价值的竞争上采取进攻或防守的长期行为。

现代社会的竞争越来越激烈，每个人对竞争的价值和规则都了然于胸。竞争是潜力的催化剂，也是迈向成功的催化剂，是生存的一种规则。只有竞争才能不断超越自己，才有更快的进步和更好的发展，才不会被社会所劣汰。对于企业管理者而言，只有不惧竞争、敢于竞争、善于竞争，才能在市场经济大潮中获得生机，赢得生机。

低成本扩张要慎重初战

低成本扩张一定要做细、做实、做好前期工作；否则，低成本扩张可能会变成高成本的付出，企业会噩梦不断，后悔莫及！

对于如今的韩国知名品牌三星，人们是耳熟能详，殊不知三星标志的产品10年前在海外还是"廉价"与"仿制"的代名词。

1997年席卷亚洲的金融危机让三星集团的管理者李健熙意识到，如果企业只做低成本的简单扩张，是绝不可能在国际上与顶尖品牌的激烈竞争中获胜的。因而他开始改变发展策略，前期工作做细做实，他从产品的设计着手，在世界各地开设设计所，包括像美国、欧洲和日本这样的主要发达国家，通过招募大量优秀的设计人才，用重金打造强大的研发队伍，并将营销的重点放在重量级的世界性大事上，经过一段时间的努力，终于功夫不负有心人，在李健熙的策略领导下，三星集团在国际上提升到了一个新的地位。

三星集团的成功是摆在中国企业家面前最好的范例。停留在"Made in China"阶段的中国企业，必须寻找新的出路，只有掌握了原创力，中国企业才能驶向"Brand in China"和"Creative in China"的彼岸。中国企业若要在海外扩展市场，必须建立企业和品牌的公关形象，不能仅以成本低为单一竞争条件。

低成本扩张在一定程度上来说是企业快速做强做大的捷径。一些企业凭借低成本扩张，在短时期内迅速成为同业的强者，显示了低成本扩张的巨大优势。但是，成功的低成本扩张是以严细务实的前期工作为前提，就像三星集团以雄厚的企业实力及可持续的核心竞争力为基础的。如果企业盲目扩张，后果的危害是巨大甚至是致命的。在现实经济生活中，因前期工作不细不实的低成本扩张，而导致的企业效益滑坡、实力衰退，甚至面临倒闭的例子不在少数。

某年年末，A企业在承债式兼并外地的B企业时，由于前期工作不深不细，在B企业的资产状况没有完全摸清核实的情况下，就与有关方面签订了兼并协议，并与B企业的债权人——四家银行签订了约2亿元的偿债合同。

之后不久，又发现B企业与另外一些金融机构、企业等还有约3亿元的债务。两者相加，兼并协议的笔墨未干，A企业已经背上了共约5亿元的债务包袱。

自那以后，A企业陷入沉重的债务之中。至2003年年末，不仅为B企业支付了5 000多万元的到期债务，而且经常因债务纠纷被有关法院查封、冻结账户。企业管理者的精力大部分转移到应付诉讼和打官司上来。企业的经营管理工作受到了严重影响。

上面这个例子中的现象只能说是盲目扩张的弊端之一，A企业的教训是深刻的，足以说明扩张前做好前期工作的重要性。可见，低成本扩张的关键一环是做好前期工作。要全面、系统地摸清并核实被扩张对象的真实状况，包括资产、财务、人员、历史沿革、关联方，以及是否发生过经济案件和诉讼情况等。

其中的"全面、系统、真实"非常重要，如果弄来的数据、信息是虚假的，那将如上面的A企业一样成为企业的灾难。

低成本扩张一般应该是、也多是"虎吃羊"，而很少"蛇吞象"。如果一户经济"效益好"、会计信息"质量高"的企业，在没有任何外力干预的情况下，情愿被他人兼并，那么兼并者需要提高警惕。

低成本扩张的基础是企业的实力和竞争力。一般来讲，被扩张兼并的企业都是弱势群体，非"小"即"病"，企业内部经营出现了难以解决的问题，很少有好的企业愿意被他人扩张兼并的。这就要求扩张兼并的主体拥有雄厚的实力，很强的竞争力，包括资金实力、人才实力、科技开发实力、产品竞争力等。

由于性质差异，不同的企业在低成本扩张时，会有不同的决策程序和过程。但求强求大、追求可持续发展和最大利润，却是共同的目标。正因如此，企业在决定实施低成本扩张时一定要做细、做实、做好前期工作。

向标杆企业学习竞争之道

古人云：三人行，必有我师。学无止境，一个人在成长的过程中，应该不断的努力学习。不但要向书本学习，还要向他人学习，更要向对手学习。要渗透只有学习才能不断进步、长久生存的道理。一个人的生命在于学习，一个企业的生命亦如此。

要善于向竞争对手学习，学习他的长处和优势，正所谓他山之石，可以攻玉。尤其在当今这样一个市场竞争异常激烈的时代，学习应该是每个企业永恒的主题。学习，不仅仅是自我知识和技能的充实，还包括利用他人身上值得借鉴的地方，更加完善自我。尤其是向标杆企业学习，通过学习，取长补短，有的放矢地整合自身优势资源，增强自己的竞争力，才是真正实现企业的可持续发展的道路。

向标杆企业学习，是一种形成创造性压力的最佳途径，也是企业打造竞争力的有效手段。国外很多知名企业，如IBM、摩托罗拉、3M、杜邦等早已深谙此道，将向标杆企业学习上升到企业的管理概念中，成为企业增强竞争实力的杀手锏。

让我们先来看看美国埃克森美孚石油公司是怎样找"师傅"，来使自己从优秀到卓越的吧！

埃克森美孚石油公司是由洛克菲勒建立的，早在1992年时，埃克森美孚石油公司的年收入就比世界上大部分的国家的收入还高。不过，它还想做得更好。为了提高销售业绩，公司做了一项调查，询问了服务站的4 000位顾客什么对他们是重要的。结果显示，仅有20%的被调查者认为价格是最重要的，80%的人认为以下三样同样重要：一是能提供帮助的友好员工；二是快捷的服务；三是对他们的忠诚消费予以认可。

这一调查结果促使埃克森美孚石油公司对服务进行变革，具体内容分别以经营、客户服务、顾客忠诚度作为对标项目。然后，公司根据对标项目作为目标，去寻找经营最好、客户服务最优和回头客最多的标杆企业，对相应的最佳企业实践进行研究，以此为榜样来改造埃克森美孚石油公司遍布全美的加油站。

经过一番认真地寻找，埃克森美孚石油公司锁定了在以快捷方便的加油站服务而闻名的潘斯克公司、获得不寻常的顾客满意度的丽嘉-卡尔顿酒店和有众多回头客的"家居仓储"为对标企业。

埃克森美孚石油公司通过对上面三个标杆企业的学习、研究和实践，最终形成了新的加油站概念——"友好服务"，目的是努力使客户体会到加油也是愉快的体验。结果，公司竞争实力大大加强，当年加油站的收入就增长了10%。

而到了2000年的时候，埃克森美孚石油公司全年销售额高达2 320亿美元，位居全球500强企业第一位。这就是标杆学习带来的成功。

不仅仅如此，除了能够加强企业的竞争力之外，向标杆企业学习的好处还有很多：

（1）可以帮企业辨别、寻找优秀企业及其卓越的管理功能，并将之扬弃性地吸收、消化到本企业的经营管理中来，从而激励管理人员更好地完成绩效计划。

（2）通过挖掘对方的成功经验，决定采取何种措施保持企业的持续发展，从而克服阻碍企业进步的弊病。

（3）可以扩大企业市场信息的来源，使企业发现自己从未发现的技术或管理上的突破。

（4）在学习过程中可以使企业间各个部门的协作更加紧密无间。

企业要在商海中如鱼得水，游刃有余，就要增强自己的竞争力。因而，不断地学习是一种有效的办法。向标杆企业学习，究竟需要学什么？怎样学？这是现代企业的管理者应当认真思考的问题。这里应当提醒管理者，向标杆企业学习要注意避免几个选择误区：

误区一：只选择本行业的企业。其实学习行业外的标杆企业，更有可能获得突破性进展。

误区二：选择概念好的企业，如高科技企业。其实越是高科技企业对管理的要求相对而言反而越低；而越是没有技术壁垒的越要讲究管理竞争。

误区三：只选择大企业，尤其是国外的大企业。

误区四：照搬或模仿对方的制度及经验。这种学习不是简单的学习、单纯的模仿，而是要创新，要活学活用。

误区五：学习是管理者的事，不用考虑员工的接受程度。这是极为错误的。

误区六：学习要立竿见影。实际上，学习是一种长期、持续的过程，是企业的长效管理，而不是一次性工程。

　　企业一定要根据行业发展前景、企业发展战略、产品成本和收益等实际情况，仔细挑选自己应该学习的优秀企业。选准榜样、选对榜样，才能真正有所收益，才能使企业的各个方面汲取到优秀的理念与管理模式。

竞争不必按常理出牌

　　商业世界中似乎总有一些不按常理出牌、让外人产生雾里看花之感的故事。企业与企业之间的利益争夺，有时候比我们想象的还要精彩，因为他们经常不按常理出牌。下面就看两个生动的例子：

　　故事一：浙江横店集团在其战略规划中，将影视娱乐与电气电子、医药化工并列为集团的三大未来核心产业，为了落实该战略，集团在浙江横店荒僻的群山之间砸了30亿元巨资和数年的时间，按1：1的比例复制出了一个故宫建筑群，做成了当今中国规模最大的影视城。更绝的是，该影视城为了吸引剧组前来拍摄，不收场地租赁费，此举吸引了国内众多的剧组入驻，集团希望最终将横店做成中国的好莱坞。而与之相对照的国内其他影视拍摄基地，主要收入来源就是场租费与门票。

　　故事二：上海为承办FI中国站赛事，不遗余力投入巨资，支出主要包括上海国际赛车场的建设、向国际汽联缴纳的费用、交通配套投资等费用支出总计超过40亿元。然而，根据上海方面与国际汽联达成的苛刻协议，上海赛场的收入只有门票、电视广告分成、停车费等项，据此，主办方的进账收益不过3亿元，尚且不够冲抵投资的贷款利息。

　　按照常规的经济原理来计算，两个项目的投资回报率都存在严重问题：对于横店集团，显而易见的是，要花费几十年时间来打造一个盈利能力值得怀疑的事业，对于永远处于资金饥渴状态、锱铢必较的民营企业来说，是很难令人接受的事情。对于上海赛车项目，其静态投资回报期至少也要十多年，从纯粹商业投资的角度，这样的项目也不是成功的项目。那么，投资者究竟为何会作出这样看似不能盈利的决定来呢?

答案其实很简单:两者都将目光盯在了土地这一稀缺的资源和要素上。横店集团计划通过影视经营来提升当地的文化品位和层次,促使当地土地升值,进而从中受益。而上海举办FI车赛的盈利模式也遵循同样的思路,即通过承办赛事,大搞基础设施建设,大打高尚社区之牌,撬动地价这一杠杆。而事实上,该计划正在一步步得到应验:嘉定赛场周边的地价如今已经攀升到与地价素来较高的闵行旗鼓相当。

敢于挑战困难的人总会具有不按常理出牌的冒险精神。企业家作为一个企业的管理者更是多具有不同于常人的冒险精神和思维。

其实,所有的人或多或少都具有与生而来的冒险特质。而关键是,是否敢冒不按常理出牌的险。敢于冒险,对锻炼人格也大有助益。人生不如意事十之八九,平时刻意让自己去应付一些难题,这样可以让你预习如何去面对突发的状况。如果你从不冒险一试,那你的一生也不过是随波逐流,随时等着大浪头把你打下去。

与竞争对手共舞,共存共赢

同行企业之间相互竞争是不可避免的,但应当既有竞争又有共存意识,共同维护市场,不要将市场毁灭了。同行不是冤家,而是双赢的关系,是你好我好大家好的关系。不是消灭竞争对手,而是与竞争对手共舞的关系。

生物界有个众所周知的生存定律,那就是达尔文的生物进化论。生物进化论揭示了生物的适者生存的规律,要适应外界环境而生存,就得改变自身的适应能力。而要改变自身的适应能力就需要竞争,要和周围环境和周围生物进行竞争。同样的,人类的竞争就是为了自己的利益与他人竞争。

竞争可以使人类社会进步和发展,这是一个人人都认可的真理。在商业上的竞争也可以带来双赢,这是良性的竞争;而不择手段的竞争却是商业竞争中的忌讳,这实际是种自杀式的竞争。因为不按商业规律,不按职业道德的所有的竞争在短时期内或许会得到些蝇头小利，但是，这种竞争行为毕竟是违背经济规律和生存定律的，因而最终必然会自取灭亡。

竞争是地球上有了生物时就有的自然和社会现象，竞争存在于一切领域。在当今社会，经济领域里的竞争尤其令人瞩目。

诺贝尔经济学奖获得者莱因哈特·赛尔顿教授有一个著名的"博弈"理论。假设有一场比赛，参与者可以选择与对手是合作还是竞争。如果采取合作策略，可以像鸽子一样瓜分战利品，那么，对手之间浪费时间和精力的争斗不存在了；如果采取竞争策略，像老鹰一样互相争斗，那么，胜利者往往只有一个，而且即使是获得胜利，也要被啄掉不少羽毛。现代社会中的企业关系，追求的是互惠互利的有序竞争。所以，不论对个人还是对企业，单纯地追求一己私利的竞争只能导致竞争的恶性循环，使外部环境恶化，进一步促使经济停滞。因此，企业之间不能单纯互相竞争，也要有互相激励、互相合作，这才能真正做到双赢。

竞争可以双赢，汽车领域里"宝马"与"奔驰"并驾齐驱；饮料市场中"可口可乐"与"百事可乐"同时并存；草原上"蒙牛"与"伊利"共荣共生。诸如此类，不胜枚举。

任何企业都会有竞争伙伴，只有这样才能加速你人生之船的航行！因为，有容乃大，竞争对手是成功的最好动力。树立竞争对手，把其视为最刺激的伙伴，一路同行，这才是企业管理者的成功定律。

波特竞争战略活学活用：培养竞争意识

现在的时代，是竞争的时代，在这个以几倍甚至几十倍的高速度发展的时代，昨日的百万富翁，今天就可能成为淘汰品，甚至早上还流行的音乐，晚上就有可能已成为明日的黄花。这样的例子屡见不鲜，所以这个时代呼唤竞争的意识。对于管理者而言，这一点尤其重要，管理者应当努力去培养自己的竞争意识，勇敢地直面竞争。

第一，把竞争意识扎根于心灵深处。竞争意识其实是市场意识和人类发展的一种必然衍生物，要走向市场，要发展进步就必然有竞争。作为事业带头人的管理者，如果在心理上缺乏竞争的准备，对竞争的重要性和残酷性认识不足，就难以在突如其来和激烈的竞争中取得胜利。只有心中铭记竞争，心里明白竞争的意义，心底领悟竞争的激烈性，管理者才能立于不败之地。

当今著名的宏基电脑公司20年前创业时的队伍仅有7人，如今成为全球第七大个人电脑公司，年营业额达到1 500亿新台币。作为一个大型企业的总经理的施振荣，坚持以"挑战困难，突破瓶颈，创造价值"作为自己的座右铭。施振荣认为：无论是人生、社会，乃至企业的生产线，突破瓶颈才能使企业达到最佳效益，而要突破瓶颈必须挑战困难，勇于竞争，在关键时刻敢于冒险，善于抓住机遇。在遭遇失败时要顽强，在遇到挫折时要心理稳定，沉得住气，同时讲究策略，这样才能最终走向成功。

施振荣的哲学正是一种挑战的哲学，一种竞争的哲学。我们的管理者实在需要培养这样的竞争意识。

第二，机遇意识要时刻驻足心底。竞争往往是对机遇的竞争，在时空上抓住先机，往往领先对手获得市场。机遇的竞争最需要的就是时刻在心底确立机遇意识，即使在事业兴旺时，管理者也不能丝毫放松对自己机遇意识的培养，否则很容易使企业在市场竞争中落伍。

美国玻璃界的三巨头之一——美国克林登玻璃实业公司总经理是一位敢于也善于抓机遇的高手。1963年的一次公司高层领导会议上，讨论彩色电视机用的显像管要不要研究开发并进行生产的问题，由于当时的竞争对手爱恩斯·尹利纳公司对此也犹豫不决，加上此项研究需要较高的技术研究费用，会上有一些董事不同意开发。主要理由是承担的风险过高。夏摩礼·赫顿·杰尼尔力排众议宣布："如果我们现在舍不得花钱，转眼之间我们便会落在人家后面了，我们必须立即拨款2 000万美元研究开发彩色显像管。"这笔巨资没有白费，彩色显像管后来成为克林登玻璃企业公司的主要创收项目，更重要的是，彩色显像管的生产丰富和完善了克林登玻璃企业公司的玻璃系列制品，增加了公司在市场上的竞争能力。在这里，是无时不忘机遇的心理素质使夏摩礼·赫顿·杰尼尔抓住了机遇，使企业获得了先机。

无疑，夏摩礼·赫顿·杰尼尔的机遇意识源于他的竞争意识和魄力，没有在竞争中求得优胜的心理准备和心理定向，他不会如此及时地抓住稍纵即逝的商业良机。正所谓：机遇只垂青于勤奋而又有准备的人。

29 温水煮青蛙效应：
居安思危，变危机为契机

定律释义：

19世纪末，美国康奈尔大学曾进行过一次著名的"青蛙试验"：他们将一只青蛙放在煮沸的大锅里，青蛙触电般地立即窜了出去。后来，人们又把它放在一个装满凉水的大锅里，任其自由游动。然后用小火慢慢加热，青蛙虽然可以感觉到外界温度的变化，却因惰性而没有立即往外跳，直到后来热度难忍而失去逃生能力被煮熟。科学家经过分析认为，这只青蛙第一次之所以能"逃离险境"，是因为它受到了沸水的剧烈刺激，于是便使出全部的力量跳了出来；第二次由于没有明显感觉到刺激，因此，这只青蛙便失去了警惕，没有了危机意识，它觉得这一温度正适合，然而当它感觉到危机时，已经没有能力从水里逃出来了。

这就是著名的温水煮青蛙效应。在这个竞争残酷的时代，一切都是瞬息万变的，任何企业都不能保证自己在任何时候都立于不败之地，居安思危、未雨绸缪才是高明之举。

谁动了我的奶酪

　　风靡全球的斯宾塞·约翰逊博士的著作《谁动了我的奶酪》，描绘了四个住在"迷宫"里的人物，他们竭尽所能地在寻找能滋养他们身心、使他们快乐的"奶酪"。这四个小人物中，有两只是名叫嗅嗅和匆匆的老鼠；其他两位则是身体大小和老鼠差不多的小人，名叫唧唧和哼哼，而且这两个小人的外形与行为和现今的人类差不多。

　　有一天，他们同时发现了一个储量丰富的奶酪仓库，便在其周围构筑起自己的幸福生活。很久之后的某天，奶酪突然不见了。这个突如其来的变化使他们的心态暴露无遗：嗅嗅、匆匆随变化而动，立刻穿上始终挂在脖子上的鞋子，开始出去再寻找，并很快就找到了更新鲜更丰富的奶酪；两个小矮人哼哼和唧唧面对变化却犹豫不决，烦恼丛生，始终无法接受奶酪已经消失的残酷现实。经过激烈的思想斗争，唧唧终于冲破了思想的束缚，穿上久置不用的跑鞋，重新进入漆黑的迷宫，并最终找到了更多更好的奶酪，而哼哼却仍在对苍天的追问中郁郁寡欢……

　　从这个故事中我们认识到，变化是一种必然，我们要做的是在最大变化发生之前，做好相应的准备，包括行动准备和心理准备。

　　"生于忧患，死于安乐。"作为企业管理者，时刻面临着来自各方面的挑战，承受着各种各样的压力，更要保持"居安思危"的忧患意识，时刻保持灵敏的嗅觉和行动的激情，不做"温水"里的青蛙，不断进行心理调节，拥有更多的奶酪，获得最好的心境去奋斗，带领企业和员工应对一个又一个挑战，开拓更加广阔的局面。

预防是解决危机的最好方法

　　只要在地球上生存，人人都会面临危机。生物会面临危机，企业也同样会面临危机。企业经营活动的发生总是伴随着企业与外部世界的交流以及内部员工与股东间利益的调整行为。由于各种组织与组织之间、个体与个体之间的利益取向不同，从而不可避免地导致各种利益冲突。当这些冲突发展到一定程度并对企业声誉、经营活动和内部管理造成强大压力和负面影响时，就演变成了企业危机。

危机处理的第一步是正确认识危机，这是极其重要的一步。往往因为无法正确认识危机，导致在处理上产生极大的误差，徒然扩大损失，增加处理成本。危机处理者应能在"关键的一刹那"认识危机已经降临，并立即辨认是何种危机，随即确定处理方向，若如此方能在危机处理上奠定良好的基础。

2006年4月29日，武汉市中院公开对涉嫌变相吸收公众存款和操纵证券交易价格非法获利的德隆公司主案作出一审判决。德隆公司总裁唐万新因非法吸收公众存款罪被判处有期徒刑6年零6个月，并处罚金40万元；因操纵证券交易价格罪，被判处有期徒刑3年；决定执行有期徒刑8年，并处罚金人民币40万元。

另外，本案中起诉的三家企业和德隆公司的6位高管也分别受到惩处。上海友联管理研究中心有限公司因非法吸收公众存款罪判处罚金3亿元，德隆国际战略投资有限公司、新疆德隆（集团）有限责任公司因操纵证券交易价格罪，判处罚金各50亿元。这是涉及证券市场额度最高的一次罚款。

法院审理查明：上海友联管理研究中心通过金新信托、德恒证券等六家股权托管公司，以向客户承诺按期还本并支付高于银行同期利率的固定收益率的方法，吸收公众存款32 658笔或与693个单位和1 073名个人签订合同，变相吸收公众存款437亿余元，其中未兑付资金余额为167亿余元人民币。在操作过程中共动用了24 705个股东账户，并采取连续买卖、自买自卖等方式，长期制造"老三股"价格异常波动，股票价格长期居高，获取大量不正当利益。德隆公司被认为非法获利98.61亿元。

相信对于德隆公司案，业内人士都十分清楚，德隆公司危机，有人估计损失不会少于200亿元，连带十余家上市公司陷入危机之中，多家银行被卷入，无数民间委托理财机构被套牢，被人推崇备至的德隆模式被颠覆，民营企业开始反思，上市公司开始反思。

危机都可以给企业带来巨大的危害，其中影响最为严重的则是财务危机与媒体危机。这两种危机足以在顷刻间置企业于死地。西方国家流行的"现金流为王"思想就是财务危机的重要表现，原百富勤、爱多、巨人等企业的破产都是缘于现金流的困难。媒体危机常常是导致企业一切危机总爆发的导火索，以前的蓝田公司危机、近期最典型的德隆公司危机都是缘于媒体导火索的起爆。这两种危机，一旦爆发，甚至企业都来不及采取补救措施。

企业进行对在危机发生之前有效辨识，预先防备、防危机于未然是必须的。危机管理，重在预防，正所谓防患于未然。事实上，几乎所有的危机都是可以通过预防来化解的。因此，危机管理成功与否的一个决定性因素在于事前的准备工作是否完善。企业管理者在危机辨识上先要提高危机预防的警惕性。面对危机，不能坐以待毙，应该在危机发生之前，做好充分的准备工作，对各种可能发生的危机做到通盘考虑，通过日常管理，消除危机于萌芽。如果已经发生，那么就要从危机类型入手，顺藤摸瓜，找出对策，做到从容不迫地应变。

未雨绸缪，加强危机管理

危机，《韦氏大字典》诠释为："一件事的转机与恶化的分水岭"，又可阐释为"生死存亡的关头"和"关键的刹那"，可能好转，可能恶化。由此可知，危机是指在一段不稳定的时间，与不安定的状况下，急迫需要作出决定性而有效的措施。所以，危机处理往往存在于一念之间。达尔文说："适者生存，不适者灭亡。"从危机处理的角度思考，"适者"是指能够面对危机、解决危机，最后能够继续生存下来的主体；"不适者"正是那些无法适应危机挑战而被淘汰的主体。

一只母鸡发现自己所孵化的蛋里，有一只蛋的外观与其他蛋有明显不同。母鸡心想：可能是天生的吧。过了几天，它的孩子们开始破壳而出。那只外观不同的蛋钻出的小动物和其他孩子长相悬殊。但母鸡心想：可能它比较难看吧。一天天过去，孩子们慢慢长大了，而那只与众不同的蛋也显出了本来面目：那是一只老鹰。但是已经来不及了。母鸡和它的孩子们都被母鸡自己孵出的鹰吃掉了。

一头敏捷的鹿不幸被猎人发现，虽然逃脱了追杀的噩运，但却被箭射瞎了一只眼睛。一天，它小心翼翼地来到海边，一边低头吃草，一边用那只完好的眼睛密切注视着陆地，防备猎人的攻击，而用瞎了的那只眼对着大海，它认为海那边不会发生什么危险。不料有人乘船从海上经过这里，看见了这头鹿，一箭就把他射倒了。它将要咽气的时候，自言自语地说："我真是不幸，我防范着陆地那边，而我所信赖的海这边却给我带来了灾难。"

以上两个小例子清楚地告诉我们，不要对潜在的危机视而不见，更不要纵容危机！

在这个竞争残酷的时代，一切都是瞬息万变的，任何企业都不能保证自己在任何时候都立于不败之地，居安思危、未雨绸缪才是高明之举。

在市场经济中，每个企业在生产经营管理过程中都面临着多种危机。无论危机是来自企业内部的或来自企业外部的，无论是何种危机的发生，都可能给企业带来致命的打击。近年来中国的巨能钙、创维集团、中航油等企业和外国的宝洁公司、肯德基、麦当劳、立顿红茶等企业都不同程度地遭受到危机的重创，预示着企业"危机多发期"在中国的提前到来。

因此，对于我国的每个企业来说，对于企业的每位管理者来说，都不能掉以轻心，都必须居安思危、未雨绸缪、加以防范，加强危机管理，预防企业潜在的危机。因为，预防和避免潜在危机的发生是企业危机管理成本最低、风险最小的办法，也是企业最明智的选择。

居危思进，变危机为良机

危机是大多数企业管理者所不愿意见到的，但是任何一个企业都不可能一直处在太平盛世中，一旦危机来临，管理者要善于居危思进，变危机为良机。

所谓"居危"，就是要看到市场竞争的激烈性和残酷性，进一步增强紧迫感和危机感，要识危机、知危机；所谓"思进"，就是要主动出击，想方设法变危机为良机，变危机为商机。

具体来讲，一是要有与时俱进的意识。要牢固树立与时俱进的营销观、发展观、管理观、改革观，创新思维，创新管理，创新技术工艺，创新工作方法，调整工作重点，开创新的局面。二是要有知难而进的勇气。企业上下一定要发扬敢于吃苦、敢于拼搏和敢于胜利的精神，做好应对和克服各种困难的思想准备，做到越是困难越向前，"明知山有虎，偏向虎山行"，以积极的主人翁姿态主动为企业分忧解难，献计献策，把蕴藏的智慧和创造力在生产经营中充分发挥出来。三是要有居危思进的运筹。当前企业面临生存的危机，何去何从，主动权应该操持在企业自己手中，最主要的是如何面对挑战，变压力为动力，化危机为生机。四是要有携手前进的精神。越是困难的时候，越要讲团结，讲协作，只有同心同德、众志成城，就没有迈不过的坎，闯不过的关。

"思进"重在变危机为良机，变危机为商机。企业要善于应对危机，变不利为有利。一是要善于化解危机。任何企业都可能受到不确定危机的影响，企业要在危机发生时将消费者的利益放在第一位，积极维护消费者的利益，才能把损失减少到最小。二是要想尽办法减少市场损失。企业产品出现危机，市场会受到一定冲击，企业此时要想方设法减少产品市场的流失。三是要借此促进企业产品更新换代。产品出现危机或受禁令限制，说明产品还存在较大的不足，为此，企业要在注重改善产品不足的同时，促进产品更新换代。四是要善于发现和抓住产品危机中的商机。一些产品出现市场危机，其实也为其他产品提供了市场机会。所以，企业要善于发现和抓住这样的危机商机。

总之，企业面对危机要永远积极主动，当环境变得不利时，保持信心、把危机作为学习的机会，就会从中吸取教训，把坏事变成好事，变危机为良机。

温水煮青蛙效应活学活用：树立危机意识

在看到一个又一个的企业危机出现以后，管理者就应该回想，自己的企业将这样的危机管理放在什么样的位置，有没有建立相应的危机管理体系呢？要杜绝和减少这样的问题出现后给企业带来的损失，管理者需要做到以下几点。

1.　树立危机意识

企业管理者在作出任何一项决定的时候，需要分析会给企业带来什么样的危害，关注其优势和劣势、机会和威胁，确定给企业带来的伤害是暂时的还是潜在的。管理者要做到心中明明白白，尽量清楚威胁点，而不是只含糊地知道有威胁，却不明白究竟会造成什么样的威胁。

管理者不但自己要树立危机意识，也要构建团队的危机意识。也许管理者没有发现某个隐藏的危机，但是企业的某个员工却能及时地发现。要提倡员工敢于将企业内存在的危机大胆地讲出来，哪怕他讲的严重违反了管理者的意愿，哪怕是错误的，都必须认真的倾听，并加以鼓励，树立团队的危机意识。

2. 及时解决危机的意识

在发现危机以后必须及时将还处在萌芽状态的危机解决、处理掉。不能采取拖的方式，让其自由发展逐渐扩大。

3. 理清危机思路的意识

企业有些危机的出现不是因为发现危机没有及时解决，也不是因为不知道是危机，而是企业自己因为利润或者其他的原因，自己制造的危机。比如有些企业为了降低成本，提高市场竞争力，就采取不正当的方式来盲目地降低成本，但是最后给企业带来的却是致命的伤害，多年的品牌经营在消费者的心目中一朝尽失。

"人无远虑，必有近忧。"在这个竞争残酷的时代，一切都是瞬息万变的，任何企业都不能保证自己在任何时候都立于不败之地，居安思危、未雨绸缪才是高明之举。当代管理革命已经公认，有效的组织现在已不强调"有反应能力"，而应强调"超前管理"。环境可增强组织的"抗逆"能力，这就要求管理者在日常的员工管理中，注重培养员工的危机意识，发挥员工主动性、创造性。如果企业满足眼前的一时辉煌，没有看到潜伏的危机，最后的结果只能是昙花一现，被市场所抛弃。

30 鸵鸟效应：
主动出击是最好的防御

定律释义：

当鸵鸟被逼得走投无路时，就会把头钻进沙子里，鸵鸟自以为安全，鸵鸟的应敌方式被人们称为鸵鸟效应。

风险的存在是不以人的意志为转移的，也无法完全避免，必须勇敢去面对，勇敢地去承担，因为逃避不是办法，逃避责任的同时你就丧失了权利和成功的机会。

企业在经营过程中，会遭遇各种障碍与困境，如果选择绕过，可能会因此失去成功的机会，逃避的代价注会是失败。面对危机，主动出击是最好的防御。只有迅速采取行动，果断承担责任，才会把损失降到最小，才能重新赢得生机。

迎难而上，才能迎难而解

鸵鸟和雄鹰是自然界中的两个家族，因素来不和，所以虽然是邻居也不往来，可是，有一天，鸽子给它们捎来口信说它们的领地将有敌来犯，让它们两个家族都提前做好准备，但是，敌人是谁，鸽子并没告诉它。

接到消息后，两个家族的成员都忙碌起来，坚固城堡、准备粮食。可是，没过几天，鸽子又给它们带来口信说它们的敌人要和它们在森林前的沙漠地带展开决战。

接到挑战后，鹰族的成员个个摩拳擦掌，一副要与敌人决个你死我活的样子。鸵鸟家族的成员们在老冤家的面前，也不甘示弱。决战的时候到了，两个大家族列队站在同一侧等着敌人的到来，时间不长，只见迎面不知是什么生物，黑压压的一片，向它们扑来。

鹰族的成员们主动出击，直扑向敌人。而鸵鸟们却把头埋在了沙子里。不知过了多久，鹰族凯旋的时候，见鸵鸟们的头还在沙子里埋着，就有一只大鹰大声说："敌人已经被我们击退，你们还不把头抬起来。"

听了这话，鸵鸟们把头从沙子里抬了起来，纷纷说："好险啊！多亏我们把头埋了起来，否则岂不是要大祸临头！"鹰族听到这样的话就更瞧不起鸵鸟了。后来，鸵鸟又遇到了劲敌，仍然采取同样的办法，这一次可没有那么幸运了。没有了鹰族的帮助，把头埋在沙子里的鸵鸟大败而归。

鸵鸟心态是一种逃避现实的心理，也是一种不敢面对问题的懦弱行为。有鸵鸟心态的人，不敢面对现实，不敢担当责任，平常大言不惭，遇到事情来临就畏缩不前了。

处于剧烈变革的商业时代，竞争的程度已远远超出了以前，风险和危机就像达摩克利斯之剑，不知什么时候就会降临到我们身上。现代人面对压力大多会采取回避态度，明知问题即将发生也不去想对策，结果只会使问题更趋复杂、更难处理。作为企业管理者，应当以正确的心态面对风险和挑战，困难面前要知难而上，这样才能在危机中开拓出一条生路，为企业赢得良好的发展机遇。

临危更要不惧，逃避只能更糟

有一块大石头挡住了道路。一个农夫在此地经过，马车上载满了谷物。当农夫看到这块石头时，自言自语道："是谁这么粗心大意呢？为什么这些懒人不把这块石头移走？"他一边说着一边把马车转向，绕过石头。

过了一会儿，一位年轻的勇士唱着歌走近了，他心中可能还在想着他在战场上的英勇，而并未看到石头，直到石头差点把他绊倒。战士气愤地举起剑，也同样指责着路人的懒惰，跨过石头走远了。以后的许多人都从这条路上经过，但他们依然没有移开这块石头，虽然有几次人们都被石头绊倒了。

一天晚上，一个贫穷的青年从这里经过，那天早上天一亮他就去地里干活了，晚上回家时非常疲惫，当他看到路上放着一块石头时，他自言自语地说："这么黑的天，如果有人经过这里会被石头绊倒的，我要把它挪开。"石头很大，搬起来非常困难，年轻人费了好长时间才把它移开，石头移开之后，下面竟然有一个盒子，上面的纸箱上写着一句话："送给那个搬开石头的人。"年轻人打开盒子，里面原来都是黄金。

面对危机时，不正视现实，不主动出击，一味采取回避的态度，最终只会给自己造成重大损失。只有迅速采取行动，果断承担责任，才会把损失降到最小。经常会遇到障碍与重担，如果选择绕过，可能会因此失去成功的机会，逃避的代价注定会是失望。

这个故事同时也告诫企业管理者，只有以积极的心态、不断进取的态度去正视现实，才能在面对困难时从容应对。

主动出击是最好的防御

在竞争日益激烈的环境下，谁掌握着控制权，谁就掌握了未来的主动。所以，当危机（或风险）降临时，无论是企业，还是个人，都必须作出迅速的反应来挽回损失，"主动出击是最好的防御"，在一般情况下，这个原则总是适用的。

百事可乐公司与可口可乐公司几度争抢碳酸饮料市场霸主地位。但在激烈竞争的过程中，一次突发事件险些使百事可乐公司陷入被挤出市场的危机，这就是"针头事件"。

威廉斯太太从超级市场给孩子买了两听百事可乐，可是喝完以后，无意中将罐筒倒扣于桌上，竟然从里面掉出了一枚针头。威廉斯太太立即将此事告知了媒体，形势对百事可乐公司极为不利。百事可乐公司一得到"针头事件"的消息，立即采取了措施，一方面，通过新闻界向威廉斯太太道歉，并给予威廉斯太太一笔钱以示安慰和补偿，公司还通过媒介向广大消费者宣布：谁若在百事可乐中再发现类似问题，必有重奖。另一方面，公司在生产线上加大了质检力度，还邀请威廉斯太太参观。

此举不但消除了"针头事件"的不良影响，赢得了威廉斯太太的赞扬和信任，还在消费者中树立了诚实和勇于正视自身错误的良好形象。喝可乐竟然喝出了针头！这几乎是不可能的，也是百事可乐公司从未遇到的。这对于百事可乐公司来说无疑是一次突如其来的打击和考验，因为这一事件如果处理不好会直接影响到公司的信誉、市场占有率和竞争力。

综观百事可乐公司处理"针头事件"的全过程，我们不得不叹服该公司决策者的理智和临危不惧的心理素质：在突发危机面前，该公司不但及时、迅速、果断地推出了一系列可行措施，还采取手段使不利事件向有利于自己的一面转化，既缓解了矛盾，打消了消费者的顾虑，还刺激了消费者的好奇心。

百事可乐公司可算是因祸得福，不仅没有使销量下降，反而使购买百事可乐的消费者倍增。

可见，在企业和个人发展上，变"危"为"机"、化害为利都是不可或缺的能力，只有具备了这些能力，才不至于将自己置于被动和危险之中。危机来临时，你必须冒险做些未曾尝试过的事，以期奇迹出现。

管理者做到临危不惧、处变不惊

在危机面前，管理者应当担负起自己应有的职责，做到处变不惊、镇定自若。这就要求管理者必须做到：在别人安逸的情况下自己反而要寝食不安，准备应付随时可能到来的危险；在纷繁复杂、头绪不一的境地中要冷静稳重，应付裕如；在面临生死存亡的重大危机时毫不惊慌，勇敢坚毅，果断决策，带领大家走出困境。

管理者是否意识不到纷乱、危险呢？不是。管理者心中没有喜怒哀乐吗？也不是。这是一种逐渐培养、慢慢形成的心理素质，这种素质的背后是顽强的意志和自制力。取得了很大胜利，该高兴了，但管理者必须检讨缺点，预测危机，不能过分欣喜，这是一种责任，是一种眼光。重大的危机到来了，形势极为严峻，这时候举措失当，也是人之常情，但管理者却必须做到信心百倍、面不改色，好像对最终成功有绝对的把握，这是一种必需的表演，是一种顽强的自制，更是一种使命感、责任感。

任务愈艰巨，情况愈复杂，危机愈严重，企业管理者就愈要以满腔的热情、高度的自信、顽强的品质、坚定的力量去投入工作。员工需要激励，需要督促，需要精神上的支柱，在困难和危险面前尤其如此。企业管理者要为自己的员工提供他们需要的帮助，没有这种帮助，他们精神上会垮掉，会失掉胜利的信心。只有企业管理者心理上的必胜信念，才能稳住员工的情绪，调动他们的情绪，以获得实际上的真正的胜利，才能做到临危不惧、处变不惊，这种心理素质的巨大力量是难以估量的。

一般的人是在追求生活本身，而真正成功的管理者，都有自己高于生活的地方，这种品格有的并非与生俱来，而是后天磨炼的结果。对于管理者来说，勇敢坚毅、沉着冷静，有时可以产生意想不到的结果。一个濒临破产的企业军心动摇、士气低落、解脱困境的主要措施是更换一位心理素质极佳的企业管理者。只要新任管理者以自己的坚定意志和满怀信心的举动征服了企业员工的心，那么，员工就能感到一种新的力量和信心。此时管理者不失时机地推出一系列改进措施，企业重新走向繁荣是有希望的。

驼鸟效应活学活用：意志力决定领导力

战争时期的政治管理者和军事管理者一般比和平时期的管理者受到更多的赞誉和描述。这一方面是因为战争本身就是人类历史上各种竞争较量中最为波澜壮阔、最能考验各方物力财力、场面宏大、情节复杂的现象；另一方面也因为战争把对人的智力、勇气等素质的考验提到了最高的限度，同时把对管理者的临危不惧、处乱不惊的素质考验提到了最高的限度。在一场宏大惨烈的战争中，交战双方管理者在历史的镁光灯前充分曝光，各有什么优点，各有什么缺陷，在危机面前有什么样的表现，在麻烦、困惑面前各采取了什么措施，这一切都逃不过战争本身的见证，也逃不出历史学家敏锐尖刻的笔触。

商业竞争看起来是决然不同于战争的，既没有炮火轰鸣的大场面，也没有你死我活不容置疑的生死界限。但是，对商业管理者、对企业管理者的素质要求是否就要比战争时期政治、军事管理者差得很多呢？事实并非如此。商业竞争之惨烈并不亚于战争，只不过战争更直观，更一目了然，更注重声势，后果更直接、更明白易懂，而商品经济的竞争则更持久、更复杂，手段更隐蔽，更不易觉察，后果更严重、更深远，更令人目瞪口呆。

西德、日本在第二次世界大战后的经济起飞，其商品在国际市场上的竞争优势，现在已经使各国政府和经济界感到头疼了，但当初的潜在竞争和较量为什么没有引起人们更多注意呢？是因为原来没有竞争吗？不是，只是因为商业竞争更隐蔽，往往是洪水漫过了堤岸才使人感到危机骤至，而没有应急措施便会死无葬身之地。

顽强的意志是一个人成才的必要条件，对于管理者来说，意志坚定尤其重要。在具体表现中，意志体现在如何对待纷乱和危险的外部环境。没有一定的承受力，责任和压力就会使管理者自己垮掉，所以说，坚强的意志力、超强的承受能力是作为现代管理者必备的素质。

31 鲶鱼效应：
用"鲶鱼"激活"沙丁鱼"

定律释义：

挪威人爱吃沙丁鱼，而沙丁鱼只有活鱼才鲜嫩可口，但由于沙丁鱼不爱动，捕上来不久就会死去。一个偶然的机会，一个渔民误将一条鲶鱼掉进了装沙丁鱼的鱼舱，当他回到岸边打开船舱时，惊奇地发现以前都会死的沙丁鱼居然都活蹦乱跳地活着，渔民马上发现，这是先前掉进去的鲶鱼的功劳，沙丁鱼要想躲过"被吃"的噩运，就必须在鱼槽内拼命不停地游动，最终大部分的沙丁鱼都能活着返港。

这就是管理学界有名的鲶鱼效应，用来比喻在企业中通过引进外来优秀人才，增加内部人才竞争程度，从而促进企业内部血液循环的良性发展。

企业成长离不开"鲶鱼"型人才

活力来源于竞争,来自于压力和挑战。

在我们周围,这种现象随处可见,比如你坐公共汽车,司机开车很慢,你正着急时,后面又来了一辆车,这时,你所在车的这个司机就会加快速度甩掉后面的车;学生做作业,一个学生一边玩一边做,不着急,当老师说别的同学都快做完了,那个学生就有了紧迫感,就会专心致志地做作业了;赛跑,如果没有后面选手的追赶,处于领先位置的选手就不可能有那么大的动力拼命奔跑,也不能有一次又一次的世界纪录被打破等,这些都是"鲶鱼效应"的反映。

一个人没有竞争对手,就会固执己见、墨守成规,不学习和接受新知识、新事物,他就永远不会进步;一个企业没有竞争对手,就会因循守旧、故步自封,不走创新之路,不仅不能发展,还会被市场所淘汰,就不会有更好的发展。

鲶鱼效应对于渔夫来说,在于激励手段的应用。渔夫采用鲶鱼来作为激励手段,促使沙丁鱼不断游动,以保证沙丁鱼活着,以此来获得最大利益。在企业管理中,管理者要实现管理的目标,同样需要引入鲶鱼型人才,以此来改变企业相对一潭死水的状况。

管理者不仅要掌握管理的常识,而且还要求管理者在自身素质和修养方面有一番作为,这样才能够领导好鲶鱼型人才,激发他们的工作热情,才能够保证组织目标得以实现。因此,企业管理在强调科学化的同时,应更加人性化,以保证管理目标的实现。

适当外部竞争是催化剂

日本是一个推崇终生聘用制的国家,大多数人喜欢从进入一家公司开始一直待到退休。相应地，用人单位也大都倾向于招聘第一次就业者，很少采用中途聘用的方式。但是，本田公司每年都保持很大的中途聘用比例，在日本的企业中显得非常"另类"。

这项措施来源于本田公司的创始人本田宗一郎对公司内部员工的一次考察。他在对内部员工进行考察之后发现，公司的人员基本上由三种类型组成：一是约占20%的不可缺少的干将之才；二是占了约六成的以公司为家的勤劳人才；三是终日东游西荡，拖企业后腿的蠢材，这种人约占20%。那么，如何使前两种人增多，使第三种人减少呢？

如果对第三种类型的人员实行完全的淘汰，需要面对来自工会组织等方面的压力，同时也会让企业的形象受损，显然不是好办法。有什么更好的办法让自己的公司充满活力吗？这是本田宗一郎当年碰上的一个棘手问题，而据说，解决的灵感，最后来自于前文讲的鲶鱼的故事。

受此启发，本田宗一郎立即开始对公司进行人事方面的改革，不是要淘汰第三种类型的人，而是着手向外部引进"鲶鱼"，以激活那些缺乏活力的"沙丁鱼型"员工。

改革首先从气氛沉闷的销售部门着手，本田宗一郎从其他公司挖来了一个年轻的销售部副经理担任本田的销售部经理。此人出任销售部经理后，员工的工作热情被极大地调动起来，活力大为增强，公司的销售业绩也是接连上升。更重要的是，在销售部的带动下，公司其他部门的员工也受到冲击，热情和活力被激发出来，整个公司的精神面貌为之一新。

从此，本田公司每年重点从外部"中途聘用"一些精干的、思维敏捷的、30岁左右的生力军，有时甚至聘请常务董事一级的"大鲶鱼"。这样一来，公司上下的"沙丁鱼"都有了触电式的感觉，业绩蒸蒸日上。

适当的外部竞争犹如催化剂，可以最大限度地激发人们体内的潜能。因此企业要有计划地引进外部人才，以激发内部员工的潜能和的热情，使整个团队始终保持活力，创造高效的业绩。

请来"鲶鱼"，管理无为而治

中国台湾糖业公司（以下简称"台糖"）在台湾地区经济发展中扮演着十分重要的角色，由于台糖拥有大量的土地资源，所以靠不断地卖地盈利，但这并非公司长久发展之计。

因此，20世纪90年代初期，台糖推行"危机管理"，凝聚公司内部所有员工的共识。就好像拔河，全部的员工都要为同一个目标而努力，这样才能发挥成效，赢得胜利；也唯有凝聚共识，才会形成力量。

新的管理架构重组之后，原先不到亿元的营业额大幅度提升到1996年的354亿元，并且在21世纪向1 000亿元的营业额挑战。

有专家研究发现，企业基本上由三种人组成：一是不可缺少的干才；二是以公司为家辛勤工作的人才；三是终日东游西荡、拖企业后腿的蠢才或废才。

管理这三种人可能会让企业管理者绞尽脑汁：为了让干才更努力，让勤奋的员工出成绩，让整天不好好工作的人为公司卖力，企业管理者从激励、惩罚等各个方面入手，但有时却收获不到理想的效果。怎样管理这三种人才能让企业管理者省心、省力进而达到无为而治呢？可以从下面鲶鱼效应的故事中获得启发。

挪威人的渔船返回港湾，鱼贩子们都挤上来买鱼。可是渔民们捕来的沙丁鱼已经死了，只能低价处理。渔民们哀叹起来："上帝，我们太不幸了。"只有汉斯捕来的沙丁鱼还是活蹦乱跳的。商人们纷纷涌向汉斯："我出高价，卖给我吧！"

商人问："你用什么办法使沙丁鱼活下来呢？"

汉斯说："你们去看看我的鱼槽吧！"

原来，汉斯的鱼槽里有一条活泼的鲶鱼到处乱窜，使沙丁鱼们紧张起来，加速游动，因而它们才存活下来。

其实用人也是同样的道理。一个企业如果人员长期稳定，就会缺乏新鲜感和活力，产生惰性。受到启发，一位企业管理者请来一条"鲶鱼"，让他担任部门的新主管。企业上下的"沙丁鱼"们立刻产生了紧张感。"你看新主管工作的速度多快呀!""我们也加紧干吧，不然就被炒鱿鱼了。"这就产生了"鲶鱼效应"。整个企业的工作效率不断提高，利润自然是翻着筋斗上升。

企业光荣的历史不能一直缅怀，大家不能总是"吃老本"，因为这样会让员工失去忧患意识。在这个时候，引入一条"鲶鱼"，管理者就可以实现"无为而治"。

优胜劣汰，让员工跑起来

老鹰是所有鸟类中最强壮的种族，根据动物学家所做的研究，这可能与老鹰的喂食习惯有关。

老鹰一次生下四五只小鹰，由于它们的巢穴很高，所以猎捕回来的食物一次只能喂食一只小鹰，而老鹰的喂食方式并不是依平等的原则，而是哪一只小鹰抢得凶就给谁吃，在此情况下，瘦弱的小鹰吃不到食物都死了，最凶狠的存活下来，代代相传，老鹰一族愈来愈强壮。

这是一个适者生存的故事，它告诉我们，"公平"不能成为企业中的公认原则，企业若无适当的淘汰制度，常会因小仁小义而耽误了进化，在竞争的环境中将会遭到自然淘汰。

竞争可以使一家半死不活的企业起死回生，竞争是企业生命的活力，没有竞争，企业就无法立足于现代社会。当然，能否将竞争机制引入你的企业之中，就看你是否是一位合格的管理者。管理者的艺术就在于发挥你的智慧，开动你的脑筋努力使你的员工发挥出最大的效率。

一位企业管理者在谈到他成功的秘诀时说："要使你的员工超额完成工作，你就必须激起他们的竞争欲望和超越他人的欲望，这是条永恒的真理。"

火石轮胎及橡胶公司的创始人哈维·怀尔史东说："我发现，光用薪水是留不住好员工的。我认为，是工作本身的竞争……"

如果想让你的员工活跃起来，改变那种拖拖拉拉的办事效率，就应该精兵简政，大刀阔斧地削减你的员工，在竞争中淘汰那些低效率的员工。这种削减会使在职的员工感到就业的压力，增强他们的危机意识，你要让他们明白：天底下没有金饭碗、铁饭碗，你们随时都有被炒掉的危险。你要设法使每个员工都兢兢业业地去工作。

所谓生于忧患，死于安乐。作为员工，如果他们没有面临竞争的压力，没有生存压力，他们就容易产生惰性，不思进取，这样的员工没有前途，这样的企业也会没有前途。因此，管理者必须从上任那天起，让所有的员工知道，只有竞争才能生存，同时给他们施加竞争压力，让他们深刻体会到适者生存、优胜劣汰的原理。

防止恶性竞争，倡导良性竞争

钓过螃蟹的人或许都知道，篓子中放了一群螃蟹，不必盖上盖子，螃蟹是爬不出去的，因为只要有一只想往上爬，其他螃蟹便会纷纷攀附在它的身上，结果是把它拉下来，最后没有一只出得去。

组织中也应该留意与去除所谓的"螃蟹文化"。企业里常有一些人，不喜欢看别人的成就与杰出表现，天天想尽办法破坏与打压之，如果不予去除，久而久之，企业里只剩下一群互相牵制、毫无生产力的"螃蟹"。

管理者要明白，员工之间肯定会存在竞争，但竞争分为良性竞争和恶性竞争，管理者的职责就是要遏制员工之间的恶性竞争，积极引导员工的良性竞争。

有的人会把对别人羡慕渴求的心理转化为学习工作的动力，通过与同事的竞赛来消除能力的鸿沟，这种行为引发的竞争就是良性竞争。

良性竞争对于企业是有益处的，它能促进员工之间形成你追我赶的学习、工作气氛。大家都在积极思考如何提高自己的能力；如何掌握新技能；如何取得更大的成绩……这样一来企业的工作能力就会极大提高，大家也会更好相处。

但也有些人却把羡慕别人的心情转化成了阴暗的嫉妒心理，他们想的是如何给别人脚下使绊，如何诬蔑能人，搞臭他们的名声，如何让同事完不成更多的任务……他们的办法就是通过拖先进者的后腿，来让大家都扯平，以掩饰自己的无能。

这种行为会导致企业内部的恶性竞争。它会使企业内人心惶惶，员工相互之间戒心强烈，大家都提高警惕防止被别人算计。这样一来，员工的大部分精力和心思都用在处理人际关系上去了，管理者也会被如潮涌来的相互揭发、投诉和抱怨缠得喘不过气来，企业的业绩自然会下降。

在这样的企业里，大家相互拆台，工作不能顺利完成，谁也不敢冒失，因为出头的椽子会先烂。人人都活得很累，但是企业的业绩却平平。

管理者一定要关心员工的心理变化，在企业内部采取措施防止恶性竞争，积极引导良性竞争。

 ## 鲶鱼效应活学活用：引进"鲶鱼"要慎重

拿破仑曾经说过这样一句话："狮子率领的兔子军远比兔子率领的狮子军作战能力强。"这句话一方面说明了主帅的重要性，另一方面还说明这样一个道理：智慧和能力相同或相近的人不能扎堆儿。能人扎堆儿对企业发展不利。

三个能力高强的企业家合资创办了一家高新技术企业，并且分别担任董事长、总经理和常务副总经理的职位。一般人认为这家企业的业务一定会欣欣向荣，但结果却令人大失所望，这家企业非但没有盈利，反而是连年亏损。原因是不能协调，三个人都善决断，谁都想说了算，又都说了不算，最后啥事也没干成，管理层内耗导致企业严重亏损。这家企业隶属于某企业集团，集团总部发现这一情况后，马上召开紧急会议，研究对策，最后决定敦请这家企业的总经理退股，改到别家企业投资，同时也取消了他总经理的职位。有人猜测这家亏损的企业再经这一番撤资打击之后，一定会垮掉，没想到在留下的董事长和常务副总经理的齐心努力下，竟然发挥了企业最大的生产力，在短期内使生产和销售总额达到原来的两倍，不但把几年来的亏损弥补过来，并且连连创造出相当高的利润。而那位改投资别家企业的总经理，自担任董事长后，充分发挥自己的实力，表现

出卓越的经营才能，也缔造了不俗的业绩。

这个案例说明三个企业家都是一流的经营人才，可是搭配在一起却惨遭失败，而把其中一个人调开，分成两部分，反而获得成功，关键在人事协调上。每个人都有他的智慧、思想和个性，如果意见不一或个性不投缘，往往容易产生对立和冲突，这样一来，力量就会被分散或抵消。一加一等于二，是尽人皆知的算术问题，可在用人上就不同了。配置得当，一加一可能等于三，等于四，甚至等于五；配置不当，人员失和，一加一可能等于零，也可能是个负数。

一个单位或一个部门的管理者，最好不要都配备精明强干的人。盲目引进会造成"鲇鱼"未到，"沙丁鱼"开溜。企业决定是否引进"鲇鱼效应"时，一定要看有没有实际需要，如果盲目引进，就可能使一些有抱负的"沙丁鱼"由于看不到希望而另谋高就。

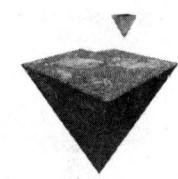

32 里德定理：
若要经久不衰，切勿经久不变

定律释义：

"如果有谁认为今天存在的一切都将永远真实存在，那么他就输了。"这被称为里德定理。这一定理是由美国花旗银行公司总裁约翰·里德提出的。该定理告诫我们，若要经久不衰，切勿经久不变。

现代企业置身的时代是一个大变革的市场经济时代，是一个日新月异的时代，也是一个竞争日益激烈的时代。在这样一个时代，企业的生产经营不是一成不变的一潭死水，它随时都会掀起翻滚的浪花，企业遇到的变化是无处不在、时时都会发生的，如果企业不能根据变化的环境及时调整策略，只有死路一条。企业只有不断创新，根据变化采取相应的行动，才能找到出路，重新获得成功。

创新是第一生产力

企业界正流行一个说法："你不射门，你百分之百没有命中率。"创新是一种具有高度自主性的创造性活动，依赖于不同思想、意见的相互交流的撞击，依赖于全体员工的积极参与和真诚投入。正如英特尔公司的一位项目经理欧佩达所说的："我们尽可能给予基层员工更多的责任，让他们比过去更多地参与公司的经营。"

企业作为一个经营运作体，靠获得利润来维持发展，每家企业都需要用常新的眼光关注这个世界的动态，以便采取相应的措施，谋求拓展。只有不断地创新，企业才能跟得上时代的步伐，才能得到发展；不创新，企业就没有生命力。因此，企业的创新思维就是新的生产力。

1984年以前的奥运会主办国几乎是"指定"的。对举办国而言，往往是喜忧参半。能举办奥运会，自然是国家民族的荣誉，也可以乘机宣传本国形象，但是以新场馆建设为主的强大硬件软件的投入，又将使政府负担巨大的财政赤字。奥运会几乎变成了为"国家民族利益"而举办，为"政治需要"而举办。

直到1984年的洛杉矶奥运会，美国商界奇才尤伯罗斯接手主办奥运，他运用其超人的创新思维，改写了奥运经济的历史，不仅首度创下了奥运史上第一笔巨额盈利纪录，更重要的是建立了一套"奥运经济学"模式，为以后的主办城市如何运作提供了样板。从那以后，争办奥运者如过江之鲫，就连一些比较贫穷的第三世界国家也怦然心动，趋之若鹜。

此届奥运会也开创了民办奥运会的先河。因为，洛杉矶市政府在得到主办权后即作出一项史无前例的决议：第23届奥运会不动用任何公用基金。这就是一个创新。

尤伯罗斯接手奥运之后，一切都要是从零开始，奥运组委会可以说是一无所有，没有秘书、没有电话、没有办公室，甚至连一个账号都没有。尤伯罗斯决定破釜沉舟，他以1 060万美元的价格将自己旅游公司的股份卖掉，开始招募雇佣人员，然后以一种前无古人的创新思维定了乾坤：把奥运会商业化，进行市场运作。

于是一场轰轰烈烈的"革命"就此展开：

第一步，开源节流。尤伯罗斯认为，自1932年洛杉矶奥运会以来，规模大、虚浮、奢华和浪费已成为时尚。他决定想尽一切办法节省不必要的开支。首先，他本人以身作则不领薪水，在这种精神感召下，有数万名工作人员甘当义工；其次，延用洛杉矶现成的体育场；再次，把当地3所大学的宿舍作奥运村。仅后两项措施就节约了数以十亿美金。点点滴滴都体现其创新思维的功力、胆识。

第二步，声势浩大的"圣火传递"活动。奥运圣火在希腊点燃后，在美国举行横贯美国本土1.5万千米的圣火接力。用捐款的办法，谁出钱就可以举着火炬跑上一程。全程圣火传递权以每千米3 000美元出售，1.5万千米共售得4 500万美元。尤伯罗斯实际上是在拍卖百年奥运的历史、荣誉等巨大的无形资产。

第三步，狠抓赞助、转播和门票三大主营收入。尤伯罗斯出人意料地提出，赞助金额不得低于500万美元，而且不许在场地内包括其空中做商业广告。这些苛刻的条件反而刺激了赞助商的热情。一家公司急于加入赞助，甚至还没弄清所赞助的室内赛车比赛程序如何，就匆匆签字。尤伯罗斯最终从150家赞助商中选定30家。此举共筹到117亿美元。最大的收益来自独家电视转播权转让。尤伯罗斯采取美国三大电视网竞投的方式，结果，美国广播公司以2.25亿美元夺得电视转播权。尤伯罗斯又首次打破奥运会广播电台免费转播比赛的惯例，以7 000万美元把广播转播权卖给美国、欧洲及澳大利亚的广播公司。门票收入，通过强大的广告宣传和新闻炒作，也取得了历史上的最高水平。

第四步，出售以本届奥运会吉祥物山姆鹰为主的标志及相关纪念品。

结果，在短短的十几天内，第23届奥运会总支出51亿美元，盈利25亿美元，是原计划的10倍。尤伯罗斯本人也得到475万美元的红利。在闭幕式上，国际奥委会主席萨马兰奇向尤伯罗斯颁发了一枚特别的金牌，报界称此为"本届奥运会最大的一枚金牌"。

这就是所谓的"创新就是生产力"。

在新经济时代，不论国家、企业还是个人的生存环境或成功规则已经发生了急剧的变革。唯有那些具备较多创新因子的组织和个人，才懂得如何在动荡混沌中灵活应变，把握先机，成为变革中的成功者。

创新是企业做大做强的捷径

市场发展到一定程度，资本越来越集中，竞争也必然越来越残酷，尤其在国内，消费增长比投资增长慢，必然会导致生产过剩的时代提前到来，所谓的"红海"战略，描述的就是在这种环境下竞争的企业战略，其一个主要特点就是"血腥"。资本集中导致产品技术竞争的差异化程度越来越小，创新就成了许多企业的救命稻草。因此，作为一个企业管理者，要想把企业做强做大，就必须通过创新这一关口。

创新概念的起源可追溯到1912年美籍经济学家熊彼特的《经济发展概论》。熊彼特在其著作中提出：创新是指把一种新的生产要素和生产条件的"新结合"引入生产体系。它包括以下几种情况：引入一种新产品，引入一种新的生产方法，开辟一个新的市场，获得原材料或半成品的一种新的供应来源。熊彼特的创新概念包含的范围很广，如涉及技术性变化的创新及非技术性变化的组织创新。由此可见，创新是任何事物获得发展的源泉，对于企业的经营也是如此。

创新是人类进步的灵魂，也是一个民族最重要的特质，是一个企业长盛不衰的不竭动力，是企业生存之源。创新之所以是企业的生存之源，是因为创新就是企业的发展和提高。

创新做得不好，企业要想做大做强就面临着严重的瓶颈。国家统计局根据其最新的创新专项调查结果，中国企业收入只有一成来源于创新。

有一个美国记者走访了某跨国公司在上海和美国密歇根州的两个工厂，发现生产同样的汽车配件，美国工厂只多出20%的员工，产量却多出3倍；尽管工人的薪水要高出10倍，美国工厂的毛利率却比中国工厂高出1/3。

有一位经济学家把企业成长的制约因素归纳为市场约束、要素约束、创新约束，并且认为，创新力是企业的最核心的竞争力、最重要的利润源。的确如此，我们的企业要做大做强，内部管理、市场营销这些基础性的工作都需要去抓，但是如果忽视了创新，就失去了竞争力、失去了生命力。

企业要做自主创新的排头兵

企业是创新的主体，规模企业更应该成为创新的主导。这不仅是企业发展的需要，而且对提升地区经济发展的层次、加快建设创新城市，都具有十分重要的意义。而作为规模企业又如何做才能当好自主创新的"排头兵"呢？

首先，规模企业要加大投入来推动自主创新。企业推进自主创新，主要还是靠企业自主投入。公共财政的投入一方面非常有限，另一方面也只能用于政策激励和扶持，起一个导向的作用，企业始终是科技创新投入的真正主体。总体上看，企业在科技创新上的投入，说到底是一个发展理念和眼光、胆略和气魄的问题。

其次，要善于借外力来加快自主创新。创新必须是开放的，关起门来搞创新必然行不通，也不会有成果。充分利用一切可以利用的资源，才是自主创新的题中应有之义。原始创新、集成创新、引进消化吸收再创新，这三个自主创新的路径当中，最现实、最可行的就是引进消化吸收再创新，借助外力发展自己。可以这样讲，现在走在技术创新前列的规模企业，无一不是推进开放式创新的典型，通过引进战略投资者，既引进了资本，也引进了技术，在此基础上大力开发具有自主知识产权的产品和关键技术，实现了技术跨越。实践证明，这是一个十分重要的思路。

再次，就是要依靠人才来支撑自主创新。

深圳的华为公司有2.3万名员工，其中1.3万人在搞科研；汽车行业的后起之秀奇瑞，它的汽车技术开发研究院集中了全国近60%的汽车行业开发人员。这两个事例充分说明，人才是创新发展的根本支撑。我们的企业家不可能都成为专家、学者，但是我们要有识才的慧眼、用才的高招、容才的雅量。与此同时，要加强与高层次科研院所的合作，集聚各方面人才合力攻关。

创新是企业发展永久的发动机，是企业经久不衰的永恒主题。一个企业的创新是在企业第一管理者——企业家的带动下进行的，一个没有创新精神的企业家是不会带出一个创新的企业，创新是企业家精神的全面再现。

在中国内地，凡是有竞争实力的企业，都在创新方面作出了重大成绩。由赛迪承办的"2007中国互联网市场年会"上，上海征途网络科技有限公司董事长史玉柱凭借旗下网络游戏《征途》的良好表现，以及2006~2007年度在网游营销方面的巨大成功，荣获"2006~2007年度中国互联网市场年度先锋人物"大奖，成为唯一获此殊荣的网游业经营人物。《征途》是完全依靠本国科技力量研发、运营的网游产品，创造性地将宠物代练等特色内容与智力问答、休闲游戏等多样化内容融为一体，被称作网游"大百科全书"。

企业的发展时时刻刻充满着危机，企业过去的业绩只是过眼烟云，要使企业能够保持持久的活力，持续不断地发展壮大，离不开创新。

打破死板教条，树立创新思维

企业好比斜坡上的球体，由于受到来自市场竞争和内部员工惰性的影响形成的制约力，有向下滑落的本性；要想使其往上移动，需要两个作用力：一个是支撑力，保证他不向下滑，这好比企业的基础工作；另一个是拉动力，促使他往上移动，这好比企业的创新能力。这两个力缺一不可。企业要稳步发展，必须使企业的拉动力大于制约企业的制约力。企业要发展，就必须打破教条主义、经验主义，克服自由主义，不断完善机制，创立健康有创造性的企业文化。

现在几乎所有的美国人都知道健怡可口可乐，它是可口可乐公司在20世纪80年代推出的一种减肥可乐。但是并没有多少人还记得"特伯"。其实"特伯"才是可口可乐公司最早的减肥可乐。那么为什么"特伯"失败，而健怡可口可乐能够成功呢？

1962年可口可乐公司新任董事长奥斯汀的首要任务之一就是发明一种新的减肥饮料。20世纪50年代美国妇女越来越留心食品的卡路里含量了，她们疯狂地努力与肯尼迪总统苗条的身材看齐。1961年，皇冠公司把它的减肥可乐在全国推销，强力冲击可乐市场。在市场调查显示28%的人们密切关注体重之后，可口可乐公司和百事可乐公司你争我抢地追赶减肥可乐。奥斯汀给可口可乐的减肥饮料研究编码命名为"Q计划"，投入的大量人力和精力丝毫不逊于后来在健怡可口可乐上的投入。

问题出现在对新产品的命名时。汤姆·劳——芬达饮料公司主管营销公司的"一把手"，论证说应该把它取名为健怡可口可乐。但遭到奥斯汀的厉声驳斥，"这个建议简直是异教邪说，为什么公司要拆分自己的招牌，而将其用到另一种减肥饮料上呢？况且，难道另一种带有可口可乐名字的产品不会削弱商标，搅混顾客，影响已经低迷的装瓶商士气吗？"最终新产品选定TaB(特伯)的名字。

因为公司对这种新生的健怡饮料态度含糊，特伯没能成为减肥饮料市场的主控饮料——美国整个软饮料消费中1/10多都消耗在减肥饮料市场上。截至1964年，特伯只在这个关注体重者的市场上占据10%的份额。"饮食百事"也在那年首次亮相，因为百事可乐公司不像可口可乐公司有太多的传统羁绊，于是它抓获了更多的市场份额。

随着市场形势的变化，1980年可口可乐公司新任CEO郭思达和戴森重新开始了生产减肥饮料的计划。健怡可口可乐这种新产品将会构筑一条"延伸的生产线"。时机与民意相得益彰：消费者没有减少可乐饮料的消费量，但由于减肥时尚的开始，他们的消费方向也发生了相应的转移。

这一次不同的是，整个工程的重点在于使用了可口可乐名字的"商标权"。他们深信，健怡可口可乐会给公司带来活力。就像在1980年给企业高层的备忘录里说的那样："过去几年，我们的公司形象已经沦为传统、固定和保守。"郭思达指出可口可乐公司的被动时代应该结束了。

"不能适应就要落后或者被淘汰——不管现在的位置有多高。"他直言不讳："没有所谓神圣不可侵犯的东西。"为了解决竞争问题，郭思达强调他会考虑"修改任何一件或所有产品的配方"。

立竿见影，健怡可口可乐超出了公司原有的期望。1983年年底，它已经攫取了均衡苏打市场17%的份额，成为美国饮料界第四大畅销产品，并且占领了

28个海外市场。重要的是健怡可口可乐打破了死板的教条，为可口可乐公司注入了活力。

现代社会的竞争之激烈，是历史上任何一个时代都无法比拟的。生活于这样一个变化多端的社会，人们需要具有灵活而敏捷的应变能力，审时度势，综观全局，于千头万绪之中找出关键所在，权衡利弊，及时作出可行的判断与行动。在一般意义上说，应变素质已经成为一种新的生存能力。谁能及时地正确洞察社会变化，并能作出最迅速的反应，谁就将走在前头；而头脑封闭、反应迟钝、因循守旧、故步自封的人，就会一再地坐失良机；不能深察明辨，盲目轻率地追随变化潮流的人，也会"差之毫厘，失之千里，"造成决定上的失误。

总之，创新不是空洞抽象的，从根本上说就是要打破旧框框，突破传统观念的束缚，冲破本本主义、教条主义对人们的思想禁锢，把创新作为灵魂、动力和源泉，用创新的思路谋发展、用创新的精神凝聚力量、用创新的措施破解发展的难题。因此，打破教条的思维是改革创新的前提条件，而改革创新则是放开思维的必然要求和具体体现。

管理者要与时俱进，紧跟时代步伐

提起汽车工业，当然不能不提到亨利·福特。回顾福特公司的发展历程和汽车工业的轨迹，不难发现，亨利·福特是一位思想敏锐、与时代同步前进的伟大工业家。

农民出身的亨利·福特虽然没有受过高等教育，但却养成了勤奋好学、勤于思考的好习惯。科学技术的日新月异、工业生产的迅猛发展深深地刺激了福特，特别是汽车的发明，更令他激动万分。他决心亲自生产并驾驶这种代步的机器，与时代同步前进。

从1888年起，亨利·福特便投身汽车工业。但是前途荆棘密布，他先后创办的底特律汽车公司和福特汽车公司都失败了。但这两次失败并未吓退福特，他又第三次创办起了福特汽车公司。

与前两次创业不同，这次亨利·福特更加重视对人才的使用和现代化生产方式的采用以及管理体制的完善建立。

亨利·福特找到了詹姆斯·库兹恩斯这位专家担任公司的经理，并且在他的辅佐下，亨利·福特作出了三个载入史册的决策。

首先，进行市场预测。通过市场预测，亨利认识到，只有廉价才能多销。当时的汽车价格都很高，虽然利润也很大，但无法打入工薪阶层和农民家庭。亨利·福特由此出发主持制订了车身轻、功率大且可靠、廉价的T型汽车的制造计划。

其次，采取流水作业法。因为要廉价，必须像军事工业生产那样流水作业大量生产。为此，在库兹恩斯的举荐下，亨利·福特请来了有"机械化天才"之称的沃尔特·弗兰德斯和另外两位设计师，在1913年建成了几经改造的装配线——世界上第一条汽车流水生产线，使生产效率大为提高，由过去28分钟生产一辆提高到9分钟生产一辆的水平。此后，T型车就从这条生产线上源源不断地生产出来。

再次，建立销售网。到1913年，已有上千家商行从事销售福特汽车的工作。这使得刚刚诞生不久的廉价耐用的黑色T型汽车能够冲向全世界。

此外，亨利·福特还在以他作为现代企业家的魄力和勇气建立起富有效率的经营管理体制的同时，率先实行每日9小时工作制，使工作时间缩短了1小时，并采取了一些开明政策，诸如提高工资为5美元一天，以及雇佣残疾人和犯过罪的人。这些非但没有产生副作用，反而激发了工人的积极性，缓和了劳资关系，使制造成本降低，销售利润大幅上升，更重要的是使公司安然度过了1931~1993年的经济大萧条时期。

亨利·福特在福特汽车公司的革新导致了世界汽车工业的一场革命。此后，世界汽车工业飞速发展。虽然亨利·福特在其晚年也犯了故步自封、独断专行的错误，使福特汽车公司一度走了下坡路，被通用公司追了上去，最后亨利·福特不得不让位于他的孙子。但是，亨利·福特在20世纪20年代和30年代所具有的创新精神和魄力是不容抹杀的。从另一个角度讲，亨利·福特的被迫退位也说明了企业家必须保持一个与时代同步的思想的重要性。

历史是残酷无情的，谁不适合时代，谁就将被残酷地淘汰出局。福特一世如此，其他所有的管理者亦是如此，故步自封的结果，就只有落后。

一个优秀的管理者从本质上来说也是一个传统的打破者，只有冲破老的思想，迎合时代发展的需要才能成为一个真正的管理者。

 ## 里德定理活学活用：创新领导七特质

企业的管理者要适应新形势，与时俱进，就必须有如下七个特质。

1. 能集中注意力于真正的大事

管理者的首要之务便是能够总览企业事务。掌握优先顺序，然后集中火力把主要精力用于最重要的一两件大事上。当管理者总能抓住核心问题时，员工自然就会听从追随你。管理者应该将精力聚焦于企业的宗旨、愿景和目标，以及如何增加企业达到这些要求的能力上，避免背上官僚体制的包袱，也避免陷入细节小事，见树不见林。

2. 懂得如何把东西卖出去

越来越多的管理者出身自营销岗位，并非传统的管理专业科班出身的人。因为他们具有沟通及说服技巧，而且重视顾客，符合今日的企业环境。其实管理者的工作，无时无刻都要进行推销。不论是面对客户或员工，管理者都要说服他们接受他的想法或企业的产品。如果一名管理者没有销售方面的经验背景，可以考虑接受说话艺术的训练。

3. 对财务问题有显著敏感性

管理者必须懂得如何看财务报表，并且能够了解数字与企业实际运作之间的关联性。尤其面对现今竞争激烈的环境，管理者可能需要花更多的心思在财务报表上。阅览这些报告时，不只是守住预算，还要从如何增加经营利润的角度思考财务问题。

4. 具有策略思考能力

所谓策略，就是选定企业想要登上的竞争新舞台，然后建立企业在这个领域的优势。管理者必须有能力看出企业在业界或大环境中最适合自己的位置。

5. 能够应变

管理者不只要告诉员工好消息也要告诉员工坏消息，管理者不能害怕承认企业的致命伤甚至是失败，以便于做战略与计划的调整。

要改变整个企业业务态势并不是一件容易的事，管理者的动作必须要大，才能对员工产生有效的影响，面对企业需要进行改变时，管理者要能以身作则，组成合适的管理团队，并且找出企业中最可能支持、反对或影响这项改变的人，分别与他们沟通，发挥他们的功能，减低他们带来的阻力。

6. 懂得沟通与社团技巧

要善于倾听员工的意见，并且要及时转达管理者意见。因此，要懂得授权、懂得带领团队，要有精力和热情，能够激励自己及员工，能找出团队成员工的共同点，容许分歧的存在，并且及时化解冲突等。

此外，不戴面具的管理者最能吸引员工，即便管理者要求再严格，甚至很难相处，只要能对他有正确的预期，就可建立对他的依赖感。

7. 有很好的执行力

管理者也要有落实计划的能力。要达成这个目的，就必须认定符合现实的目标，分派职责给员工，并且提供给他们达成这些目标的支持和资源。管理者还要设定阶段任务时间表，按时检验目标的达成进度，使执行过程保持一致性，并留有必要时进行弹性调整的空间。